W0218077

Dr. Michelle HAINTZ

Quanten Heilung dank Quanten Bewusstheit 5

Seelen-Resonanz finden mit der 2 Punkt Methode

Neu-Veröffentlichung Juni 2021

Erstausgabe 2019 unter dem Titel
„Quanten-Bewusstheit
und Seelen-Resonanz“

Bibliographische Information der Deutschen Nationalbibliothek

Die Deutsche Nationalbibliothek verzeichnet diese Publikation in der deutschen Nationalbibliographie; detaillierte bibliographische Daten sind im Internet über http://dnb.d-nb.de abrufbar.

© 2021 Alle Rechte vorbehalten

Rechtliche Hinweise

Dieses Buch ist Copyright geschützt und darf weder als Reproduktion, Übersetzung, Weiterverarbeitung oder in ähnlicher Handlung zu kommerziellen Zwecken sowie Weiterverkauf oder sonstiger Veröffentlichungen ohne schriftliche Genehmigung von uns (Dr. Michelle Haintz und Angelina Schulze) verwendet werden. Als Leserin und Leser dieses Buches möchte ich Sie ausdrücklich darauf hinweisen, dass keine Erfolgsgarantie für die Umsetzung meiner Empfehlungen gewährt werden kann. Die Inhalte in diesem Buch spiegeln meine Erfahrungen wider. Ich übernehme auch keinerlei Verantwortung für jegliche Art von Folgen z. B. unerwünschte Reaktionen, Verluste, Risiken bzw. falsch verstandene Texte. Diese Veröffentlichung wurde nach bestem Wissen erstellt. Sollten Inhalte dieses Buches gegen geltende Rechtsvorschriften verstoßen, dann bitte ich Sie um eine Benachrichtigung, um die betreffenden Inhalte schnellst möglich zu bearbeiten bzw. zu entfernen. Die Verwertung der Texte und Bilder, auch auszugsweise, ist ohne Zustimmung des Angelina Schulze Verlags urheberrechtswidrig und strafbar. Dies gilt auch für Übersetzungen, Vervielfältigungen, Mikroverfilmung und für jegliche Art von Verarbeitung mit elektronischen Systemen.

Autorin: © Dr. Michelle Haintz dr.michelle.haintz@aon.at

Layout und Satz: Dr. Michelle Haintz

Umschlaggestaltung: Angelina Schulze und Dr. Michelle Haintz

Coverbild: © chok68 – Adobe.Stock

Verlag: Angelina Schulze Verlag
Am Mühlenkamp 15, 38268 Lengede

verlag@angelina-schulze.com
https://as-infothek.de
https://angelina-schulze-verlag.de

ISBN: 978-3-96738-150-4

Inhaltsverzeichnis

Zum Geleit…

Als mich vor nunmehr acht Jahren die Quantenwelle erfasst hat, war ich augenblicklich fasziniert von ihrer Wirkung – sowohl von deren Intensität, als auch von der Schnelligkeit, in der sich ihre Effekte manifestierten.

Bis zu diesem Zeitpunkt war ich der Ansicht gewesen, ich müsste mir alles hart erarbeiten. Und etwas zum Besseren zu bewegen – im Außen wie im Innen – müsste unbedingt schwer gehen, um wirklich nachhaltig zu sein.

Speziell die Prozesse der Persönlichkeitsentwicklung schienen mir erst dann wirklich Ergebnisse zu bringen, wenn sie schwer gingen, lang dauerten und viel kosteten; und am besten dann auch noch ordentlich wehtaten.

Daher taten sie das auch in peinigender Regelmäßigkeit…

Aber dann kam die Quantenwelle in mein Leben geschwappt und belehrte mich eines Besseren.

Anfangs konnte ich die Leichtigkeit, mit der nun Blockaden zu lösen und Ressourcen zu mobilisieren waren, gar nicht fassen.

Wie konnte etwas so Schweres wie Potenzialentfaltung und persönliches Wachstum so leicht gehen?

Und so rasch?

Und dann auch noch ohne Schmerzen?

Welche Bedeutung würde in Zukunft der Begriff „Wachstumsschmerzen“ haben?

Dürfen Wachstum und Entwicklung wirklich leicht und rasch gehen?

Und schmerzfrei?

Und in voller Eigenverantwortlichkeit ohne irgendwelche hochpreisigen Therapien?

All das schien mir höchst verdächtig und kaum zu glauben – wobei ich eigentlich präzisieren sollte.

Nicht mir selbst, sondern meinem inneren Saboteur schien das verdächtig, ja, geradezu gefährlich. Und dieser Persönlichkeitsanteil hatte damals noch weit mehr in meinem Leben zu sagen, als es heute der Fall ist.

Mittlerweile gelingt es mir – vor allem dank der Quantenwelle –, ihn zu einem wohltuenden Maß zu meistern, ohne jedoch auf seine Vorsicht verzichten zu wollen.

Wenn auch Sie sich das wünschen, dann lege ich Ihnen übrigens auch das erste Buch dieser Reihe ans Herz: „Quanten Heilung dank Quanten Bewusstheit – Selbstbefreiung mit der Kraft der Quantenwelle".

Was mir zu der Zeit, als ich dieses Buch geschrieben habe, allerdings noch nicht klar war, ist, dass meine Seele sich immer schon Leichtigkeit gewünscht hätte. Und zwar sowohl von mir als auch für mich.

Daher hat sie mich wohl damals zur Quantenwelle geführt und hat sie deutlich willkommen geheißen und mich dazu motiviert, mich – trotz aller Zweifel und Vorbehalte – dafür zu öffnen.

So war meine Seele dann auch mehr als bereit, mich im Wellen-Spiel zu begleiten und zu unterstützen.

Folglich sind in den letzten Jahren unvorstellbare Dinge in meinem Leben passiert: ich bekam Offenbarungen, die mein Leben von Grund auf gewandelt haben. Und durfte Aha-Erlebnisse erfahren, die mich meine bisherige Vita in einem völlig neuen Licht sehen ließen.

Ich durfte Dinge verstehen, die mir bis dahin schleierhaft waren – und aus Verstehen konnte nach und nach Verständnis erwachsen.

Und zwar sowohl für mich selbst als auch für all jene Menschen, mit denen ich bis dahin zu tun gehabt hatte; und mit denen es Begegnungen oder Beziehungen gab. Und deren Reaktionen mir gegenüber ich oft ebenso wenig verstehen konnte wie meine eigenen.

In anderen Worten ausgedrückt hat die Quantenwelle meine Entwicklung in teils schwindelerregendem Tempo beschleunigt und mir letztlich Quantensprünge erlaubt, die ich niemals für möglich gehalten hätte.

Bis zu diesen Offenbarungen fehlte mir dafür einfach das nötige Wissen, das mir erst dank der Quantenwelle als spätes Geschenk zukam. Spät, denn ich hatte immerhin schon meine Sechziger überschritten. Und das ist ja normalerweise ein Alter, in dem wir beginnen, uns aus dem aktiven Leben zurückzuziehen.

Aber ganz im Gegensatz dazu begann damit für mich eine ungemein produktive Lebensphase mit zahlreichen Seminaren, Beratungen und Büchern. Interessanterweise kann ich das erst jetzt im Rückblick so klar erkennen – daher erfüllt dieses Buch für mich zwei Funktionen.

Einerseits darf ich Ihnen das ungemein fruchtbare Zusammenspiel zwischen Seele und Quantenwelle vorstellen und Sie vielleicht auf den ersten Schritten Ihrer eigenen großen Transformation begleiten.

Und eine solche kann nun tatsächlich auch für Sie wahr werden, denn diese Synergie wird Ihnen helfen, Potenziale zu entfalten, von deren Existenz sie bisher nicht einmal zu träumen wagten.

Andererseits lade ich Sie ein, mich in meiner Bilanz der letzten acht Jahre im Spiel mit der Quantenwelle zu begleiten. Es würde mich nicht wundern, wenn Sie sich mit der einen oder anderen meiner Einsichten identifizieren können.

Ich erinnere mich immer wieder gern an die Erfahrungsrunden in meinen Seminaren, aus denen wir alle eine ganze Menge aus den Erzählungen anderer profitiert haben. Vor allem dann, wenn wir uns in dem, was andere in Worte gefasst haben, wiederfinden konnten, was uns bisher aber nicht bewusst oder auch unverständlich war.

Und so ähnlich können Sie sich im Mitschwingen mit mir in vielem auch selbst wiedererkennen – wenn wir in Resonanz schwingen. Und das nehme ich an, wenn dieses Buch in Ihre Hände gelangt ist.

So mag diese Bilanz uns beiden mehr Bewusstheit bringen – ich könnte auch von Bewusstseinserweiterung sprechen. Oder noch lieber von Quanten-Bewusstheit.

Erlauben Sie mir, meine Lieblingsrolle auch für Sie zu spielen: den Katalysator, der Sie inspiriert, befruchtet und zu jenen Entwicklungsschritten anregt und motiviert, für die Ihre Seele Sie bereit weiß.

Auch wenn Ihr Ego noch nicht ganz bereit zu sein scheint, weil es noch nicht in idealer Weise in Seelen-Resonanz schwingt.

Zur Einstimmung möchte ich einige Begriffe klären, damit Sie mich möglichst klar verstehen können, ohne Sie allerdings mit meiner Sichtweise zu missionieren. Ich möchte Ihnen einfach meinen Zugang darlegen…

In der verbalen Kommunikation – ob mündlich oder schriftlich – verstehen wir ja von dem, was unser Gegenüber sagt, immer das, was wir gemeint hätten, hätten wir diese Worte gewählt.

Das heißt, Sie werden in der Lektüre dieses Buches ein Zwiegespräch mit sich selbst führen; zu dem ich Sie mit meinen Worten inspirieren darf.

Dennoch mag die eine oder andere Begriffserklärung wertvoll sein. Entscheiden Sie für sich, ob meine Gedanken und Anregungen in Ihr Weltbild passen oder nicht.

Oft ist es ja auch wertvoll, uns klar von der Kontrasterfahrung einer anderen Person distanzieren zu können.

Was verstehe ich unter dem inneren Saboteur?

Was meine ich mit Bewusstheit?

Und was bezeichne ich mit dem Begriff Quanten-Bewusstheit?

Wie definiere ich die Seele?

Und was verstehe ich unter Seelen-Resonanz?

Dann erkläre ich Ihnen das Spiel mit der Quantenwelle, sodass Sie es auch allein für sich einsetzen können. Wobei natürlich nichts dagegen einzuwenden ist, auch einen Experten oder eine Expertin zu konsultieren.

Aber ich bin immer froh, wenn ich etwas selbst und in Eigenverantwortlichkeit lernen kann. Und solche Selbsthilfe-Techniken auch anderen anbieten darf.

Schwingen Sie ähnlich?

Dann hat das Gesetz der Resonanz wohl gewirkt.

Wie haben Sie dieses Buch gefunden?

Haben Sie es sich selbst gegönnt?

Oder wollte ein lieber Mensch Ihnen damit eine Freude machen?

Und wie hat dieses Buch Sie gefunden?

Glauben Sie auch, dass Ihre Seele sich wünscht, dass Sie es lesen?

Wie Sie sich aus Ihrer Selbstsabotage befreien, habe ich Ihnen ausführlich im ersten Buch dieser Reihe („Selbstbefreiung mit der 2 Punkt Methode") erklärt – wenn Selbstsabotage für Sie ein Thema ist, dann möchte ich Ihnen dieses Buch wirklich ans Herz legen.

In diesem Buch habe ich Ihnen auch ausführlich erklärt, wie Sie in die Quanten-Bewusstheit finden. Aber weil ich nicht davon ausgehen kann, dass Sie es bereits kennen, werde ich Ihnen dies auch hier zeigen.

Vor allem erkläre ich Ihnen, wie Sie die beiden Punkte finden, mit deren Verbindung Sie die Quantenwelle auslösen, aber auch wie Sie in Resonanz mit Ihrer Seele schwingen.

Und wie Sie die Wünsche und Anregungen Ihrer Seele erfassen und – dank der Quantenwelle – möglichst auch in Ihrem Alltag umsetzen können.

Wer ist der innere Saboteur?

Beginnen wir mit Ihrem inneren Saboteur; denn er ist das größte Hindernis sowohl im Spiel mit der Quantenwelle als auch auf dem Weg in Ihre Seelen-Resonanz – und nicht zuletzt bei der Entfaltung Ihres Potenzials.

Ich habe viele Jahre lang Seminare zu diesem Thema gehalten. Vermutlich weil dieser Persönlichkeitsanteil die längste Zeit auch mein Leben stark kontrolliert hat.

Es ist ja bekannt, dass wir anderen das am besten weitergeben können, was wir selbst am dringendsten brauchen. Einfach weil wir darin authentisch sind und aus erster Hand von unserem Scheitern – aber auch von unseren Erfolgen – berichten können.

Der Begriff „innerer Schweinehund", den manche auch für diesen Persönlichkeitsanteil gebrauchen, schien mir nie besonders passend. Denn die Mischung aus einem Schwein und einem Hund lässt in mir nicht unbedingt Behinderung anklingen.

Aber genau das macht unser innerer Saboteur mit uns, auch wenn er es an sich nicht böse meint.

Übrigens gibt es auch weibliche Saboteure – Saboteurinnen oder Saboteusen –, aber um dieses Buch sprachlich nicht zu verkomplizieren, bleibe ich beim ursprünglich männlichen Begriff. Polen Sie bitte das hier in der männlichen Form Beschriebene einfach um, wenn Sie mit einer inneren Saboteurin „gesegnet" sind.

Es ist jedenfalls eine unserer Teilpersönlichkeiten, deren es auch bei gesunden Menschen mehrere gibt. Dazu müssen wir keineswegs schizophren sein, sondern diese Vielschichtigkeit ist etwas ganz Natürliches und Gesundes.

Ganz besonders bei Scanner Persönlichkeiten, auf die ich in einem eigenen Kapitel auch näher eingehen werde.

Denn diese Anlage bei mir zu identifizieren war eine der ungemein wertvollen großen Offenbarungen, die ich vorhin erwähnt habe.

Für uns ist es eminent wichtig, uns dieser Vielschichtigkeit bewusst zu sein, um einen möglichst guten Draht zu den verschiedenen Tendenzen zu haben, die in uns zusammenwirken – oder auch gegeneinander.

Auf all das gehe ich im ersten Buch dieser Reihe ausführlich ein, daher möchte ich es hier nur kurz antippen.

Eine weitere Anlage, die mir im Zusammenhang mit Selbstsabotage wichtig scheint, ist die HSP, die „High Sensitive Personality“, die Elaine Aron erstmals beschrieben hat.

Hochsensible und hochsensitive Personen haben ganz besonders die Tendenz, sich selbst im Weg zu stehen. Das beruht vor allem auf ihrem mangelnden Selbstwertgefühl. Und dieses wiederum ist ein starkes Indiz für den frühen Verlust eines Zwillings oder mehrerer Mehrlinge.

Diese Thematik behandle ich ausführlich in meinem Buch „Alleingeborener Zwilling“.

Daher möchte ich Sie auch auf dieses verweisen, wenn Sie die Tendenz haben, mit angezogener Handbremse Vollgas durchs Leben zu fahren; wenn Sie unter dem „Sprachfehler“ leiden, nicht Nein sagen zu können und die Ansprüche anderer immer wichtiger nehmen als Ihre eigenen…

Der innere Saboteur, der bei diesen drei Anlagen (HSP, Alleingeburt und Scanner, die ja meist vergesellschaftet sind) besonders wirksam ist, meint es an sich gut mit uns. Er möchte uns vor all dem bewahren, was er als gefährlich einschätzt.

Allerdings hindert er uns in Wahrheit meist genau an all dem, was unser Leben reich und blühend machen und unsere Entfaltung fördern würde. Aber vor allem hintertreibt er all das, was sich unsere Seele für und von uns wünscht.

Dieser Persönlichkeitsanteil urteilt und agiert aus der Froschperspektive unserer Urahnen, für die Kampf oder Flucht tatsächlich sinnvolle Überlebensstrategien waren. Er erkennt nicht das ganze Bild, daher passiert es immer wieder, dass er uns vor Dingen und Erfahrungen bewahren möchte, die eigentlich wertvoll und für unsere Persönlichkeitsentwicklung wichtig wären.

Das liegt daran, dass er auf Hirnebene mit unserem Überlebenszentrum assoziiert ist. Jenem entwicklungsgeschichtlich uralten Gehirnareal, das wir auch als Homo Sapiens Sapiens immer noch mit unseren frühen Vorfahren gemeinsam haben.

Und das auf diesem Entwicklungsstand stehen geblieben ist. Daher agieren und reagieren wir unter seiner Kontrolle wie ein Höhlenmensch, der sich ins 21. Jahrhundert verirrt zu haben scheint.

Unser Überlebenszentrum möchte – wie sein Name ja schon sagt – unser Überleben sichern, indem es alles, was Angst, Schmerz oder auch bloß Angst vor Schmerz verursachen könnte, vermeiden möchte. Daher ist leicht nachvollziehbar, dass sich unser Saboteur gegen alles Neue wehrt.

Daher ist Weiterentwicklung unter seiner Kontrolle kaum möglich; denn diese funktioniert nur in der Bereitschaft, das Alte loszulassen und zu neuen Ufern aufzubrechen.

Der Schmetterling, der die Verpuppung der Raupe verweigert, schafft nie die Transformation aus einem kriechenden Wurm in eines dieser wunderbaren Wesen, die sich frei von Erdenschwere in die Lüfte erheben können.

Wenn Sie sich also aus Ihrer Tendenz, sich kleiner zu machen, als Sie sind – also aus Ihrer Selbstsabotage –, befreien wollen, müssen Sie sich aus der Kontrolle Ihres Höhlenmenschengehirns lösen.

Und ich werde Ihnen in der Beschreibung der Quanten-Bewusstheit erklären, wie Ihnen dies gelingt.

Da ich immer danach trachte, in meinem Ja zu sein – auch darauf werde ich noch einmal kurz eingehen –, lag mir auch daran, diesem Persönlichkeitsanteil trotz all seiner Behinderung mit Wertschätzung entgegenzukommen.

Anstatt ihn zu unterdrücken, ging es mir darum, ihn von einem destruktiven, klein machenden und lebensverneinenden Nein-Sager zu einem konstruktiven, förderlichen und lebensbejahenden Lebensbegleiter umzufunktionieren.

Dazu gab es eine ganze Reihe von Techniken, die ich all die Jahre in meinen Seminaren und Beratungen weitergegeben und natürlich auch selbst angewandt habe – Techniken, die durchaus hilfreich waren und nach wie vor sind; daher habe ich sie teilweise auch in meine bisherigen Quanten-Bewusstheit-Bücher aufgenommen.

Aber wie bereits erwähnt, hat mich die Begegnung mit der Quantenwelle einen riesigen Schritt vorwärts katapultiert und vieles obsolet gemacht. Daher ist das Spiel mit der Welle für mich zur Königsdisziplin geworden; denn es erlaubt mir, auch in meinen Beratungen weit effizienter und erfolgreicher zu sein.

Und es schenkt uns Leichtigkeit und Entspanntheit auch in jenen Transformationsprozessen, die normalweise ziemlich herausfordernd sind.

Mittlerweile gibt es zahlreiche Berichte über die Wirksamkeit der Quanten-Heilung auch bei körperlichen Problemen.

Das sehe ich allerdings nicht als meinen Schwerpunkt; obwohl ich in jungen Jahren zur Medizinerin ausgebildet wurde. Mich haben immer schon vor allem die mentalen und emotionalen Prozesse interessiert.

Seit einigen Jahren steht die Begleitung von alleingeborenen Zwillingen, hochsensiblen und hochsensitiven Personen sowie Scanner Persönlichkeiten für mich im Vordergrund, vor allem weil Menschen mit diesen Anlagen besonders zu Selbstsabotage neigen. Zugleich aber sehr gut auf die Quantenwelle ansprechen.

In meiner Arbeit geht es mir in erster Linie um die Meisterung all dessen, womit wir uns kleiner machen, als wir sind. Ich gehe nämlich davon aus, dass wir nicht über uns selbst hinaus zu wachsen brauchen: wir sind groß genug.

Es reicht, wenn wir in uns selbst hineinwachsen, also unsere wahre Größe einnehmen – und dazu müssen wir aufhören, uns selbst zu sabotieren.

Vor allem gilt es, uns nicht mehr so weit zurechtzubiegen, damit wir in die Erwartungen anderer hineinpassen.

Kennen Sie diese „starken Frauen“, die sich in ihrer Beziehung zum Wurm krümmen, nur um „unter ihren Partner zu passen“?

Oder auch seltener Männer mit diesem Verhalten?

Wunderbare Männer, die allerlei Seelenakrobatik unternehmen, um sich das Wohlwollen ihrer nicht ganz so wunderbaren Partnerinnen zu sichern?

Diese Menschen leben nicht ihr Potenzial. Und das ist ganz und gar nicht im Sinne ihrer Seele.

Denn unsere Seele wünscht sich, dass wir die werden, als die wir angelegt sind. Dass wir also das Potenzial, das in uns schlummert, entfalten und so das einzigartige Geschenk, das wir sind, erkennen, auspacken und der Welt – und uns selbst – darbringen.

Interessanterweise äußert sich unser niedriger Selbstwert dann nicht selten als dieses „mit angezogener Handbremse Vollgasfahren". Ein für alleingeborene HSP und Scanner leider sehr typisches Verhalten.

Einerseits wünschen wir uns natürlich Erfolg, um unseren mangelnden Selbstwert aufzubauen. Andererseits erlauben wir uns diesen nicht, weil unser mangelndes Selbstwertgefühl uns nicht gestattet, erfolgreich zu sein.

Damit beißt sich die Katze in den Schwanz und ein Teufelskreis kommt in Gang, mit dem unsere Seele ganz und gar nicht einverstanden ist.

Sie möchte, dass wir zu uns stehen, dass wir uns Achtung, Fürsorge und vor allem Liebe schenken; so wie wir es bei anderen selbstverständlich tun.

Dieser Selbstwertmangel kann durchaus ein Indiz für den frühen Verlust eines Zwillings sein; aber er kann auch „bloß" darauf zurückzuführen sein, dass wir in unserer Kindheit zu wenig Wertschätzung bekommen und nicht angemessen in unserem So-Sein bestätigt worden sind.

Wie sieht es mit Ihrem Selbstwertgefühl aus?

Kennen Sie Sätze wie diese – von anderen oder einer Inneren Stimme?

„Das kannst du nicht!“

„Dazu bist du zu dumm!“

„Du bist nicht gut genug!“

„Das bist du nicht wert!“

„Das steht dir nicht zu!“

„Das hast du nicht verdient!“

„Mach dich nicht größer, als du bist!“

„Das ist eine Nummer zu groß für dich!“

„Lebe nicht über deine Verhältnisse!“

„Das glaubt dir sowieso keiner!“

„Was werden die Anderen denken?“

„Das ist alles viel zu schwierig!“

„Schuster bleib bei deinem Leisten!“

„Das schaffst du nie!“

Vielleicht kommt Ihnen einiges davon bekannt vor.

Dann könnte Ihr Selbstwertgefühl eine kleine Auffrischung gebrauchen – und das sage ich durchaus auch im Namen Ihrer Seele. Denn Ihre Seele möchte – ich kann es nicht oft genug wiederholen! –, dass Sie sich wertvoll fühlen. Vor allem wert, Ihr Potenzial zu entfalten; denn dazu sind Sie auf dieser Welt.

Und das Spiel mit der Quantenwelle wird Ihnen dabei sehr gute Dienste erweisen.

Übrigens habe ich hier gleich einen kleinen Tipp für Sie:

Wie oft kommt Ihnen ein „Ich kann das nicht“ über die Lippen?

Obwohl das im Endeffekt gar nicht stimmt?

Wie wäre es, wenn Sie in Zukunft stattdessen „Ich kann das noch nicht“ sagen würden?

Fühlt sich das nicht weit besser an?

Das scheint nur ein kleiner Unterschied zu sein, aber dieses eine Wort hat eine mächtige Wirkung.

Ich werde jedenfalls noch einmal auf Ihr Selbstwertgefühl zurückkommen und Sie zu einem Spiel einladen. Einem sehr aufbauenden Spiel, das meine Seele mir empfohlen hat; und das auch Ihnen wohltun wird.

Neben Ihren sabotierenden Persönlichkeitsanteilen haben Sie übrigens auch durchaus entwicklungsfreudige in sich – vor allem Ihr inneres Kind ist ein solcher, aber erst dann, wenn es geheilt ist.

Daher empfehle ich Ihnen, gerade diesem Anteil Ihrer Persönlichkeit einen besonderen Platz in Ihrem Leben einzuräumen; vor allem auch, weil es in direktem Kontakt mit Ihrer Seele ist. Somit weiß es auch meist viel besser als Ihr erwachsener Anteil, was Ihre Seele sich von Ihnen und für Sie wünscht.

Wenn Sie Ihr inneres Kind mit im Boot haben, ist Ihr Leben bunter und lebendiger – und alles macht Ihnen mehr Freude. Und Freude fördert Ihre mentalen und emotionalen Kräfte, die ja enorm wichtig sind für Ihre Weiterentwicklung und die Entfaltung Ihres Potenzials.

Darüber hinaus tut Freude natürlich auch Ihrem Körper wohl. Ich werde darauf zurückkommen.

Abgesehen davon ist Ihr inneres Kind jener Teil, der Ihnen Neugier und Vertrauen schenkt. Und diese brauchen Sie vor allem dann, wenn Sie ein neues Spiel anwenden wollen. Und die Quantenwelle ist innovativ und verlangt geistige Offenheit – mit der Ihr inneres Kind kein Problem hat.

Ganz anders als Ihr innerer Saboteur. Daher wird er sich vehement gegen das Spiel mit der Quantenwelle wehren; und immer wieder versuchen, Sie davon abzulenken.

Was übrigens eine gute Gelegenheit wäre, mit den zwei Punkten zu spielen, um sich aus seiner Kontrolle zu befreien.

Dazu sollten Sie zuerst ein Vertrauensverhältnis mit ihm aufbauen und auf Augenhöhe mit ihm verhandeln. Schenken Sie ihm jene Wertschätzung und Achtung, die Sie auch von jemandem erwarten, mit dem Sie verhandeln wollen.

Und dann fragen Sie ihn, was er zu Ihren Ambitionen meint. Erfahren Sie, was er befürchtet, wenn er Sie von der Kandare lässt und Ihnen erlaubt, mit der Quantenwelle zu spielen.

Und was aus seiner Sicht Schlimmes passieren könnte, wenn Sie erfolgreich sind und Ihr Potenzial entfalten. So lernen Sie ihn und seine Argumente besser kennen.

Befassen Sie sich intensiv mit Ihren Ambitionen, Wünschen, Zielen und Visionen, um seinen Widerstand zu erkennen. Aber auch, weil die Beschäftigung mit Ihren Herzenswünschen und großen Lebensvisionen Sie in Seelen-Resonanz schwingen lassen.

Denn all das zeigt Ihnen genau, wo Ihre Seele Sie hinleiten möchte.

Fragen Sie sich also – und listen Sie die Dinge, die Ihnen dazu einfallen, auf!

- *Was kann ich gut*
- *und mache ich gern?*
- *Was lässt mein Herz lachen*
- *und mich ganz und gar daheim fühlen?*
- *Was macht mich glücklich?*
- *Was habe ich als Kind immer so gerne gemacht*
- *und was liebt mein inneres Kind noch heute?*
- *Was lässt mich ganz und gar die Zeit vergessen*
- *und meine Umgebung gar nicht mehr wahrnehmen?*
- *Was bringt mich regelmäßig in meinen „Flow“?*
- *Wofür mag ich zwar Bestätigung, ohne diese jedoch unbedingt zu brauchen?*

Notieren Sie all das, was Ihnen dazu in den Sinn kommt! Denn das sind Aktivitäten und Tätigkeiten, mit denen Sie Ihre Seele nähren. Wenn Ihnen im Schreiben mit der rechten Hand nichts mehr einfällt, dann wechseln Sie Ihr Schreibgerät in die linke Hand und schreiben Sie mit dieser weiter!

Und wundern Sie sich nicht, wenn dabei noch ganz andere Ideen zutage treten!

Ich nenne dieses Zweihand-Schreiben den „Dialog der Hände“ und werde in einem eigenen Kapitel noch einmal darauf zurückkommen. Denn diese großartige Technik zur Bewusstseinserweiterung bietet sich auch ganz besonders für den bewussten Austausch mit Ihrer Seele an.

Und bitte nützen Sie die Erstellung dieser Liste als willkommene Gelegenheit, Glückshormone auszuschütten –

erstellen Sie sie nicht bloß mit nachdenklich gerunzelter Stirn, sondern nehmen Sie sich Zeit dafür!

Sondern versetzen Sie sich unter Miteinbeziehung möglichst aller Sinne in die einzelnen Punkte hinein und schwelgen Sie in Ihrer Vorstellung darin! Und fühlen Sie, wie es sich anfühlt, Ihren Vorlieben nachzukommen!

Schwelgen Sie in all dem Aufbauenden, Erfüllenden, Genüsslichen, Beglückenden, Ergötzlichen, Guten und Erfreulichen – Ihr Gehirn kann nicht unterscheiden, ob Sie etwas „real erleben" oder „sich bloß vorstellen" und wird Ihnen reichlich Glückshormone schenken – und gleichzeitig Ihre Seele zum Strahlen bringen.

Natürlich bekommen Sie Gegenwind von Ihrem inneren Saboteur, weil er all das unnütz findet und als pure Zeitverschwendung sieht; als sinnlos, ja vielleicht sogar als gefährlich.

Woher diese Einschätzung kommt?

Nun, erinnern Sie sich, mit welchem Hirnteil er verbunden ist. Für einen Höhlenmenschen hätte all das nicht viel zu seinem Überleben beigetragen. Tatsächlich wären diese Endorphin-Ausschütter, wie ich sie nenne, für unsere Vorfahren eher nutzlos gewesen.

Und wenn der Säbelzahntiger Appetit auf eine Zwischenmahlzeit – und dabei Sie im Auge – gehabt hätte, dann wären Sie tatsächlich in Gefahr gewesen. Aber Säbelzahntiger sind selten geworden ☺.

Nur hat Ihr Saboteur seinen Sitz in Ihrem Höhlenmenschengehirn; daher entspricht seine Einschätzung eher dem Leben Ihrer Urahnen als Ihrem eigenen.

Rufen Sie sich dies bitte immer wieder in Erinnerung und fragen Sie sich immer:

Geht es hier wirklich ums Überleben?

Das wird sehr hilfreich sein, wenn Sie sich wirklich aus Ihrer Selbstsabotage befreien wollen. Was – ich wiederhole es hier bewusst noch einmal, weil wir nun einmal durch Wiederholung lernen! – ganz im Sinne Ihrer Seele ist.

Wir wissen heute, dass solche Endorphin-Ausschütter nicht nur unbedenklich, sondern sogar besonders wertvoll sind; denn unsere Glückshormone sind die wirksamsten Antagonisten unserer Stresshormone. Und wie ungesund Stress ist, ist allgemein bekannt.

Aber Sie können es auch in meinen Büchern zum Thema „Stresslösung" nachlesen.

Auch Ihre Seele weiß das, daher möchte Sie Ihnen Stress möglichst weitgehend ersparen. Und wird Sie in allem fördern, was Ihnen Glückshormone schenkt und Sie aus Ihrer Stress-Chemie befreit. Also auch in Ihren Vorlieben, Wünschen, Zielen und Visionen.

Nur gilt es, auch Ihren Schweinehund von dieser Tatsache zu überzeugen. Und dazu sollten Sie mit ihm verhandeln, so wie ich es Ihnen im ersten Quanten-Bewusstheit-Buch empfehle.

Und was ich Ihnen dort auch ans Herz lege, ist die Umpolung Ihrer Misserfolgsgedanken.

Womit machen Sie sich kleiner, als Sie sind?

Notieren Sie all das, was Ihnen dazu einfällt – sei es aus diesen Beispielen oder auch aus Ihrem eigenen „Wortschatz".

- *Meine Wenigkeit,*
- *es ist alles so schwierig,*

- *dafür bin ich schon zu alt / noch zu jung,*
- *ich bin ja nur eine Frau / nur ein Mann,*
- *mein Leben steht unter keinem guten Stern,*
- *ich bin eben ein Versager,*
- *das wäre doch zu schön, um wahr zu sein,*
- *das kann gar nicht gut gehen,*
- *das zahlt sich nicht mehr aus,*
- *ich kann eben nicht aus meiner Haut heraus,*
- *dafür bin ich zu dumm,*
- *ich bin nicht kreativ,*
- *ich bin eben entscheidungsschwach,*
- *so bin ich eben,*
- *dafür bin ich zu ungebildet,*
- *ja, vielleicht dann, wenn ich in Pension bin…*

Wie geht es Ihnen beim Lesen dieser Auflistung?

Allein schon das Schreiben übt auf mich einen ziemlichen Sog nach unten aus. Mein Saboteur jubelt bei einigen dieser Aussprüche, während meine Seele leidet.

Wie können Sie gegen diese Misserfolgsgedanken angehen?

Das Einfachste wäre, neben jedem Satz, der für Sie Gültigkeit hat, die entsprechende Positivvariante zu notieren. Aber das wird Ihren inneren Saboteur sofort protestieren lassen.

Also versuchen Sie einmal, die jeweilige Positivvariante in Frageform zu schreiben. Denn während solche Behauptung inneren Widerstand erzeugen, macht die Frageform kein Problem.

Offenbar haben Fragen nicht zum Gefahrenrepertoire der Höhlenmenschen gehört. Also kümmert sich Ihr Überlebenszentrum nicht weiter darum und erzeugt keinen Stress. Es ist ja nur eine Frage.

Ich nenne solche Bestätigungen in Frageform „Affragen“ und empfehle sie allen Menschen, für die klassische Affirmationen nicht funktionieren; einfach weil sie die Erkenntnisse der Hirnphysiologie nicht berücksichtigen.

Klassische Affirmationen behaupten etwas, das (zumindest noch) nicht stimmt; es sind also eigentlich Lügen. Und wenn wir lügen, gerät unser System unter Stress – das lässt sich mit einem einfachen kinesiologischen Test nachweisen.

Denn Ihr Muskel testet sofort schwach, wenn Sie etwas sagen, das nicht stimmt; weil Ihr System bei Unwahrheit unter Stress gerät. Und die so ausgeschütteten Stresshormone schalten Ihre höheren mentalen Zentren durch Minderdurchblutung aus. Daher finde ich klassische Affirmationen höchst unproduktiv.

Aber spielen Sie einmal mit Ihren „Affragen“!

Schreiben Sie auf einem Blatt (im Querformat) jeweils auf der linken Seite Ihren Selbstsabotagesatz; und fragen Sie sich im ersten Schritt, ob das wirklich wahr ist. Dann notieren Sie rechts daneben das Gegenteil in Frageform. Und lassen Sie diese Frage in sich wirken…

Hier sind einige Beispiele zur Inspiration:

„Das zahlt sich nicht mehr aus“ – ist das wahr?

„Wer weiß schon, wie viel Zeit ich noch habe, und was sich da noch alles ausgehen wird?“

Wenn Goethe so gedacht hätte, dann hätten wir seinen „Faust" nicht, den er mit 80 geschrieben hat. Und ich meine, das wäre ein echter Verlust.

„Dafür bin ich zu ungebildet" – ist das wahr?

„Hängen Erfolg und Gelingen wirklich vom Bildungsgrad ab?"

Es heißt, Albert Einstein soll nicht einmal das Abitur gehabt haben und soll bei der Aufnahmeprüfung in der eidgenössischen technischen Hochschule durchgefallen sein.

Und die großartige Trainerin und Autorin zahlreicher wertvoller Bücher Vera Birkenbihl ist mit 16 Jahren nach Amerika ausgewandert, weil sie mit dem deutschen Schulsystem nicht zurechtkam.

„Ich bin nicht kreativ" – ist das wahr?

„Wer weiß, vielleicht schlummert auch in mir ein kreativer Funke?"

So wie jeder Mensch haben auch Sie eine rechte Gehirnhälfte, in der Ihr kreatives Potenzial sitzt – und vielleicht sehnsüchtig darauf wartet, aus dem Dornröschenschlaf geweckt zu werden.

Soll ich es Ihnen beweisen?

Stellen Sie sich bitte ein violettes Krokodil mit roter Baskenmütze, einer großen gelben Masche um den Schwanz und einer rauchenden Zigarre im Mundwinkel vor!

Und? Was sehen Sie jetzt vor Ihrem geistigen Auge?

Ich habe Ihnen bewusst nicht den rosaroten Elefanten angeboten, weil Sie diese Vorstellung vielleicht schon kennen; ich wollte Ihnen Abwechslung verschaffen – und Ihnen beweisen, dass Sie sehr wohl kreativ sind.

Denn ich bin mir ziemlich sicher, dass Sie bisher noch kein violettes Krokodil mit roter Baskenmütze, großer gelber Masche um den Schwanz und rauchender Zigarre im Mundwinkel gesehen haben.

Da Sie aber vermutlich genau dieses vor Ihrem geistigen Auge hatten – vielleicht länger als Ihnen lieber ist – SIND Sie definitiv kreativ. Denn damit haben Sie etwas erschaffen, was es in der Realität nicht gibt.

„Das habe ich nicht verdient" – ist das wahr?

„Warum sollte ich das nicht verdient haben?"

„Womit könnte ich das verdient haben?"

„Das kann ich nicht" – ist das wahr?

„Wer weiß, vielleicht kann ich es ja doch?"

„Warum sollte ich das nicht können?"

Oder – erinnern Sie sich:

„Das kann ich noch nicht".

„Ich bin eben ein Versager" – ist das wahr?

„Habe ich nicht schon einiges in meinem Leben geschafft?"

„Und sogar Erfolge eingefahren, wenn ich bewusst meine Aufmerksamkeit darauf richte?"

„Was spricht gegen diese Behauptung?"

Und immer wenn Sie Ihrem inneren Saboteur eine neue Sichtweise angeboten haben, spüren Sie nach, was er dazu meint!

Protestiert er bei Ihren „Affragen"?

Dann klären Sie das im „Dialog der Hände“ noch weiter mit ihm und finden Sie eine neue Formulierung – und zwar eine, mit der er einverstanden ist, die sich aber auch für Sie gut anfühlt!

Glauben Sie mir: Ihre Seele wird Ihnen all das danken.

Was verstehe ich unter Bewusstheit?

Unser Gehirn ist ein faszinierendes Wunderwerk, das von der Wissenschaft noch lange nicht in seinem phantastischen Potenzial ausgelotet ist. Daher entwickeln sich die moderne Hirnphysiologie und die Bewusstseinsforschung ständig weiter.

Einen interessanten Zwischenbericht finden Sie übrigens in dem faszinierenden Buch „Das Universum in uns“ von Ian Robertson.

Für mich gibt es jedenfalls einen gravierenden Unterschied zwischen Bewusstsein und Bewusstheit. Bei Bewusstsein sind wir immer dann, wenn wir wach sind – also weder schlafen noch unter Narkose, im Koma oder ohnmächtig sind.

Aber wie bewusst sind wir in dieser Zeit tatsächlich?

Die meiste Zeit agieren und reagieren wir doch völlig automatisch – ähnlich einem Flugzeug im Autopilot-Modus. Und dabei sind wir zwar bei Bewusstsein aber meinem Verständnis nach nicht wirklich bewusst, also in unserer Bewusstheit.

Das wird uns ab und zu klar, wenn wir aus einer unserer Routinetätigkeiten „aufwachen“ und uns fragen, wo wir die letzten Minuten oder Stunden mit unseren herumschweifenden Gedanken waren.

Sie kennen dieses Phänomen, nicht wahr?

Beispielsweise bei einer längeren Fahrt auf der Autobahn. Da wird uns plötzlich bewusst, dass wir keine Ahnung haben, wie wir dahin gelangt sind, wo wir gerade unterwegs sind – obwohl wir doch hoffentlich bei Bewusstsein waren ☺.

Das liegt daran, dass wir für alle Routinetätigkeiten fest verschaltete Bahnen in unser Hirn einprogrammiert haben. Daher schalten wir automatisch auf Autopilot, sobald wir damit beginnen – Bewusstseinsforscher sprechen von der alltäglichen Trance.

Diese Programme sind natürlich sinnvoll, sonst müssten wir alles regelmäßig Durchgeführte immer wieder aufs Neue lernen. Die Frage ist nur, wie sinnvoll es ist, praktisch nur mehr in diesem Autopilot-Zustand zu sein. Oder ob uns nicht generell etwas mehr Bewusstheit guttäte.

Vor allem auch im Sinne dessen, was ich als Seelen-Resonanz bezeichne und als höchst erstrebenswerte Schwingung empfinde.

Bewusstheit ist für mich ein Geisteszustand, in dem wir unsere Wachzeiten auch tatsächlich wach und bewusst erleben. In dem wir uns all dessen, was in unserem Leben passiert, tatsächlich bewusst sind.

Aber vor allem auch uns selbst als denkendes, entscheidendes und empfindendes Wesen bewusst wahrnehmen, uns also quasi über die Schulter schauen.

Die Bewusstseinsforschung geht von einem 90% Autopilot-Anteil aus; somit leben wir also nur zu 10% unserer Lebenszeit bewusst. Und wenn diese Zahlen auch nicht zu verallgemeinern sind, scheinen sie mir dennoch alarmierend zu sein.

Ist das wirklich das Leben eines Homo Sapiens Sapiens?

Ist ein solches Leben unserer würdig?

Das ist überhaupt eine Frage, die ich Ihnen an dieser Stelle empfehlen würde, sich immer wieder zu stellen. Diese Frage ist zwar unbequem aber sehr wertvoll:

„Ist mein Leben meiner würdig?“

Das zweite Sapiens ist übrigens kein Druckfehler.

Wir haben tatsächlich ein zweites Sapiens hinzubekommen, weil es vor uns bereits einen Homo Sapiens gegeben hat, über den wir uns hinausentwickelt haben – was zugegebenermaßen im Alltag oft nicht zu bemerken ist.

Vor allem weil wir meist im Dauerstress sind. Denn wann immer wir unter dem Einfluss unserer Stresshormone stehen, verfallen wir automatisch in den Autopilot-Modus.

Dies führt zu einer Engerstellung der Blutgefäße in der Hirnrinde und damit zur Minderdurchblutung unserer höheren mentalen Zentren. Und damit zur Ausschaltung unseres Homo Sapiens Sapiens-Gehirns.

Stresshormone reduzieren uns also auf den Stand eines Höhlenmenschen. Und dass das nicht im Sinne unserer Seele ist, ist leicht nachvollziehbar, nicht wahr?

Wenn wir also ein bewussteres Leben anstreben – im Sinne dessen, was ich als „Bewusstheit“ bezeichne –, wird es wichtig sein, dieser stressbedingten Blutumverteilung entgegenzuwirken.

Und wie das geht, werde ich Ihnen anhand einiger Techniken zeigen.

Erst mit ausreichender Durchblutung ist Ihr Stirnhirn wieder aktiv. Und in diesem sitzt Ihre Fähigkeit zu Bewusstheit und fokussierter Aufmerksamkeit.

Dieser entwicklungsgeschichtlich sehr junge Frontallappen macht volumenmäßig einen großen Teil Ihrer Hirnrinde aus, was allein schon dafür spricht, dass er für Ihr Mensch-Sein enorm wesentlich ist – wesentlich im Sinne von wichtig für Ihr Wesen.

In Ihrem Stirnhirn treffen Sie bewusste, willentliche und absichtsvolle Entscheidungen. Dort sitzen Ihr moralisches Empfinden und Ihre soziale Kompetenz.

Es fungiert wie eine Art Dirigent eines riesigen Orchesters. Dazu ist es mit allen anderen Gehirnarealen verbunden und lenkt deren Zusammenwirken - in der Hirnforschung gilt es als Sitz unseres „wahren Selbst".

Um sich also aus Ihrer Unbewusstheit zu befreien, gilt es, Ihren Frontallappen in Besitz zu nehmen und zu aktivieren. Und das wird vor allem auch für das Spiel mit der Quantenwelle wichtig sein.

Denn über Ihr Stirnhirn finden Sie in eine sehr wache und aufmerksame, dabei aber nicht urteilende, sondern wertfrei wahrnehmende Bewusstheit mit einem glasklar gehaltenen Fokus.

Genau diesen Bewusstseinszustand brauchen Sie, um Ihre zwei Punkte zu finden und zu verbinden – um also die Quantenwelle auszulösen. In diesem entspannten und sehr klaren Geisteszustand können Sie Ihren Fokus halten, weil Ihr Stirnhirn alle anderen Einmischungen ausblendet.

Signale des Körpers, die mit Gefühlen und Umweltreizen zu tun haben, werden ebenso ignoriert wie motorische; die visuelle Rinde wird ebenso ruhiggestellt wie die auditive – sodass Sie im Endeffekt weder Ihre Umgebung noch Ihren Körper wahrnehmen.

Darüber hinaus zügelt Ihr Stirnlappen auch jene Gehirnareale, die Ihren Geist zu Erinnerungen und Assoziationen abwandern lassen. Dann sind Sie sich auch der Zeit nicht mehr bewusst; und all das, worauf Sie sich mit klarem Fokus konzentrieren, wird realer als die Außenwelt.

Im Spiel mit der Welle liegt Ihr Fokus auf dem angepeilten Wunsch-Zustand, dem erwünschten Ziel, der idealen Lösung oder der Seelen-Antwort. Und dazu ist es unerlässlich, zumindest für die Zeit, in der Sie Ihre zwei Punkte miteinander verbinden, in der klaren Intention Ihres Stirnhirns zu bleiben.

In diesem geistigen Zustand kommen Ihre „inneren Affen" zur Ruhe – Yogis bezeichnen die Gedankenflut, die vor allem uns westlichen Menschen ununterbrochen in affenartiger Hektik durch den Kopf schießt, „Monkey Mind".

Erfahrungsgemäß jagt in unserem Alltag ein Gedanke den anderen, und wir scheinen hilflos jenen Assoziationsketten ausgeliefert, die in teilweise absurden Abläufen durch unsere Hirnwindungen rasen – oft auch immer wieder im Kreis und uns atemlos und gestresst zurücklassen.

In meinem Sprachgebrauch heißt das „Denkeln"; und es ist ein Zustand, in dem konstruktives Denken im Sinne Ernst Blochs nicht möglich ist – für diesen Philosophen bedeutet Denken immer auch Überschreitung.

Und eine solche ist unter der Wirkung Ihrer Stresshormone nicht möglich, denn dann sind Sie in eingefahrenen Denk- und Verhaltensmustern gefangen.

Erst wenn es Ihnen gelingt, dieses Gedankengeplapper zur Ruhe zu bringen, finden Sie über Ihre rechte Gehirnhälfte Zugang zu dem, was Wissenschaftler heute das „Nullpunkt-Feld" nennen – und dieses steht für mich in einem engen Konnex zur Seelen-Ebene.

Wenn Sie voll bewusst sind, haben Sie auch leichteren Zugang zu Ihrer Herzens-Ebene; und genau diesen brauchen Sie für das Spiel mit der 2 Punkt Methode.

Was ist für mich Quanten-Bewusstheit

Ich hoffe, Sie konnten nachvollziehen, was ich mit Bewusstheit meine.

Aber warum bringe ich diese mit dem Begriff „Quanten“ in Verbindung?

Nun, Quanten-Bewusstheit ist für mich ein geistiger Zustand, in dem wir nicht nur tatsächlich bewusst sind – und uns auch unserer Bewusstheit bewusst sind –, sondern uns darüber hinaus der Quantenebene öffnen. Und dabei gilt es, all das im Hinterkopf zu haben, was wir aus der Quantenphysik wissen.

Die wichtigste Erkenntnis scheint mir, dass **alles eins ist**. Diese Einsicht findet bereits Niederschlag in allen großen Weisheitslehren der Welt; und wird nun auch von der Quantenphysik bestätigt.

Denn auf Quantenebene bildet tatsächlich alles eine Einheit, sodass wir automatisch mit allem und allen verschränkt sind – so kann Transformation ganz leicht geschehen, wenn wir uns dieser Tatsache bewusst sind, während wir die Quantenwelle auslösen.

Und diese Wirkung kann sogar auch andere miteinbeziehen, mit denen wir in Resonanz schwingen. Mehr dazu finden Sie auch in dem wunderschönen Buch „Im Einklang mit der Göttlichen Matrix“ von Gregg Braden.

Außerdem legt uns die Quantenphysik den **Beobachtereffekt** nahe. Die Tatsache nämlich, dass der Beobachter auf das Beobachtete einwirkt.

Daher arbeitet beispielsweise die medizinische Forschung heute praktisch nur mehr mit Doppel-Blind-Versuchen; weil die Wissenschaftler erkannt haben, dass der Versuchsleiter mit seinen Erwartungen das Ergebnis maßgeblich beeinflusst.

John Wheeler, ein anerkannter Physiker und Kollege Einsteins, geht davon aus, dass es uns unmöglich ist, dem Universum um uns herum einfach nur zuzuschauen. Er sagt:

„Das alte Wort Beobachter müsste aus den Büchern gestrichen und durch das Wort Teilnehmer ersetzt werden."

Die Beobachtung von Photonen, den Grundbausteinen der Materie, übt bereits eine Wirkung auf ihre Eigenschaften aus. Denn dann wechseln sie aus der Wellenphase in die Teilchenphase – quantenphysikalisch ausgedrückt heißt das „kollabieren".

Und interessanterweise erinnert die Wirkung der Quantenwelle an dieses „Kollabieren" – wenn nämlich im Durchfließen der Welle durch unseren Organismus die Muskelspannung plötzlich nachlässt, kann es sein, dass wir „in uns zusammenfallen".

Und das fühlt sich zuweilen so an, als würden wir tatsächlich kreislaufbedingt kollabieren. Natürlich ohne die negative Nebeneffekte eines Kreislaufkollapses – vorausgesetzt, man hat sich abgesichert. Offenbar ist also das Beobachten tatsächlich ein schöpferischer Akt, bei dem unsere klare Bewusstheit der Schöpfer ist.

Wenn wir im Zustand der Quanten-Bewusstheit eine bestimmte Absicht setzen, kann allein der Vorgang des Entscheidens für ein bestimmtes Ergebnis das Beobachtete dazu bringen, sich nach unserer Vorstellung zu verhalten. Und genau dieser Tatsache bleiben wir uns bewusst, wenn wir in dem schwingen, was ich Quanten-Bewusstheit nenne.

Dann gehen wir davon aus, dass wir, wie John Wheeler es uns vermittelt, wesentlich an der **Gestaltung unserer Realität** beteiligt sind – parallel dazu sollten wir uns stets gewahr sein, dass der **feste Eindruck,** den **Materie** uns vermittelt, eigentlich eine **Täuschung** ist.

Das Buch, das Sie in Händen halten – oder der Reader, wenn Sie die digitale Fassung gewählt haben –, aber auch Ihre Hände, der Stuhl, auf dem Sie sitzen oder das Bett, in dem Sie liegen... all das ist im Grunde nicht so fest, wie es sich anfühlt.

Denn auf subatomarer Ebene besteht es bloß aus elektrostatischen Ladungen, die ununterbrochen erscheinen und wieder verschwinden.

Unser logisches Denken kommt da nicht mit, aber mithilfe unserer rechten Gehirnhälfte können wir uns für die Wahrnehmung dieser quantenphysikalischen Einsichten öffnen. Daher ist die Integration unserer beiden Gehirnhälften auch so wichtig für das Spiel mit den zwei Punkten – das Two-Pointing, wie Richard Bartlett es nennt.

Richard Bartlett fiel 1997 auf, dass er seine Patienten sowohl körperlich (etwa im Bereich der Wirbelsäule) als auch mental und emotional (Süchte, Traumata...) wieder in Balance bringen konnte, indem er sie an zwei intuitiv gefundenen Stellen ihres Körpers berührte; und dies mit einer bestimmten Absicht verband. Daher nannte er sein „Matrix Energetics“ auch 2 Punkt Methode.

Und bei all dem gilt es, die Parameter dessen, was wir für möglich halten, zu öffnen, denn dann öffnet sich zugleich auch der Raum für das „Übermögliche“ – das Nullpunktfeld, in dem alles Denkbare und Undenkbare möglich ist.

Im Spiel mit der Welle können wir das, was wir zukünftig erleben und wie sich unser Leben entwickeln soll, anvisieren. Dann lernen wir, durch die Augen der erweiterten Wahrnehmung zu schauen, durch die Ohren der erweiterten Wahrnehmung zu hören und mit weit geöffnetem

Herzen den erwünschten Ausgang bereits als Realität vorwegzunehmen; und vor allem auch vorweg zu fühlen.

Aber dann gilt es, alle Erwartungen, die uns auch nur in irgendeiner Form einschränken könnten, loszulassen und „ihm" zu erlauben, sich zu ereignen – dann sind wir in der Welt der Wunder angelangt.

In Wahrheit gilt es also, unser Bewusstsein in Richtung jener Bewusstheit zu öffnen, die auch (gar nicht mehr so neues!) quantenphysikalisches Wissen mit einbezieht. Auch wenn es unseren bisherigen Horizont übersteigt und von der Allgemeinheit gern ausgeblendet wird.

Was dabei hilfreich ist – neben der Aktivierung unserer rechten Gehirnhälfte – ist die Herzens-Ebene. Ich selbst nehme meine Quanten-Bewusstheit auch weniger im Kopf wahr, als in der Verbindung zwischen Kopf und Herz – ich könnte es so wie eine gegenseitige Öffnung beschreiben.

Mein Geist öffnet sich für die Energie meines Herzens, während die Öffnung meines Herzens zugleich auch meine Bewusstheit erweitert – hier kann ich nur hoffen, dass Sie zwischen meinen Worten lesen können; denn Worte können diesen Zustand unmöglich adäquat beschreiben.

Tatsache ist, dass nach neueren Forschungen im Institut für „Herz-Intelligenz" das elektromagnetische Feld um unser Herz weit stärker ist als jenes um unser Gehirn und weit über unsere körperlichen Grenzen hinausreicht.

Und offenbar macht es uns resonant – also magnetisch – für Resonantes; also in Resonanz mit unserer Ausstrahlung Schwingendes.

Wie finden Sie in Ihre Quanten-Bewusstheit?

Nun stellt sich natürlich die Frage, wie Sie in diesen Geisteszustand kommen.

Am wichtigsten ist dabei, Ihren Alltagsstress auszuschalten. Denn so lange Sie unter der Wirkung Ihrer Stresshormone stehen, haben Sie keinen Zugang zu Ihrem Stirnhirn – und damit auch nicht zu Ihrer Quanten-Bewusstheit.

Entspannung in der Ent-Spannung

Im ersten Schritt gilt es also, möglichst weitgehend zu entspannen.

Wenn Sie ohnehin Meditationserfahrung haben, wird Ihnen dieses Loslassen aller Anspannung recht einfach gelingen. Aber wenn Sie noch keine derartigen Erfahrungen haben, dann empfehle ich Ihnen zu allererst, Geduld mit sich selbst zu haben.

Und anfangs keine allzu großen Erwartungen zu hegen, denn damit ist Ihre Chance größer, dass Sie sich selbst überraschen. Zumindest war das meine Erfahrung und die von anderen, was mir von vielen bestätigt wurde.

Überraschungen sind im Spiel mit der Quantenwelle übrigens Gang und Gebe – also seien Sie gespannt, was Ihnen alles zukommt.

Ein guter Weg, in die Entspannung zu kommen, ist das, was ich als Ent-Spannung bezeichne und was E. Jacobson „progressive Muskelentspannung“ nennt.

Dabei beginnen Sie zuerst damit, nach und nach alle Muskeln ganz fest anzuspannen – und dann die ganze Spannung auf einmal loszulassen.

Das ist vor allem deshalb sehr hilfreich, weil wir nun einmal in einer polaren Welt leben, in der wir die beiden Pole jeweils im Gegensatz zu einander wahrnehmen.

5 zu 3 Atmung

Förderlich für Ihre Entspannung und die Einschaltung Ihrer höheren Hirnzentren wird auch die 5 zu 3 Atmung sein.

Diese spezielle Atmung basiert auf der Tatsache, dass Ihre beiden Atemphasen jeweils einem Anteil Ihres vegetativen Nervensystems zugeordnet sind. Aber ehe ich Ihnen die genauen Mechanismen erkläre, möchte ich Ihnen die eigene Erfahrung vermitteln.

Atmen Sie eine Weile tiefer und regelmäßiger als sonst und achten Sie dabei aufmerksam auf Ihren Herzschlag.

Wie verändert sich dieser zwischen Ein- und Ausatmung?

Lassen Sie sich Zeit für diese Wahrnehmung, denn sie wird Sie sicher mehr motivieren, meiner Empfehlung zu folgen, als meine bloßen Worte!

Normalerweise müsste sich Ihr Herzschlag in der Einatmung beschleunigen, beim Ausatmen hingegen langsamer werden.

Tatsächlich steht Ihre Einatmung unter der Kontrolle Ihres Sympathikus – das ist jener Teil Ihres autonomen Nervensystems, der für Wachheit, Aktivität und Stress zuständig ist. Ihre Ausatmung steht hingegen unter der Kontrolle Ihres Parasympathikus, der Ruhe und Regeneration gewährleistet.

Das heißt, Sie können allein durch die bewusste Lenkung Ihrer Atmung – in Richtung länger und langsamer

Ausatmen – Ihre Entspannung beschleunigen und vertiefen.

Atmen Sie jeweils 5 Herzschläge lang aus und 3 Herzschläge lang ein. Und je länger Sie diesen Atemrhythmus aufrechterhalten, umso besser ist es. Übrigens nicht nur um in Ihre Quanten-Bewusstheit zu finden.

„Gehirn einschalten“

Um Ihr Gehirn gezielt „einzuschalten“, also Ihre höheren Zentren zu aktivieren, haben Sie verschiedene Möglichkeiten.

Licht im Stirnbereich

Besonders wertvoll ist auch die bewusste Wahrnehmung von Licht im Stirnbereich. Lassen Sie sich also ein Licht aufgehen!

Geht es Ihnen auch so, dass Sie Dinge, die Sie verstanden haben, eher umsetzen?

Dann will ich Ihnen auch diese Lichtwahrnehmung näher erklären.

Als die Neurologen Ende des 20. Jahrhunderts unser Gehirn kartographiert haben, konnten sie durch Stimulierung der verschiedenen Areale jeweils spezifische Wahrnehmungen auslösen.

So haben sie beispielsweise herausgefunden, wo sich unsere optischen Zentren befinden und wo unsere akustische Hirnrinde liegt; wo die motorischen Befehle ausgehen, die Bewegung in Gang setzen; aber auch wo sensorische Wahrnehmungen, also unsere Empfindungen verarbeitet werden…

Aber als sie ihre Impulse im Stirnhirn ihrer Probanden gesetzt haben, gab es nur die Wahrnehmung von Licht. Das war anfangs erstaunlich, weil darin nicht gleich der Sinn zu erkennen war.

Aber rufen wir uns einige Sprichworte in Erinnerung.

„Es geht mir ein Licht auf“

oder *„Im Lichte dieser Erkenntnis“*

oder *„Es wird mir etwas sonnenklar“*

oder *„Ein helles Köpfchen“*

oder *„Jemand ist hell auf der Platte“*

oder *„Licht in eine Sache bringen“*

oder gar *„Erleuchtung“*...

Darin geht es doch genau darum: Wenn unser Stirnhirn aktiv ist, dann haben wir den Eindruck von Helligkeit.

Ist Ihnen das schon einmal aufgefallen?

Aber es funktioniert auch umgekehrt: Sie können allein durch die bewusste Vorstellung von Licht in Ihrem Stirnhirn dieses einschalten. Daher also meine Empfehlung, Ihnen in der Stirn ein Licht aufgehen zu lassen.

Übrigens haben Sie diese Erfahrung vermutlich auch schon selbst gemacht – nur ist die Frage, ob Sie sich dessen bewusst geworden sind. Auch hier wird die persönliche Erfahrung überzeugender sein als meine Worte.

Versetzen Sie sich für einige Augenblicke in eine ganz besonders glückliche Situation hinein – etwas, was ich gern als „süße Erinnerung“ bezeichne, und was Ihnen reichlich Glückshormone schenkt. Und beziehen Sie dabei möglichst alle Sinnessysteme mit ein!

Sehen Sie, was es in der Vergegenwärtigung der entsprechenden Situation zu sehen gibt und hören Sie die akustischen Phänomene! Vielleicht haben Sie auch eine Geruchs- oder Geschmacks-Wahrnehmung; aber ganz sicher ein Gefühl – ein Glücks-, Freuden-, Liebes- oder Dankbarkeitsgefühl...

Und nun achten Sie sehr bewusst auf die Lichtverhältnisse – wenn Sie nicht gerade eine Nachtszene gewählt haben, dürften Sie nun einen Eindruck von Helligkeit haben.

Habe ich richtig geraten?

Wenn Sie sehr glücklich sind oder sich ein besonders glückliches Erlebnis vergegenwärtigen, dann stehen Sie unter der Kontrolle Ihrer Glückshormone. Und diese bewirken eine verbesserte Durchblutung und damit Einschaltung Ihrer Hirnrinde. Vor allem in Ihrem Stirnhirn.

Daher haben Sie eine Wahrnehmung von Licht.

Während Sie unter Stress stehen und bei unguten Erinnerungen, wird es Ihnen hingegen eher dunkel vorkommen. Und das liegt daran, dass Sie unter der Wirkung Ihrer Stresshormone keinen Zugang zu Ihrem Stirnhirn haben, das offenbar für die Wahrnehmung von Licht verantwortlich ist.

Machen Sie sich glücklich!

Daraus resultiert meine nächste Empfehlung:

Ehe Sie mit der Quantenwelle spielen, sollten Sie „sich glücklich machen“.

Also vergegenwärtigen Sie sich irgendetwas, was Sie glücklich macht, was Sie aufbaut, erfreut, ergötzt, fasziniert, dankbar macht, oder auch eine Person, die zu lieben Ihnen ganz leicht fällt!

Damit mobilisieren Sie Ihre Endorphine und schalten automatisch Ihre höheren Hirnzentren ein.

Energetische Hirnaktivierung

Eine weitere Möglichkeit ist die energetische Hirnaktivierung. Auch dazu kann ich Ihnen eine Erklärung bieten – so Sie Freude am Verstehen haben.

Sie haben an der Stirn, in der Mitte einer senkrechten Linie durch Ihre Pupillen (wenn Sie geradeaus schauen) sogenannte „neurovaskuläre Punkte". Das sind Punkte, deren Aktivierung über einen Nervenreiz zu einer Erweiterung der Blutgefäße in Ihrem Stirnhirn führt und damit zur Einschaltung Ihres Frontallappens.

Dadurch wird automatisch Ihre gesamte Gehirnrinde aktiviert und Ihre beiden Gehirnhälften werden integriert. Und diese Aktivierung erreichen Sie dank der Energie Ihrer Handflächen.

Das heißt, Sie legen eine Handfläche auf Ihre Stirn und die zweite (welche wo liegt, ist gleichgültig) auf Ihren Hinterkopf. Dort liegen Ihre optischen Zentren, die Ihnen helfen, Ihr Licht aufgehen zu lassen.

Mit dieser Technik können Sie sich jederzeit aus Ihrem Stress retten. Vor allem aber empfehle ich sie Ihnen zur Einstimmung in Ihre Quanten-Bewusstheit.

Bewusste Steuerung der Hirn-Durchblutung

Eine weitere Möglichkeit in die Quanten-Bewusstheit zu finden, ist die **gezielte Steuerung Ihrer Durchblutung**. Und auch dazu kann ich Ihnen eine eigene Erfahrung anbieten.

Stellen Sie sich vor, die Blutgefäße, die Ihre Nasenspitze versorgen, erweitern sich, sodass Ihre Nase in den Genuss einer Luxusdurchblutung kommt!

Können sie ein Kribbeln, Vibrieren oder Kitzeln wahrnehmen?

Wird Ihre Nase wärmer?

Wird Ihnen dieser Körperteil auf einmal bewusst, während Sie ihn sonst kaum je wahrnehmen?

Oder haben Sie gar den Eindruck, Ihre Nase würde größer?

Wenn Ihnen dieses Spiel bei der Nase nicht gelingt, versuchen Sie dasselbe mit Ihren Händen! Das ist besonders eindrücklich, wenn Sie zuerst nur eine Hand mit einer Luxusdurchblutung verwöhnen; ehe Sie – aus Gerechtigkeit – auch die andere Hand angleichen.

Vor allem der zwischenzeitliche Vergleich zwischen der gut durchbluteten und der noch nicht so gut durchbluteten Hand wird Sie vermutlich beeindrucken.

Merken Sie den Unterschied?

Auch mit Ihrer Zunge können Sie das machen und sich vielleicht über Ihren Eindruck von deren Vergrößerung wundern. Vielleicht haben Sie sogar das Gefühl, Sie hätten dafür nicht mehr genug Platz in Ihrem Mund.

Und zuletzt **steuern Sie bewusst Ihre Hirndurchblutung!**

Stellen Sie sich vor, dass die Blutgefäße, die durch Ihren Hals zu Ihrem Gehirn hochführen, sich erweitern und viel frisches, sauerstoffgesättigtes Blut vor allem in die Hirnrinde bringen.

Können Sie etwas wahrnehmen?

Ein Prickeln oder Vibrieren im Gehirn?

Wärme?

Den Eindruck von Volumenzunahme mit vielleicht sogar einem Druckgefühl?

Und haben Sie vielleicht sogar den Eindruck, es würde heller?

Tatsache ist, dass Sie zumindest lernen können, Ihre Durchblutung bewusst zu steuern. Und wenn es Ihnen nicht gleich gelingt, dann haben Sie Geduld!

Schenken Sie Ihrer Gehirnrinde ein Mehr an Durchblutung, ehe Sie mit der Quantenwelle spielen!

Integration beider Gehirnhälften

Eine weitere Empfehlung wäre die bewusste Integration beider Gehirnhälften. Diese funktioniert bereits mit den bisher empfohlenen Techniken, aber es gibt noch weitere wirksame Spiele.

Wechselatmung

Beispielsweise die Wechselatmung aus der Yoga-Tradition – auch dazu kann ich Ihnen eine Erklärung anbieten.

Die Wirkung dieser Atemübung beruht auf der Tatsache, dass Ihr Atemstrom idealerweise alle zwei Stunden von einem Nasenloch zum anderen wechselt. Auch das können Sie testen: halten Sie abwechselnd Ihre beiden Nasenlöcher zu und achten Sie darauf, durch welches Nasenloch Sie besser atmen können.

Wenn Sie nicht gerade verkühlt sind oder eine starke Verkrümmung der Nasenscheidewand haben, wird ein Nasenloch leichter durchgängig sein als das andere. Wobei dieser Wechsel mit dem Wechsel der Hemisphären-Dominanz im Gehirn korreliert.

* Wenn Sie vorwiegend durch das rechte Nasenloch atmen, stehen Sie unter der Dominanz der linken Gehirn-Hälfte. Dann spricht dies für eine Phase nach außen gewandter Aufmerksamkeit und verstärkte Aktivität und Wachheit.

* Atmen Sie hingegen vorwiegend durch das linke Nasenloch, deutet dies auf eine Dominanz Ihrer rechten Gehirn-Hälfte und eine eher in sich gekehrte, ruhige und besinnliche Phase.

Dieser ausgleichende Wechsel des Atemstroms und die damit einhergehende Integration von linker und rechter Gehirn-Hälfte gehen unter Stress verloren. Und dann ist meist nur mehr Ihre dominante linke Gehirn-Hälfte aktiv und Ihre subdominante rechte ist ausgeschaltet. Somit stehen Ihnen deren Funktionen und Fähigkeiten nicht mehr zur Verfügung.

Aber für Ihre Quanten-Bewusstheit ist gerade die Aktivität Ihrer rechten Gehirnhälfte wesentlich. Daher ist die Wechselatmung dafür auch so wertvoll. Abgesehen davon balanciert sie Gehirn und Körper, was Ihnen klareres, kreativeres Denken erlaubt und Ihnen hilft, sich leichter zu entspannen.

Darüber hinaus wirkt diese spezielle Atmung durch ihre ausgleichende Wirkung auf wichtige Drüsen im Bereich Ihres Gehirns auch abwehrstärkend. Sie wirkt also generell gesundheitsfördernd, bietet sich aber vor allem zur Einstimmung in das Spiel mit der Quantenwelle.

Halten Sie Ihr rechtes Nasenloch zu und atmen Sie durch das linke ein, halten Sie dann das linke Nasenloch zu und atmen Sie durch das rechte aus!

Dann bleiben Sie bei diesem und atmen auch durch dieses ein, um dann neuerlich dieses zuzuhalten und durch das linke auszuatmen!

Der Wechsel der Nasenlöcher erfolgt also jeweils zwischen der Ein- und der Ausatmung; Aus- und Einatmung funktionieren hingegen jeweils durch dasselbe Nasenloch.

Wenn Sie Ihre Hände nicht frei haben, können Sie sich diese Wechselatmung auch bloß vorstellen. Dann atmen Sie in Ihrer Vorstellung rechts ein und links aus, dann links ein und rechts aus – und so fort!

Eine weitere Möglichkeit wäre die Kreisatmung – auch diese können Sie real oder in Ihrer Vorstellung spielen. Dazu atmen Sie rechts ein und links aus, dann wieder rechts ein und links aus. Oder auch in umgekehrter Richtung; je nach Vorliebe.

Überkreuz-Gehen

Auch diese Technik ist generell wertvoll – besonders, wenn Sie als legasthenisch gelten. Aber vor allem zur Vorbereitung auf das Spiel mit der Quantenwelle möchte ich es Ihnen wärmstens ans Herz legen. Und auch dazu bekommen Sie meine Erklärung mitgeliefert.

Ihre beiden Gehirnhälften steuern jeweils die gegenüber liegende Körperseite. Wenn Sie also ein Bein und den gegenüber liegenden Arm gleichzeitig bewegen, aktivieren Sie gleichzeitig beide Gehirnhälften; und damit fördern Sie die Kommunikation zwischen beiden Hemisphären durch den Balken, das Corpus Callosum.

Dessen Nervenbahnen verbinden die Nervenzellen der beiden Gehirnhälften miteinander – allerdings sind diese im Alltagsstress kaum je aktiv.

Das Überkreuz-Gehen wirkt, indem es das Gehirn auffordert, zwischen integrierter (beidseitiger) und paralleler (einseitiger) Aktion zu wechseln. Daher ist es besonders für jene Menschen angezeigt, denen es schwerfällt, gleichzeitig zu denken und etwas zu tun und die daher immer die Atmung vergessen, wenn sie sich konzentrieren oder während sie etwas tun.

Kennen Sie dieses Phänomen?

Ertappen Sie sich auch immer wieder, wie Sie nach Luft schnappen, wenn Sie besonders konzentriert sind?

Gehen Sie – während Sie lächeln – ruhig atmend auf der Stelle! Zuerst 8 Mal mit gegenseitigen Armbewegungen (dies aktiviert beide Gehirnhälften).

Dabei können Sie eventuell auch bei jedem Schritt mit der Hand oder dem Ellbogen des nach vorne schwingenden Armes das Knie des jeweils gehobenen Beines berühren, das steigert die Wirkung.

Dann wechseln Sie zum einseitigen Gehen auf der Stelle – wieder 8 Mal. Bewegen Sie jeweils Arm und Bein der gleichen Körperseite gleichzeitig nach vorne, so ähnlich wie ein Hampelmann.

Damit aktivieren Sie jeweils nur eine Gehirnhälfte. Und wieder können Hand oder Ellbogen des nach vorne schwingenden Armes das Knie des jeweils gehobenen Beines berühren, um die Wirkung zu steigern.

Dann wechseln Sie in kürzeren Intervallen zwischen den beiden Gangarten. Und setzen Sie diese Übung so lange fort, bis der Wechsel reibungslos vor sich geht!

Aber enden Sie immer mit dem Überkreuz-Gehen!

Während dieser Übung können Sie sich auf die Absicht konzentrieren, mit der Sie die Quantenwelle einsetzen.

Solche Überkreuz-Bewegungen sind prinzipiell für jeden Menschen sinnvoll. Besonders angezeigt sind sie jedoch für Menschen, die aus irgendeinem Grund (oft in Folge eines Traumas) den Übergang vom homolateralen in das gekreuzte Bewegungsmuster versäumt haben.

Wenn Säuglinge zu krabbeln beginnen, gehen sie normalerweise relativ rasch in das Überkreuz-Muster über (linke Hand und rechtes Bein bewegen sich zuerst parallel und dann umgekehrt), einfach weil sie so rascher vorwärts kommen und in ihrem Gleichgewicht stabiler sind.

Versuchen Sie einmal, auf allen Vieren möglichst rasch homolateral zu krabbeln; und dann wechseln Sie zum Überkreuzmuster – *Sehen Sie, was ich meine?*

Manche Menschen haben jedoch im entsprechenden Alter diesen Übergang vom homolateralen in das gekreuzte Bewegungsmuster versäumt.

Vielleicht weil sie zu wenig Bewegungsfreiheit hatten (ständig in der Gehschule eingesperrt waren) oder sich aufgrund eines Schocks, von Angst oder Trauer kaum bewegt haben. Dann beginnen sie mit dem Laufen, ehe sie das Überkreuzmuster erworben haben.

Viele von ihnen bewegen sich dann auch später noch homolateral – bewegen also beim Gehen den gleichseitigen Arm mit dem Bein mit. Aber das ist eine an sich unnatürliche und ziemlich energieraubende Gangart.

Da alle Nervenbahnen, die Informationen vom Gehirn zum Körper und vom Körper zum Gehirn führen, im Halsbereich die Mittellinie kreuzen, führt das homolaterale Bewegungsmuster zu einer starken Einschränkung und Behinderung auch in den geistigen Fähigkeiten.

Und dies manifestiert sich meist in Form von Lernstörungen; die dann oft irrtümlich als Legasthenie fehl gedeutet werden.

Das Überkreuzgehen kann hier in jedem Alter und innerhalb kurzer Zeit die in der Kindheit versäumte Umpolung nachholen und den Betreffenden wie aus einer Art Gefangenschaft befreien.

Aber wie gesagt: vor allem zur Einstimmung in das Spiel mit der Quantenwelle ist das Überkreuz-Gehen wertvoll.

Beobachterposition

Eine weitere Empfehlung wäre die Beobachterposition, die uns besonders Zen-Meister ans Herz legen. Vielleicht gefällt Ihnen dieses Spiel.

Dazu sitzen Sie möglichst entspannt und dennoch aufrecht, schließen die Augen und schauen sich selbst beim Denken zu!

Eine merkwürdige Anregung?

Nun, die Beobachterposition spielt mit der Tatsache, dass es uns kaum möglich ist, bewusst mit dem Denken aufzuhören. Also setzen wir es bewusst ein.

Wir Menschen sind vermutlich die einzigen Lebewesen, die sich in die Beobachterposition begeben und sich aus dieser Distanziertheit selbst über die Schulter schauen können – in der Fachsprache heißt das „Metaposition".

Sehen Sie sich selbst beim Denken, Fühlen und Wahrnehmen zu und erreichen Sie dadurch Momente von Gedankenleere bei gleichzeitiger Wachheit.

Gehen Sie zuerst in die Entspannung, lassen Sie Ihren Alltag für eine Weile hinter sich und stellen Sie sich Fragen wie:

Wer ist es, der in mir denkt?

Woher kommt mein nächster Gedanke?

Welche Farbe hat mein nächster Gedanke?

Wer ist es in mir, der mir beim Denken zusieht?

Wer sieht mir zu, während ich mir beim Denken zusehe?

Bei diesen Fragen geht es nicht prinzipiell um die Antwort, sondern um diesen kurzen Moment der Gedankenstille. Da Fragen wie diese Ihr logisch-analytisches Denken überfordern, schaltet sich Ihre Vernunft kurz aus – und genau in diesem Augenblick kann der Zustand reiner Bewusstheit durchblitzen.

Je länger Sie mit dieser Technik spielen, umso länger werden die Momente, in denen Ihr Denken quasi innehält. Und das kann Sie direkt in die Quanten-Bewusstheit katapultieren.

Verbindung mit dem Höheren Selbst

Eine weitere Möglichkeit, mit der Sie experimentieren können, ist die Verbindung mit Ihrem Höheren Selbst.

Stellen Sie sich eine goldene Lichtkugel (in der Größe, die Ihnen angenehm ist) über Ihrem Kopf vor. An dieser Stelle orten viele unser Höheres Selbst. Andere sehen hier eines unserer außerkörperlichen Chakren – Sie müssen aber nicht daran glauben, um von der Wirkung dieser Vorstellung zu profitieren.

Projizieren Sie Ihre Bewusstheit in diesen Bereich über Ihrem Kopf hinein und nehmen Sie eine Art „Abheben“ wahr.

Dies bietet Ihnen eine gute Möglichkeit, sich aus Ihrem „Affengeschnatter“ quasi nach oben hin herauszuziehen.

Gefällt Ihnen dieses Spiel?

Gedanken-Spiralen

Eine weitere hilfreiche Vorstellung sind Gedanken-Spiralen, die sich nach unten bewegen und im Boden versickern – vielleicht so ähnlich wie Wasser, das beim Ausleeren einer Badewanne in einem Wirbel abfließt.

Oder aber Ihre Gedanken schwingen sich in einer aufwärts gerichteten Spirale, deren Windungen immer weiter werden nach oben, um sich dann nach und nach wie Wolken im Wind aufzulösen.

Experimentieren Sie damit und nehmen Sie wahr, welche der beiden Varianten Ihnen mehr liegt und bessere Effekte bringt.

Fokus auf das dritte Auge

Oder vielleicht gefällt Ihnen der Fokus auf Ihr drittes Auge noch besser. Dieses liegt hinter der Nasenwurzel im Zentrum des Gehirns in der Gegend Ihrer Zirbeldrüse.

Ziehen sie Ihre Aufmerksamkeit von außen ab und fokussieren Sie sie in diesem Punkt. Dann stellen Sie sich vor, Ihre Umwelt wie durch ein Fenster in der Mitte Ihrer Stirn zu betrachten.

Nehmen Sie wahr, wie nach und nach Ihr Gedankengeplapper zur Ruhe kommt!

Herz-Öffnung

Mein absoluter Lieblingsweg in die Quanten-Bewusstheit ist jedoch die bewusste Herz-Öffnung oder das In-meiner-Liebe-Schwingen. Meinem Gefühl nach wäre dieses In-meiner-Liebe-Sein eigentlich unser idealer Urzustand; allerdings ist es nicht leicht, ihn im Alltagsstress aufrecht zu erhalten.

In seiner vollen Entfaltung bringt er uns direkt in die Quanten-Bewusstheit.

Es ist gar nicht so einfach, diesen Weg zu beschreiben, dennoch will ich es versuchen. Ich hole mir dazu ein geliebtes Wesen vor mein geistiges Auge – eine Person, die zu lieben mir ganz leichtfällt, angesichts derer meine Liebe also ganz leicht ins Fließen kommt.

Und ich spüre, wie in meinem Herzen meine Liebe aufblüht; während ich mich zeitgleich auf mein drittes Auge fokussiere – genaugenommen habe ich meinen Fokus also zugleich in meinem dritten Auge und in meinem Herz-Chakra; und ich verbinde diese beiden Energiezentren über meine Aufmerksamkeit zu einer Einheit.

Interessanterweise vertieft dieser geteilte und doch vereinte Fokus meine Liebe und intensiviert zugleich meine Bewusstheit und macht diese auch noch klarer.

Wenn ich in diesem geistigen Zustand bin, hört alles „Denkeln" auf, und ich bin ganz und gar „in meiner Liebe" – oder eigentlich noch richtiger ausgedrückt: „Ich bin Liebe." Sobald ich dies erreicht habe, verbinde ich auch die beiden Punkte, die meine Hände gefunden haben, miteinander – entweder körperlich oder auch bloß in meiner Vorstellung.

Ist das auch für Sie ein gangbarer Weg in Ihre Quanten-Bewusstheit?

Versuchen Sie es einfach!

Dieses „Liebe-Sein" fühlt sich jedenfalls wunderbar an, wenn ich es erlange – und dies nicht nur während ich mit der Quantenwelle spiele.

Wie Sie persönlich in Ihre Liebe finden, wenn Sie mit dieser Variante spielen wollen, das sei natürlich Ihnen überlassen.

Sind Sie gerade in der glücklichen Lage, frisch verliebt zu sein?

Dann wird es Ihnen nicht schwerfallen.

Wobei eine so frische Liebe in ihrer aufgeregten Intensität zuweilen sogar etwas ablenkend wirken mag.

Irgendwo habe ich gelesen:

„Erst wenn die Schmetterlinge im Bauch weitergeflogen sind, erst dann entsteht wahre Liebe“.

Allerdings muss das nicht für alle Menschen gelten. Jedenfalls werden Sie hoffentlich irgendeine geliebte Person finden, die Sie vor Ihr geistiges Auge holen können; oder auch ein geliebtes Tier oder eine Pflanze.

Wer oder was auch immer Ihre Liebe erweckt, sei willkommen!

Übrigens können Sie sich auch an das morphogenetische Feld großer Liebender anschließen und an deren Liebe „mitnaschen“. Dazu könnten Sie beispielsweise Liebesgedichte oder Liebesbriefe großer Dichter lesen.

Wie fühlt es sich für Sie an, in Ihrer Liebe zu schwingen?

Ich denke, es ist sinnvoll, sich dieses Gefühl immer wieder sehr bewusst zu machen, damit Sie leichter wieder Anschluss finden an diese Schwingung.

Mein Herz fühlt sich dann sehr weit an, ganz so, als würde es mein ganzes Herzfeld ausfüllen.

Zugleich nehme ich es offen, warm und weich wahr.

Und ich habe das Gefühl, dass meine Energie noch viel weiter ausstrahlt als sonst.

Mein Kopf ist klar und hellwach.

Er ist nicht gefangen genommen vom Gedankengeplapper, sondern gut ausgerichtet auf den jeweils aktuellen und für mich wichtigen Fokus.

Oft auch einfach auf mein „Liebe-Sein", wenn ich im Spiel mit der Quantenwelle keine bewusste Absicht setze, sondern sie nur „zum Besten für alle und alles" auslöse.

Dann liegt mein Fokus einfach auf Liebe.

Diesen Zustand verbal adäquat zu beschreiben ist kaum möglich, aber ich hoffe, Sie nehmen das wahr, was ich Ihnen zwischen meinen Zeilen übermittle.

Wenn dieser Weg in die Quanten-Bewusstheit auch Ihrer ist, dann öffnen Sie Ihr Herz einfach ganz, ganz weit und lassen Sie Ihre Liebe so stark werden, wie es Ihnen im Augenblick möglich ist!

Spüren Sie, wie Ihre Liebe intensiv durch Sie hindurchfließt, Sie ganz und gar erfüllt und sich weit über Ihre körperlichen Grenzen hin ausdehnt!

~ Und dann setzen Sie die Welle!

Dostojewski sagt:

„Einen Menschen lieben, heißt, ihn so sehen, wie Gott ihn gemeint hat."

Ich füge dem hinzu:

„Einen Menschen lieben, heißt für mich, so werden, wie Gott mich gemeint hat."

In diesem Sinne kann die Quantenwelle uns sogar zu mehr Göttlichkeit verhelfen ...

Jedenfalls aber zu mehr Seelen-Resonanz ☺.

Spiel mit der Quantenwelle

Die Idee, zwei intuitiv gefundene Punkte zu verbinden, ist an sich uralt und wohl auf der ganzen Welt verbreitet; die Kahunas auf Hawaii nennen es „Kahi" – was so viel heißt wie „magische Berührung".

Wie bereits erwähnt bezeichnet Dr. Richard Bartlett (ein Doktor der Chiropraktik – anders als bei uns ist das in Amerika ein ärztlicher Beruf!) es salopp als „Two-Pointing", und er nennt seine Methode „Matrix Energetics" – er bringt damit seine Patienten auf allen Ebenen in Balance.

Auch ein zweiter Chiropraktiker, Dr. Frank Kinslow, arbeitet damit und nennt es „Quanten-Heilung".

Mittlerweile gibt es unterschiedliche Methoden mit teils recht interessant klingenden Bezeichnungen, die sich davon ableiten und mit leichten Abweichungen letztlich genau die ursprüngliche 2 Punkt Methode anwenden.

Bartlett geht in seiner Umsetzung davon aus, dass wir alle die Fähigkeit haben, diese energetisch sensiblen Punkte zu finden und sie jeweils mit einem bestimmten Thema in Korrespondenz zu bringen.

Also können auch Sie sich „die Quantenwelle geben", wie wir das nennen. Es geht einfach darum, sich an diese Fähigkeit zu erinnern – sie sich also wieder bewusst zu machen und in Besitz zu nehmen.

Tatsächlich hat sich das Spiel mit der Quantenwelle weltweit verbreitet und geradezu einen Boom ausgelöst.

Ich empfehle Ihnen, das Finden der zwei Punkte spielerisch anzugehen. Es gibt dabei kein Richtig oder Falsch, denn Sie entscheiden, welche Punkte sich im Augenblick stimmig anfühlen. Und wenn Sie diese Entscheidung treffen, dann sind die jeweiligen Punkte auch die richtigen.

Wenn mehrere Menschen mit derselben Thematik arbeiten, kann jeder von ihnen andere Referenzpunkte finden, und alle mögen richtig liegen.

Gehen Sie es wirklich möglichst unvoreingenommen und mit kindlicher Neugier und Begeisterung an. Dann bringen Sie genau die Offenheit mit, die Sie brauchen.

Wenn ich von Ihrer Matrix spreche, dann meine ich übrigens Ihr ganz persönliches morphogenetisches Feld, das Sie umgibt und durchdringt. Darin ist Ihr gesamtes Potenzial aufgezeichnet. Aber auch Informationen über Ihren physischen Körper sowie prägende Erlebnisse aus Ihrer Vergangenheit.

Darüber hinaus speichert sie all Ihre Überzeugungen, Wünsche und Emotionen sowie Ihre Einstellung zu sich selbst und der Welt. Und über die 2 Punkt Methode finden Sie Zugang zu dieser Art Blaupause. Wenn Sie hier Impulse setzen, lösen sich Blockaden und eine neue Realität kann sich eröffnen.

Wenn Sie eine spezielle Absicht setzen, während Sie die zwei sensiblen Punkte in Ihrer Bewusstheit miteinander verbinden, dann fließt Information und es kommt (in der Terminologie der Quantenphysiker) zur Verschränkung der Informationen – und wenn dann die so ausgelöste Quantenwelle kollabiert, manifestiert sich die neue Realität auf der energetischen Ebene.

So kompliziert all das in der Theorie auch klingen mag, in der Umsetzung ist es um vieles einfacher.

Wollen Sie mehr über die wissenschaftlichen Hintergründe wissen und tiefer in die Materie eintauchen?

Dann lesen Sie bitte das Buch „Physik der Wunder" von Bartlett.

Die Neuordnung auf energetischer Ebene erfolgt übrigens sofort. Die Umsetzung auf körperlicher Ebene kann jedoch eine Weile dauern – muss es aber nicht. Bartlett berichtet beispielsweise von unmittelbar sichtbaren Begradigungen von Wirbelsäulen.

Wie lange die materielle Umsetzung dauert, ist sehr unterschiedlich und hängt unter anderem auch davon ab, wie sehr wir uns bei diesem Wandlungsprozess selbst im Weg stehen. So können bei längerem Bestehen chronischer Leiden mehrere Behandlungen nötig sein, wobei die heilsame Wirkung meist von Mal zu Mal länger andauert.

Das gilt gleichermaßen auch für das Spiel mit mentalen oder emotionalen Themen. Es gibt Blockaden, die sich im Nu auflösen, während andere zwiebelartig aufgebaut sind und Schicht für Schicht mit mehreren Anwendungen abgetragen werden wollen.

Das Spiel mit der Quantenwelle macht allerdings so viel Freude, dass ich das nicht weiter schlimm finde. Wir haben hier ein enorm wirksames und leicht einsetzbares Instrument in der Hand, dessen einziger „Fehler" ist, dass es nur wirkt, wenn wir es anwenden.

Sie werden jedenfalls sehen, dass sich nach dem Einsatz der Welle das jeweilige Thema anders anfühlt. Oft können Sie den zuvor noch damit verbundenen Stress gar nicht mehr wahrnehmen oder aber bloß noch wie durch einen Nebel.

Und nicht selten werden Sie sich fragen, wie dieses Thema Sie überhaupt so stressen konnte. Diese Veränderungen können sehr subtil sein oder auch deutlich wahrnehmbar – präjudizieren Sie nichts, sondern lassen Sie „es" geschehen!

Was kann nun die Absicht sein, die Sie im Spiel mit der Welle setzen?

Das kann das Erreichen eines Zieles oder die Erfüllung eines Herzenswunsches sein.

Es kann sich um den idealen Ausgang einer problematischen Situation handeln wie die Heilung einer Krankheit oder die Umpolung destruktiver Verhaltensmuster oder Gewohnheiten.

Aber Sie können damit auch eine Frage an Ihre Seele stellen – denn das Spiel mit der Quantenwelle ist der direkteste Weg in die Seelen-Resonanz.

Und besonders sinnvoll finde ich die allgemeine Absicht „zum Wohle aller" oder „das bestmögliche Resultat". Denn damit lassen wir den Ausgang offen und erlauben Lösungen, die weit über das hinausgehen, was wir erwarten würden.

Daher fügen kluge Menschen generell *„Das oder etwas Besseres möge geschehen!"* an ihre Wunschformulierungen an.

Was bewirkt die Quantenwelle?

Der Informationsfluss, den wir in der Verbindung der zwei Punkte auslösen, wird als Welle spürbar – sie lässt erkennen, dass unsere Matrix den Impuls angenommen hat und die Transformation nun in Gang kommt.

Interessanterweise bewirkt die Quantenwelle neben der Lösung von Blockaden auch einen deutlich spürbaren Freudenschub. Das ist höchst wohltuend an der freudvollen Stimmung in Wellen-Coachings oder -Seminaren zu merken.

Vor allem in der regelmäßigen Anwendung der Welle wird das Leben freudvoller, bunter und lebendiger – und vor allem wacher. Und diesen Eindruck habe nicht nur ich gewonnen.

Das mag wohl auch an der Herz-Öffnung liegen, die ja mein Lieblingsweg in die Quanten-Bewusstheit ist, aber sicher nicht nur. Ich führe das auf die Ausschüttung von Endorphinen zurück, zu der es im Spiel mit der Welle fast immer kommt.

Seltener fließen auch mal Tränen, aber diese wirken vor allem lösend und bewirken letztlich auch eine Stimmungsaufhellung. Und wenn sie doch einmal länger fließen wollen, dann waren diese wohl seit langem überfällig und hinterlassen eine kaum zu beschreibende Erleichterung.

Aber natürlich ist die wohltuende Leichtigkeit, die die Quantenwelle uns schenkt, auch auf die nachhaltige Blockaden-Lösung zurückzuführen, die scheinbar wie nebenbei geschient.

Das war anfangs ziemlich ungewohnt für mich, die immer dachte, alles müsse lang dauern und schwer gehen. Heute kann ich die Tatsache, dass ich nicht jede Blockade noch einmal intensiv durchleben muss, ehe sie sich löst, mit Freude und Dankbarkeit annehmen.

Wenn Sie regelmäßig mit der Welle spielen und bewusst auf all das achten, was sich in Ihrem Leben verändert, werden Sie ein „großes Erwachen“ erleben, denn Sie setzen Potenziale frei, von deren Existenz Sie bis dahin keine Ahnung hatten.

Wie bereits erwähnt, haben sich in meinem Leben erstaunliche Dinge manifestiert – und dies in einem Tempo, das mich zuweilen atemlos gemacht hat. Im Rückblick ist mir klar, dass die entsprechenden Teile meines Potenzials bloß darauf gewartet haben, von der Welle „wach geküsst“ zu werden.

Aber die Quantenwelle führt auch zu einer Art Horizonterweiterung. Sie öffnet uns für neue und konstruktive Sichtweisen. Das liegt meiner Ansicht nach vor allem daran, dass das Spiel damit uns in Resonanz mit unserer Seele bringt – das heißt, sie hilft uns, uns für die erweiterte Perspektive unserer Seele zu öffnen.

Darüber hinaus lässt auch die Auseinandersetzung mit quantenphysikalischen Erkenntnissen unseren Geist weiter werden, obwohl dies nicht unbedingt eine Voraussetzung ist, um erfolgreich mit der Welle zu spielen.

Aber ich finde es immer wertvoll, Dinge, die ich anwende, auch in ihrer Wirkungsweise zu verstehen. Allerdings „verstehe“ ich Quantenphysik eher auf Herzens-Ebene. Ich nehme sie wahr.

Wenn auch Sie tiefer eintauchen wollen, dann empfehle ich Ihnen neben dem bereits erwähnten zweiten Bartlett-Buch auch „Die Entstehung der Realität“ von Jörg Starkmuth und „Das bewusste Universum“ von Amit Goswami. Aber auch das bereits erwähnte Buch „Im

Einklang mit der göttlichen Matrix“ von Gregg Braden wird Ihren Horizont erweitern.

Meiner Erfahrung nach löst die Quantenwelle aber nicht nur während ihres Durchflusses durch unseren Organismus Blockaden, sondern sie wirkt nachhaltig lösend – ganz so als würde durch das Auslösen der Welle nur ein umfassender Lösungsprozess in Gang gesetzt, der mehr oder weniger lang weiterwirkt.

Daher empfehle ich Menschen, denen ich die Welle gebe, aufmerksam darauf zu achten, was sich in den nächsten Tagen alles ereignet und verändert.

Und mit der entsprechenden selektiven Wahrnehmung gibt es immer entsprechende Rückmeldungen; denn die Quantenwelle wirkt weiter – ähnlich wie die Wellen, die sich um einen ins Wasser geworfenen Stein nach allen Seiten hin ausbreiten.

Daher bin ich wohl nicht die einzige, die eine Art „Liebesbeziehung mit der Welle“ aufgebaut hat; denn die meisten Menschen, die ich mit meiner Begeisterung anstecken konnte, lieben dieses Gefühl und die damit verbundene, tiefe Hingabe und Entspannung sehr.

Und sie genießen die Welle auch in ihren sehr unterschiedlichen Varianten!

Wie fühlt sich die Quantenwelle an?

~ Manche Wellen kommen wirklich umwerfend daher, und können uns auch tatsächlich aus dem Stehen ins Sitzen oder Liegen bringen, wenn wir uns diesem Impuls hingeben.

~ Oft rauschen sie wie ein kleiner Tsunami durch uns hindurch und über uns hinweg: „Wuschschsch..."

~ Andere bauen sich ganz langsam auf, sind anfangs kaum merkbar, um dann aber in einem langsamen oder auch raschen Crescendo hochzufahren.

~ Manche Wellen zeigen eine Art Sinusrhythmus – vielleicht in der Schumann-Frequenz?

~ Einige sind und bleiben subtil wie das feine Kräuseln der Wasseroberfläche bei einer sanften Brise.

~ Es gibt Wellen, die uns schwer machen.

~ Andere schenken uns ein herrlich freies Gefühl von schwebender Leichtigkeit.

~ Manche Wellen fließen spiralig durch uns hindurch.

~ Andere versetzen uns in eine anatomisch fast unmögliche Körperhaltung, ganz so, als wären wir aus Gummi.

~ Es gibt Pendelwellen, die uns ähnlich einem Metronom hin und her schwingen lassen.

~ Und solche, die uns in Achterschleifen schwingen lassen.

~ Aber es gibt auch Kreiselwellen, die unseren Körper kreisförmig um eine virtuelle Längsachse bewegen.

~ Manche Wellen sind am Körper kaum wahrzunehmen, verraten sich nur in der vibrierenden Bewegung eines lockeren Kleidungsstückes oder einer Locke.

~ Andere lösen ein intensives Ganzkörperschütteln aus, das fast wir ein epileptischer Anfall wirkt.

~ Bei einigen wird uns kühl, so als würde ein Wind uns durchwehen.

~ Andere wiederum heizen uns ordentlich ein.

~ Oft durchfährt uns ein Schauer, während die Welle uns durchfließt.

~ Oder wir spüren ein Prickeln, so als würde Champagner durch unsere Blutgefäße fließen.

~ Zuweilen vermittelt uns eine Welle das Gefühl, uns außerhalb unseres Körpers zu befinden.

~ Es gibt Wellen, die einen Schrei auslösen – und dieser hat wohl lange auf seine Befreiung gewartet.

~ Manche Wellen bringen uns zum Lachen – und das Lachen will gar nicht mehr aufhören. Fast so, als hätten wir es über Jahre hinweg eingesperrt; und nun könnte es sich endlich befreien.

~ Aber auch Tränen dürfen fließen – lösend und befreiend...

Sie sehen, die Auswirkung der Welle ist sehr individuell und auch bei ein und demselben Menschen immer wieder anders. Und wenn Sie sich mehrere Quantenwellen geben, dann summieren sie sich – so wie die Instrumente eines Orchesters, die nach und nach einsetzen.

Da beginnt die erste Geige, der sich die anderen Violinen hinzugesellen, dann auch die Celli und bald auch das Klavier, ehe die Bläser einsetzen und dann vielleicht auch eine menschliche Stimme hinzukommt – und ähnlich ist es bei einem Coaching mit mehreren Wellen, die sich nach und nach summieren.

Manchmal schwingt eine davor gegebene aus, aber die meisten schwingen auch dann noch weiter, wenn die neuen hinzukommen.

Daher empfehle ich bei jedem Wellen-Coaching, an diesem Abend möglichst keinen Alkohol zu trinken, weil dieser während des Nachwirkens der Wellen zu eigenartigen, nicht vorhersehbaren Effekten führen kann.

Aber auch längere Autofahrten sollten nicht gleich nach der Anwendung unternommen werden.

Das gilt natürlich auch für Sie, wenn Sie sich mehrere Wellen zu einem Thema geben – mischen würde ich an Ihrer Stelle die Themen nicht.

Allerdings können Sie sich zu ein und demselben Thema natürlich auch mehrere Wellen mit je einer bestimmten Absicht geben.

Aber auch wenn Sie ohne bestimmte Absicht, sondern nur „zum Besten für alle und alles“ mit der Welle spielen und sich mehr als eine Welle geben, werden die ersten meist noch nachschwingen, wenn Sie sich die fünfte oder achte geben.

Mit anderen Worten werden Sie nach einer intensiven Anwendung Ihrer 2 Punkte noch über mehrere Stunden unter dem Einfluss Ihrer Wellen stehen – das scheint mir wichtig zu betonen, weil zumindest kurz nach Ihrem Wellen-Spiel Vorsicht geboten ist.

Nehmen Sie sich möglichst keine Tätigkeiten vor, bei denen Sie hochkonzentriert sein müssen, denn die nachschwingenden Wellen können Ihre Konzentrationsfähigkeit beeinträchtigen.

Praktische Umsetzung

Die Praktische Umsetzung sieht so aus:

Bevor Sie mit der Welle spielen, achten Sie darauf, für eine Weile möglichst ungestört zu sein!

Es ist schwer zu sagen, wie lang Ihr Spiel dauern wird, denn das ist sehr individuell. Daher nehmen Sie sich vor allem zu Beginn lieber mehr Zeit!

Sie werden es vermutlich auch angenehm finden, die Welle(n) in sich nachwirken zu lassen; und wenn Sie dann mehr Erfahrung haben, können Sie den Zeitbedarf besser abschätzen, allerdings kann das auch später noch schwanken.

- Entscheiden Sie sich für die Absicht, die Sie setzen wollen und notieren Sie diese!
- Wählen Sie Ihre Position!
- Versetzen Sie sich mit einer der Methoden, die ich Ihnen weiter oben gezeigt habe, in Ihre Quanten-Bewusstheit und öffnen Sie Ihr Herz in Liebe!
- Erfühlen Sie Ihre zwei Punkte und verbinden Sie diese über Ihre Bewusstheit!
- Atmen Sie tief ein!
- Und dann atmen Sie langsam aus und erlauben der Welle, sich aufzubauen!
- Dazu lösen Sie Ihre Hände und achten Sie aufmerksam darauf, wie sich die Welle in Ihrem Körper ausbreitet!
- Dabei lassen Sie möglichst alle Erwartungen los!

Wahl der Absicht

Die Absicht, mit der Sie sich die Welle geben, können Sie wie den Bauplan sehen, den der Architekt zeichnet und nach dem das Haus gebaut wird: Gestalten Sie alles, was Sie manifestieren wollen, zuerst in Ihrer Vorstellung – und zwar möglichst detailliert und unter Einsatz all Ihrer Sinnessysteme!

Denn je mehr Sinne Sie dabei einsetzen, umso mehr Bereiche Ihres Gehirns sind an Ihrer Vorstellung beteiligt; und umso stärker wird der Effekt sein.

Ich habe bereits im Zusammenhang mit der energetischen Hirnaktivierung erwähnt, dass Neurologen unser Gehirn kartographiert haben. So wissen wir heute genau, in welchen Hirnarealen welche Informationen verarbeitet werden – und es ist leicht nachvollziehbar, dass wir umso stärkere Wirkungen erzielen werden, je mehr Bereiche unseres Gehirns involviert sind.

Also nehmen Sie das, was Sie sich wünschen und daher realisieren wollen, so detailliert und intensiv vorweg, wie es Ihnen möglich ist! Sehen Sie sich nicht nur wie in einem Film vor Ihrem geistigen Auge, sondern seien Sie mitten in der Szene und erleben Sie sie mit voller Gefühlsbeteiligung – seien Sie mit all Ihrem Sein Sie selbst in dieser Szene!

Und das gilt gleichermaßen für alles, was Sie kreieren wollen: Sei es eine neue Partnerschaft auf Augenhöhe oder eine neue, erfüllende Lebensaufgabe; sei es eine neue, gesündere Gewohnheit oder ein neues, konstruktiveres Verhalten; vor allem aber auch die möglichst ideale Resonanz mit Ihrer Seele.

Ghandi empfahl uns:

„Du musst zu der Veränderung werden, die du in der Welt sehen willst."

Und dann – auch das ist wichtig! – setzen Sie sich keine zu engen Grenzen! Denn was auch immer Sie sich in Ihrer Vorstellung vergegenwärtigen können, können Sie auch real werden lassen.

Tatsächlich sind es unsere Überzeugungen, die uns vorschreiben, was wir aus dem geradezu unendlichen Angebot an Eindrücken wahrnehmen – und damit als wahr nehmen. Alles andere, was nicht in unser Denkgebäude passt (oder zu passen scheint), wird weggefiltert. Das ist an sich sinnvoll, weil wir sonst ob der unermesslichen Fülle von Eindrücken rasch verrückt würden.

Nur leider sind wir durch unsere Wahrnehmungsfilter auch sehr eingeschränkt, denn sie lassen nur das hindurch, was wir glauben. Genauer gesagt: was zu glauben man uns gelehrt hat. Daraus folgt, dass Sie sich zuerst von Ihren einschränkenden Überzeugungen befreien müssen, um sich für eine neue Wahrnehmung öffnen zu können – die Ihnen neue Erfahrungen erlaubt.

Das wird Ihnen nur in Ihrer Quanten-Bewusstheit möglich sein – mit eingeschaltetem Homo Sapiens Sapiens Gehirn und in Liebe geöffnetem Herzen; denn in diesem Zustand werden Sie im Spiel mit der Quantenwelle zu einem mächtigen Schöpfer, einer mächtigen Schöpferin.

So gibt es immer wieder Berichte von Spontanheilungen schwerer Erkrankungen, die heute noch als Wunder gelten. Eines Tages werden Sie vielleicht zur Selbstverständlichkeit gehören, wenn wir gelernt haben, unser Potenzial auch tatsächlich zu nützen.

Bartlett schreibt in seinem ersten Buch „Matrix Energetics":

„Die Matrix ist der Rahmen, in dem die Leinwand der Realität aufgespannt ist; sie gestattet uns, über Heilung hinaus- und in eine persönliche Transformation hineinzugehen.

Ja, sie ist eine Möglichkeit, unsere Wirklichkeit neu zu gestalten.

So viel Freiheit, so viele kreative Ideen!“

Und weiter:

„Die Grenze Ihrer Vorstellungskraft ist die einzige Grenze!“

Das kann ich nur vollinhaltlich unterschreiben, denn ich war die längste Zeit meines Lebens eine Meisterin der Selbsteinschränkung.

Aber das ändert sich mit jedem Tag, an dem ich mit der Welle spiele, mehr und immer mehr.

Was wollen Sie stattdessen?

Bei der Wahl Ihrer Absicht empfehle ich Ihnen, vorsichtig zu sein – vor allem in der Formulierung, aber auch in Ihrer Vergegenwärtigung Ihrer Wunschvorstellung.

Meist resultiert unsere Absicht ja aus etwas, was wir so nicht mehr wollen. Dann besteht die Gefahr, dass wir uns genau darauf fokussieren; und dann wollen wir nicht mehr krank oder arm oder einsam oder dick oder erfolglos sein.

Aber da unser Unterbewusstsein keine Verneinung kennt, verstärken wir oft genau das, wovon wir wegstreben. Daher empfehle ich Ihnen auch, all jenen, die sich bei Ihnen ausweinen wollen, immer wieder die geradezu magische Frage zu stellen:

„Was willst du stattdessen?“

Magisch ist diese Frage auch, weil sie die energieraubenden Klageweiber (die es beiderlei Geschlechtes gibt) verjagen kann. Probieren Sie es aus und stellen Sie diese Frage immer wieder, wenn jemand Sie als Grabstein missbraucht!

Und meistens suchen diese Menschen dann das Weite und einen neuen Grabstein. Denn in Wahrheit wollen sie gar keine Besserung ihres Zustandes, weil sie sich in ihrem Opfermodus wohlfühlen.

Die Hirnphysiologie kann heute nachweisen, dass es weder gesund noch förderlich ist, schmerzhafte Erfahrungen immer und immer wieder aufzuwärmen. Daher ist auch dieses „sich Ausweinen“ nicht wirklich produktiv, weil unser Gehirn dies nicht vom tatsächlichen Erleben unterscheiden kann. Es erlebt das „Schreckliche“ auch in der Schilderung wieder und immer wieder.

Und das gilt nicht nur für die Person, die sich gerade ausweint, sondern auch für jene, bei der sie sich ausweint. Einfach weil deren Spiegelneuronen sie die schmerzvolle Schilderung miterleben lassen.

Die meisten Menschen dieser Sorte wenden sich von Ihnen ab, wenn Sie sie fragen, was sie statt ihrer schrecklichen Dinge erfahren wollen. Oder auch was sie lieber erlebt hätten.

Sie finden es nicht befriedigend, in ihrem Klagen unterbrochen zu werden und werden entsprechend dem Gesetz der Resonanz ähnliche „Hofraunzen" (so sagen wir in Wien) finden und dann gemeinsam mit diesen im eigenen Saft braten.

Oder aber sie finden einen anderen „Grabstein", der nicht Nein sagen kann und glaubt, ihnen in seinem irrtümlichen „geteiltes Leid ist halbes Leid" etwas Gutes zu tun.

Tatsächlich ist der Begriff „Grabstein" gar nicht so weit hergeholt. Seit der Entdeckung der Spiegelneuronen durch Giacomo Rizzolatti wissen wir, dass geteiltes Leid nicht halbes ist, sondern sich – genau wie bei der Freude! – im (Mit-)Teilen verdoppelt.

Daher tun „Grabsteine" weder sich selbst noch der anderen Person etwas Gutes, wenn sie sich für dieses fatale Spiel zur Verfügung stellen. Also ist der Begriff sogar korrekt – der Volksmund ist oft klüger, als wir annehmen.

Dieses Miterleben auf Hirnebene gilt übrigens für alles, was wir bewusst oder auch unbewusst im Außen miterleben; also auch für Bücher, Filme und das Fernsehen.

Wann immer Sie miterleben, wie jemand ermordet wird – auch wenn dabei nur Filmblut fließt – erleben Sie es selbst mit, so als wären Sie selbst das Opfer.

Diese neue Erkenntnis hat sich allerdings noch nicht überall herumgesprochen; vermutlich wird es wieder die eine oder andere Generation brauchen, bis das „Ausweinen sei gesund“-Märchen als solches erkannt wird.

Jedenfalls können Sie sich solche Plagegeister vom Hals schaffen, wenn Sie „kein guter Zuhörer oder keine gute Zuhörerin“ sind.

Aber diese Frage können Sie sich natürlich auch selbst stellen, wenn Sie sich wieder einmal in Ihrem Klagemodus ertappen. Glauben Sie mir, Humor ist immer heilsam!

Und lassen Sie in Ihrem:

„Ich will gesund sein.“ nicht das *„Ich will nicht mehr krank sein.“* mitschwingen!

Oder im:

„Ich möchte in Reichtum und Fülle leben.“ nicht den fatalen Beisatz *„Ich will nicht mehr so in der finanziellen Enge leben.“*

Und achten Sie darauf, dass:

„Ich wünsche mir eine glückliche Partnerschaft.“ nicht meint *„Ich will nicht mehr allein sein.“*

Oder der Wunsch nach *„beruflichem Erfolg“* nicht nur den ekelhaften Chef weghaben möchte.

Und das können Sie rasch in der Einfühlung erkennen. Sie fühlen, auf welcher Seite der Medaille Sie schwingen.

Bei einem Herzenswunsch fühlen Sie sich gut. Wenn das nicht der Fall ist, dann hat sich Ihr innerer Saboteur eingeschlichen und passt auf, dass „die Bäume nicht in den Himmel wachsen“, weil „Sie so etwas Großartiges ohnehin nicht verdient haben", denn „allzu viel ist ungesund" und „den Vogel, der morgens singt, abends sowieso die Katze frisst"...

Lassen Sie also den anderen Pol nicht in Ihrem Wunsch mitschwingen, sonst verstärken Sie Ihren Ist-Zustand und ziehen genau diesen Mangel an, von dem Sie eigentlich wegstreben.

Hier spielt übrigens auch die fatale Tendenz zu Problem-Orientiertheit mit herein, die in unserem Kulturkreis vorherrscht. So nähren wir mit unserer Energie – die der Aufmerksamkeit folgt – vor allem die Probleme statt der Lösungen.

Also: *„Was wollen Sie stattdessen?"*

Und hören Sie bei der Wahl Ihrer Absicht und Ihrer Wünsche immer auf Ihre Seele: fragen Sie diese, mit welchen Zielen sie einverstanden ist!

Und achten Sie darauf, welche zu verwirklichenden Visionen den Segen Ihrer Seele haben!

Dann ist es nämlich um vieles wahrscheinlicher, dass Sie in Ihrem Streben Erfolg haben – weil Sie dann nämlich Rückenwind bekommen aus der geistigen Welt.

Energie folgt der Aufmerksamkeit

An sich ist das eine uralte Schamanenweisheit, aber nun wird diese auch durch die Wissenschaft bestätigt. Denn laut Quantenphysik ist alles, was uns so fest erscheint, keine feste Materie, sondern bloß 99,99% „Leere“, genaugenommen Schwingung.

Und diese ist erfüllt mit Information und Austausch von Information. Rupert Sheldrake spricht von „morphogenetischen Feldern“.

Diese interaktiven und ständig miteinander interagierenden biologischen Informationsfelder folgen dem Gesetz der Resonanz. Sodass es dort, wo Ähnlichkeit herrscht, zum Austausch kommt – Sheldrake nennt dies „morphische Resonanz“.

Diese Form („morphe“) gebenden („genese“) Felder umgeben einzelne Lebewesen ebenso wie Gruppen von Lebewesen oder Kulturen. Und sie organisieren und verstärken deren charakteristische Strukturen – aber auch ihre Aktivitätsmuster, Verhalten und Überzeugungen.

Abgesehen davon begleiten sie auch Gedankengebäude und Ideen; sowie Techniken und Methoden – und damit natürlich auch das Spiel mit der Quantenwelle. Das bedeutet: je mehr Menschen ihre Erfahrungen in die entsprechenden Schwingungsfelder einspeisen, umso stärker werden diese – und damit wird die entsprechende Methode auch generell immer leichter anwendbar.

Wenn Sie also nach der Lektüre dieses Buches anfangen, mit der Quantenwelle zu spielen, werden Sie sich leichter tun, als jene, die vor zehn oder zwanzig Jahren damit begonnen haben. Außerdem wird dieses Spiel aufgrund der „kumulativen Erinnerung“ auch für Sie immer wirksamer, je länger Sie es zelebrieren.

Und zugleich stärken Sie auch das weltweite Feld mit jeder Anwendung, sodass spätere Generationen sich damit noch leichter tun werden – wir alle haben die Tatsache, dass Energie der Aufmerksamkeit folgt, schon erlebt.

Haben Sie sich einmal gewünscht, eine Person, die Sie nur von hinten gesehen haben, möge sich umdrehen, damit Sie sie auch von vorne sehen können?

Und hat diese Person sich dann tatsächlich umgedreht?

Oder hatten Sie das Gefühl, Sie sollten sich umdrehen, weil Sie „etwas" im Rücken gespürt haben?

Und wurden dann vom Blick einer Sie von hinten anstarrenden Person empfangen?

Natürlich hat diese Person ebenso wenig wie Sie ihre Augen teleskopartig ausgefahren, um Ihnen auf die Schulter zu „klopfen". Sondern dem aufmerksamen Blick ist Energie gefolgt; und diese haben Sie wahrgenommen. Oder diese andere Person.

Dieses Phänomen funktioniert natürlich umso besser, je stärker die energetische Resonanz ist – und dasselbe gilt für Gedanken, die Telefonate nach sich ziehen.

Dann sagt eine Person, die Sie anrufen, sie hätte genau in diesem Moment an Sie gedacht. Oder Sie wundern sich, dass die Person, an die Sie gerade denken, Sie genau dann anruft.

All das sind praktische Beispiele für das Phänomen, dass Energie der Aufmerksamkeit folgt. Daher sollten wir unsere Aufmerksamkeit immer dorthin lenken, wo wir hinstreben und nicht dort, wo wir auf keinen Fall hinwollen oder wegstreben.

Also überlegen Sie, ehe Sie mit der Welle spielen, was Sie sicher nicht (mehr) wollen; und fragen Sie sich, was Sie stattdessen wollen! Und dann lenken Sie Ihre Aufmerksamkeit bewusst und gezielt dorthin!

Und dazu ist die Quanten-Bewusstheit wichtig, weil nur Ihr eingeschaltetes Stirnhirn störende Gedanken ausblenden kann und Ihnen erlaubt, einen klaren Fokus zu halten.

Eine einprägsame Analogie ist auch die nicht sehr effiziente Glühbirne im Vergleich zum enorm wirksamen Laserstrahl, mit dem Chirurgen sogar Operationen durchführen können – wenn Sie Ihre Absicht so fokussieren, erschaffen Sie Realität.

Das sagt auch der anerkannte Physiker Dr. William Tiller, von dem übrigens das Vorwort Bartletts „Matrix Energetics“ stammt:

„Wann immer wir unsere Absicht einsetzen, handeln wir kreativ, denn letztlich lehrt uns unsere Absicht, richtig, effizient und effektiv zu erschaffen.

Das wiederum äußert sich in einer bestimmten Art von Ereignissen in unserer Welt der Sinne.“

Richten Sie Ihre Aufmerksamkeit also immer auf die Lösung, auf Ihr Ziel, Ihre Wunscherfüllung, die gesuchte Antwort – und auf Seelen-Resonanz!

Es gibt immer mehrere Möglichkeiten – quantenphysikalisch ausgedrückt „Wahrscheinlichkeitswellen“ –, aus denen wir durch unsere Aufmerksamkeit jeweils eine wählen – diese (in der Terminologie der Quantenphysiker) kollabiert dann und manifestiert sich damit in unserer sinnlich erfahrbaren Realität.

Auch auf dieses Thema gehe ich im Kapitel „Parallele Welten“ noch etwas näher ein.

Wahl der Position

Wichtig im Spiel mit der Welle ist es vor allem, auf Ihre Sicherheit zu achten; denn zuweilen können Sie den Effekt der Quantenwelle kontrollieren, aber gerade zu Beginn dürfen Sie nicht davon ausgehen – also seien Sie lieber vorsichtig!

In den Seminaren habe ich immer einen Fänger, der die Rückseite meines Wellen-Empfängers oder meiner Empfängerin abdeckt, während ich auf deren Vorderseite achte; denn die Welle kann uns sowohl nach hinten fallen lassen als auch (seltener) nach vorne.

Wenn Sie sich selbst die Quantenwelle geben wollen, und eine Person verfügbar haben, die Sie auffangen kann, dann ist das wunderbar. Dann können Sie auch bei der Selbstanwendung im Stehen spielen.

Sie sollten sich nur wirklich darauf verlassen können, dass Sie dem Impuls, sich fallen zu lassen, entspannt nachgeben können. Das heißt, Sie müssen dieser anderen Person wirklich vertrauen können.

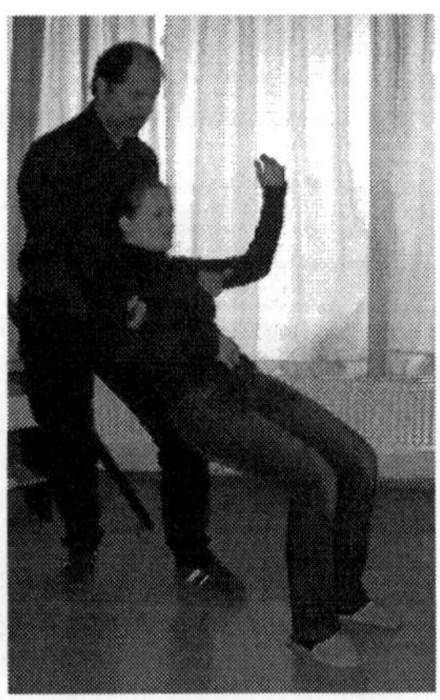

Probieren Sie es einfach einmal im Vorfeld bewusst.

Lassen Sie sich nach hinten fallen und dabei auffangen, wobei Sie natürlich auch auf die anatomischen Gegebenheiten achten sollten. Denn als eher kompakter Zweimeter-Mann würde ich mich nicht von einem feenartigen, zarten Einmetersechzig-Mädchen auffangen lassen – da nützen weder Vertrauen oder guter Wille, noch die beste Technik.

Sie können sich auch vor eine Wand stellen, an die Sie sich im Umfallen dann anlehnen können. Aber dann stellen Sie sich weder allzu knapp davor noch zu weit entfernt hin; denn je weiter weg Sie stehen, umso schräger werden Sie natürlich landen.

Probieren Sie es einfach aus, um die angenehmste Distanz zu finden! Dreißig bis vierzig Zentimeter scheinen mir ganz sinnvoll.

Und fühlen Sie auch, ob diese Art, die Welle durch sich fließen zu lassen, für Sie überhaupt angenehm ist. Vergessen Sie dabei nicht, dass die Welle Zeit braucht, um in Ihnen – beziehungsweise durch Sie hindurch – auszuschwingen.

Daher kann es durchaus sein, dass Sie eine Weile so an die Wand gelehnt stehen bleiben werden. Das bedeutet, dass ihre Position doch möglichst bequem sein sollte.

Und vielleicht wollen Sie sich etwas besonders Gutes tun und dort, wo Ihr Kopf landen wird, etwas Weiches anbringen – eine zusammen gelegte Decke oder einen Polster. Wenn Sie das vor einer Türe machen, klemmen Sie diese weiche Unterlage für Ihren Kopf einfach im Türrahmen ein!

Als ich im Rahmen eines Seminars mit dem Kopf auf den harten Holzboden gefallen bin, habe ich das als ganz und gar nicht angenehm und für den Lösungsprozess als extrem störend empfunden.

Gehen Sie so fürsorglich mit sich um, wie Sie es mit einer geschätzten Person tun würden. Schenken Sie sich auch und gerade im Spiel mit der Quantenwelle all Ihre Aufmerksamkeit und Wertschätzung.

Ab und zu gibt es Menschen, die nach vorne kippen. Wenn Sie Sorge haben, dass Ihnen das auch passieren könnte, kann ich Ihnen das nachfühlen. Daher habe ich es anfangs gar nicht gewagt, allein im Stehen zu spielen.

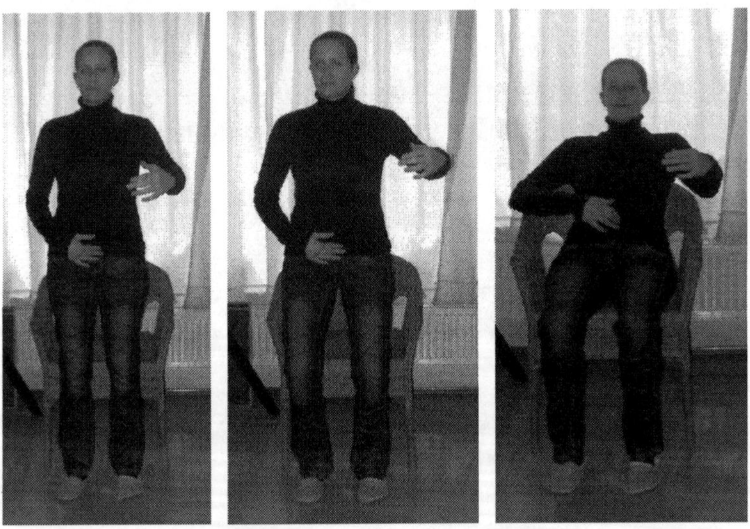

Aber nach all den Jahren intensiver Anwendung der Welle kann ich Sie beruhigen – Ihr Unterbewusstsein wird darauf achten, dass Sie in der Variante der stehenden Selbstanwendung wirklich nur nach hinten fallen.

Einfacher scheint es mir jedoch, sich vor einen stabilen Stuhl zu stellen, der Sie sicher auffängt. Stellen Sie sich wirklich knapp davor, damit es Sie nicht vor dem Stuhl auf den Boden setzt und der Stuhl dann noch umkippt und Ihnen auf den Kopf fällt – das wäre kein sehr fürsorglicher Umgang.

Aber Sie können sich auch vor ein Bett stellen, auf das Sie fallen können; aber achten Sie darauf, dass Sie nicht irgendwo hart aufschlagen! Also stellen Sie sich nicht quer vor eine zu schmale Couch, sonst schlagen Sie sich im Fallen den Kopf an der Wand an!

Und stellen Sie sich möglichst knapp vor die Liegefläche, sodass Sie auch wirklich dort landen, wo Sie landen wollen und zwar möglichst weich – bei Doppelbetten achten Sie übrigens auf die oft vorhandene hölzerne Mittelstrebe!

Das klingt alles recht banal, aber so lange Sie die Wirkung der Welle noch nicht so gut einschätzen können, sollten Sie wirklich auf alle Eventualitäten gefasst sein – meine Empfehlungen rühren aus zahllosen Anwendungen mit teilweise skurrilen Erfahrungen.

Eine interessante Landefläche bieten auch diese aufblasbaren und recht großen Gästebetten. Allerdings kann es Sie beim Darauf-Fallen durch den Rückstoß wieder hoch katapultieren – was Ihrem inneren Kind möglicherweise einen diebischen Spaß machen wird, aber vielleicht doch nicht so angenehm ist.

Am einfachsten scheint es mir, sich mit gerader Wirbelsäule auf die vordere Kante eines stabilen Stuhles zu setzen. Dann kann die Welle Sie gefahrlos zum Anlehnen umlegen; aber auch in diesem Fall sollten Sie die Lehne abpolstern, wenn sie zu hart ist.

Und achten Sie bitte auch auf ausreichend Abstand zur Wand, damit Sie sich im „Niedergesetzt-Werden“ nicht den Kopf anschlagen.

Wenn Sie sich die Welle knapp vor dem Einschlafen geben wollen, dann geht das natürlich auch im Liegen.

Diese Variante können Sie im Hinterkopf behalten, wenn Sie bereits im Bett liegen und nicht mehr eigens aufstehen möchten, um mit der Welle zu spielen. Etwa, weil sie nicht einschlafen können und sich gern mit einer Einschlafwelle verwöhnen wollen.

Dennoch trachte ich danach, mir selbst und all jenen, denen ich die Quantenwelle gebe, dieses Umfallen möglichst oft zu ermöglichen; denn es ist meinem Gefühl nach ein sehr schönes körperliches Symbol für das Kollabieren der Welle, was ja als quantenphysikalische Erklärung gilt.

Und es ist auch ein deutliches Zeichen für die Hingabe, die nötig ist, um die Geschenke, die in unserer Matrix auf uns warten, auch tatsächlich zu empfangen.

Die 2 Punkte finden und verbinden

Nachdem Ihnen Ihre Absicht klar ist, Sie sowohl Ihre Quanten-Bewusstheit als auch Ihre Position eingenommen und Ihr Herz weit geöffnet haben, gilt es, Ihre beiden Punkte zu finden.

Beginnen Sie damit, intuitiv Ihren ersten Punkt zu erspüren!

Bartlett spricht vom „Verankerungspunkt“ und ortet ihn meist irgendwo an der Körperoberfläche, aber das muss nicht sein. Er kann auch in Ihrem Feld liegen.

Erlauben Sie Ihrer Hand, Sie einfach hin fühlend hinzuführen und folgen Sie dabei Ihrem Gefühl – und vertrauen Sie Ihrer Fähigkeit, den „richtigen“ Punkt zu finden – Sie können das!

Im Grunde gibt es keinen falschen Punkt: Wenn Sie die Absicht haben, den richtigen Punkt zu finden, dann wirkt der Beobachtereffekt!

Und wenn Sie den ersten Punkt gefunden haben, orten Sie mit Ihrer anderen Hand den zweiten, mit der Lösung korrespondierenden Punkt.

Welche Hand welchen Punkt sucht, ist Ermessenssache und kann auch davon abhängig sein, ob Sie Rechts- oder Linkshänder sind. Spielen Sie mit beiden Varianten und nehmen Sie wahr, welche von beiden sich für Sie richtiger anfühlt – oder aber behalten Sie beide in Ihrem Repertoire – vielleicht ergibt sich einmal eine Situation, in der Sie Ihre gewohnte Variante nicht anwenden können. Daher fixieren Sie sich nicht allzu sehr darauf!

Wenn Sie den zweiten Punkt (den „Lösungspunkt“) gefunden haben, werden Sie das Gefühl haben, diese beiden Punkte „gehörten zusammen“. Das kann als eine Art Ziehen spürbar werden, so als wären Ihre Hände an diesen Punkten magnetisch – vielleicht spüren Sie aber auch so etwas wie ein „Klick“, wie ein Einrasten.

Oder vielleicht verändert sich auch Ihr Gefühl in den Fingerspitzen oder auch in den ganzen Händen.

Möglicherweise haben Sie auch das Gefühl von „ja, das ist es!".

Wie ist Ihre ganz persönliche und einzigartige Wahrnehmung?

Gehen Sie die Suche nach Ihren beiden zu verbindenden Punkten jedenfalls spielerisch an! In Wahrheit geht es mehr um ein Entscheiden: Sie entscheiden, dass Ihre beiden Punkte, die sich für Sie verbunden anfühlen, dies auch tatsächlich sind.

Glauben Sie, dass Sie das nicht können?

Dann tun Sie einfach so, als könnten Sie es!

Die Technik des So-Tun-als-ob
eignet sich vor allem für Menschen,
die glauben, nicht zu können,
weil sie nicht an sich glauben können.

Das ist meine Überzeugung.

Nachdem Sie Ihre beiden Punkte gefunden haben – oder so getan haben, als hätten Sie sie gefunden –, verbinden Sie diese über Ihre Bewusstheit miteinander. Stellen Sie sich vor, es gäbe eine Verbindung zwischen diesen beiden Punkten, die Sie wahrnehmen können.

Das kann bloß ein Fühlen sein, oder Sie stellen sich eine Art Lichtbrücke vor, die diese beiden Punkte verbindet. In der Terminologie der Quantenphysiker verschränken Sie die beiden Punkte – und verbinden diese Verschränkung mit Ihrer Absicht.

Das kann Ihr Wunsch-Zustand sein, Ihr Ziel, der ideale Ausgang Ihrer derzeitigen Situation oder ideale Resonanz mit Ihrer Seele. Aber es kann auch einfach die Absicht „Zum Besten für alle Beteiligten!“ sein.

Spüren Sie bewusst die Verbindung zwischen Ihrem Herzen und Ihrem Gehirn, atmen Sie langsam aus und nehmen Sie wahr, wie sich die Quantenwelle aufbaut. Und dann lösen Sie Ihre Hände von den beiden Punkten und lassen zugleich Ihre Absicht los!

Warum ist dieses Loslassen der Absicht – gemeinsam mit dem Loslassen der beiden Punkte – so wichtig?

Weil Sie damit „aus dem Weg gehen“, damit „es“ geschehen kann – und das ist genau jener Faktor, der mir persönlich bei meinem Zugang zum Spiel mit der Quantenwelle ganz besonders am Herzen liegt: dieses Aus-dem-Weg-Gehen!

Tatsächlich geht es meinem Gefühl nach nicht so sehr darum, etwas zu machen, sondern vielmehr darum, sich bereit zu machen, damit es geschehen kann.

Nicht machen, sondern bereit machen!

Dieses unbedingt Tun-Wollen baut oft Widerstand auf gegen all das, was geschehen könnte, wenn wir es zuließen. Und es steht im krassen Widerspruch zu jener Empfänglichkeit, die wir brauchen, um die Angebote des Universums annehmen zu können.

Erst im Loslassen haben Sie beide Hände frei, um die Geschenke, die Ihnen zustehen, entgegennehmen zu können – denken Sie nur an das Märchen vom Sterntalermädchen!

Auf der Quantenebene können wir zwar – wenn wir uns in dem Geisteszustand befinden, den ich als Quanten-Bewusstheit bezeichne – die Licht- und Informations-Muster, aus denen Leben aufgebaut ist, beeinflussen.

Allerdings gilt es dann wirklich uns vertrauensvoll hinzugeben, wenn der Impuls einmal gesetzt ist.

Daher möchte ich dieses Umfallen unter dem Einfluss der Quantenwelle nicht missen, weil es für mich immer wieder ein willkommenes Symbol für das Kollabieren des Ist-Zustandes in eine neue Realität ist. Ich erlebe immer wieder Menschen, die sich nicht fallenlassen können (oder wollen), dann lässt der Effekt nicht selten zu wünschen übrig.

Wenn Sie Ihr Radiogerät nicht einschalten, können Sie die Schallwellen, die Ihr Sender ausstrahlt, nicht empfangen. Empfänglichkeit ist für mich eine Yin-Eigenschaft, also weiblich; während die davor gesetzte Aktivität, um die Welle auszulösen, ein Yang-Akt ist, also ein männlicher – so verbinden sich im Spiel mit der Quantenwelle unsere beiden Pole Yin und Yang – was ich besonders wertvoll finde.

Zu Beginn setzen Sie im Zustand der Quanten-Bewusstheit und mit weit geöffnetem Herzen aktiv Ihre Absicht, während Sie Ihre zwei Punkte verbinden. Damit aktivieren Sie die Quantenwelle der Veränderung und geben sich ihr dann in bewusster Passivität hin.

Aber parallel dazu passiert noch etwas: jedes Mal, wenn Sie neuerlich Ihre Absicht einsetzen, um neue Realität zu manifestieren, verstärken Sie zugleich auch die entsprechenden Synapsen in Ihrem Gehirn. Damit erfährt Ihre Schöpferkraft auch von dieser Seite her eine Verstärkung.

Und je mehr Vertrauen Sie in diese Prozesse haben, umso selbstverständlicher und entspannter wird sich Ihr Weg in die Befreiung aus alten, destruktiven Mustern gestalten. Dann passieren Ihnen die Dinge nicht mehr, sondern sie folgen Ihrer entspannten Absicht.

Nicht immer genauso, wie Sie es sich gewünscht und vorgestellt haben, aber doch in einer Richtigkeit, die Ihnen oft erst im Nachhinein klar wird.

Wie oft haben Sie schon erlebt, dass einer Ihrer Wünsche nicht erfüllt wurde und sich später herausgestellt hat, dass das gut war – weil etwas viel Besseres passiert ist?

Mir fällt eben der Satz ein:

„Achte auf deine Wünsche, sie könnten in Erfüllung gehen!"

Und tatsächlich habe ich es immer wieder erlebt, dass meine „Bestellung beim Universum" gar nicht oder in anderer, besserer Form „geliefert" wurde – ich dann aber heilfroh war über diese Kurskorrektur meiner Seele.

Denn als genau das sehe ich diese Art von Nein:

„Nein, dieses bekommst du nicht, aber dafür jenes!"

Sicher kennen Sie das Gebet um Gelassenheit, das sich einige auf ihre Fahnen heften. Ich glaube, es stammt ursprünglich von Franz von Assisi:

„Gott gebe mir die Gelassenheit,
Dinge anzunehmen, die ich nicht ändern kann,
den Mut, zu ändern, was ich ändern kann
und die Weisheit, eines vom anderen zu unterscheiden!"

Richard Bartlett empfiehlt uns eine etwas abgewandelte Variante, die mich auch sehr anspricht:

„Gott gebe mir die Gnade,
die Dinge zu akzeptieren,
die ich nicht ändern kann,
und die Kraft, die Dinge zu ändern,
die ich nicht akzeptieren kann!"

Und genau dafür können wir das Spiel mit der Quantenwelle einsetzen. Wir setzen einen absichtsvollen Impuls, damit sich all das, was wir nicht akzeptieren können – oder auch wollen – unter der Patronanz unserer Seele entsprechend unserem Seelen-Plan zum Positiven verändert.

Für mich hat sich die Begegnung mit der Welle jedenfalls so angefühlt, als hätte (s)ich ein Fenster geöffnet, durch das mir – neben all den teils phantastischen Wirkungen – neues, frisches Gedankengut zugekommen ist.

So ähnlich wie frische Luft meinen Raum erfüllt, wenn ich meine Fenster öffne.

Mir sind Dinge auf diese Weise gelungen, die ich bisher nie für möglich gehalten hätte – und es haben sich positive Veränderungen ergeben, deren erstaunliches Ausmaß ich teilweise erst in der Rückschau erkennen konnte.

Und genauso wird es Ihnen gehen: Sie werden den Zugang zu Ihrem einzigartigen Potenzial in Quantensprüngen erweitern.

Am Ende dieses Buches werde ich Sie anregen, Ihr „Lebenshaus" zu „planen" – als Symbol für die Entdeckung und Entfaltung Ihres Potenzials. Denn dieses ist etwas Lebendiges und befindet sich in ununterbrochener Expansion. Wenn Sie es ihm – und sich selbst – erlauben.

Spielen Sie regelmäßig mit der Welle, dann wachsen Sie gemeinsam mit Ihrem sich ständig erweiternden Potenzial – und dann wird vieles möglich, von dem Sie heute nicht einmal zu träumen wagen.

Seelen-Resonanz mit der Quantenwelle

Nachdem ich Sie an das Spiel mit der Quantenwelle erinnert habe – denn wie ich bereits erwähnt habe, ist dieses archetypische Wissen seit jeher in Ihnen verborgen –, wenden wir uns nun unserer Seele zu. Und damit jenem Schwingungszustand, den ich als Seelen-Resonanz bezeichne.

In meinem Weltbild wünscht sich unsere Seele von und für uns vor allem, dass wir unser einzigartiges Potenzial erfüllen. Dass wir also das kostbare Geschenk, das in jedem von uns schlummert, erkennen, auspacken und der Welt – und damit zugleich auch uns selbst – darbringen.

Und dabei hilft uns ein ungemein wesentlicher Teil unserer Persönlichkeit: unser inneres Kind. Denn dieses ist weit unmittelbarer mit unserer Seele verbunden als unser erwachsener Teil.

Und genau das scheint mir der Gedanke anzudeuten:

„Wenn Ihr nicht werdet wie die Kinder, werdet Ihr nicht eingehen ins Himmelreich!“

Daher sollten wir viel mehr in Kontakt mit unserem inneren Kind kommen. Besonders wenn wir mehr in Resonanz mit unserer Seele finden wollen. Dieses Himmelreich sollte meinem Gefühl nach nicht jenseits der Schwelle irgendwo in den ewigen Jagdgründen liegen, sondern in unserem Hier und Jetzt.

Allerdings müssen wir uns dessen als wert erachten, dann leitet unsere Seele uns dahin. Denn wir erreichen diesen paradiesischen Zustand am ehesten, wenn wir in Resonanz mit unserer Seele schwingen und ihren Signalen folgen.

Und dann erleben wir schon im Diesseits Gesundheit, Lebensfreude und Glücklichsein, ebenso wie Wohlstand – im Sinne von Alles-steht-wohl – und Zufriedenheit auf allen Ebenen. Und damit letztlich auch Erfolg und Produktivität.

Diese Zustände wünscht sich unsere Seele für und von uns, denn es sind Seelen-Zustände, die uns in ihrer Frequenz schwingen lassen. Allerdings haben wir als menschliche Wesen die Wahl und können uns auch dagegen entscheiden; oder anderen erlauben, für uns zu entscheiden.

Hans Kruppa drückt es so aus:

„Ich bin dafür verantwortlich, was ich Dir erlaube, mit mir zu tun.“

Tatsächlich haben wir sogar die Freiheit, unser Leben als Hölle oder als Fegefeuer zu erleben. Und das geschieht allzu leicht, wenn wir nicht auf die leisen, aber verlässlichen Einflüsterungen unserer Seele hören, sondern auf all die Stimmen in uns, die sich dagegen wenden.

Vor allem unser innerer Saboteur, unser innerer Kritiker und unser innerer Antreiber sind mächtige Gegenspieler unserer Seele.

In Resonanz mit unserer Seele erfahren wir die Höhen und Tiefen unseres Lebens als himmlisch und paradiesisch. Oder, wenn es gerade ruckelt, als interessante Herausforderung, an der wir wachsen können.

Nur stellt sich die Frage:

Wie finden wir in Seelen-Resonanz?

Und wie erschaffen wir uns unser eigenes Paradies im Hier und Jetzt?

Also wie können wir auch das, was sich uns als Herausforderung darstellt, für Wohlgefühle nützen?

Und ich glaube, die Quantenwelle ist ein hervorragendes Instrument dafür.

~ So können Sie beispielsweise eine Welle mit der Absicht setzen, in Resonanz mit Ihrer Seele zu finden.

Aber was ist eigentlich die Seele?

In Wahrheit können Worte das, was ich unter unserer Seele verstehe, kaum erfassen. Dennoch möchte ich versuchen, Ihnen meine Interpretation darzulegen – in der Hoffnung, Sie mögen mich auch über den nonverbalen Austausch verstehen.

Oder sagen wir lieber: wahrnehmen – und als wahr nehmen, wenn meine Gedanken mit Ihrem Denken in Resonanz schwingen.

In meinem Weltbild ist die Seele unser göttlicher Anteil, über den wir direkter mit Allem-was-ist verbunden sind als über unser Ego. Daher können wir über unsere Seele auch ego-freier und wahrhaftiger mit anderen kommunizieren.

Manche nennen diesen Aspekt auch höheres Selbst und ordnen ihm die Innere Stimme zu. Wir können auch von unserem transpersonalen Anteil sprechen oder von Gott in uns.

Wenn ich von „Gott in uns" spreche, dann meine ich damit jedoch keinen religiösen Begriff, denn in meinem Weltbild braucht Gott keine Religion, um sich in und für uns zu manifestieren.

Ich glaube, wir sind direkt angebunden. Aber natürlich achte ich Menschen, deren Religiosität aus Liebe erwächst, und aus deren Religiosität Liebe erwächst.

Mit dieser Definition möchte ich unserem Ego keineswegs einen negativen Beigeschmack geben, denn wir brauchen es, um unser Leben in der dreidimensionalen Realität zu meistern. Dazu stehen ihm großartige Fähigkeiten, Instrumente und Zugangswege zur Verfügung, die ihren Sitz zu einem großen Teil in unserem Gehirn haben, aber nicht nur.

Allerdings ist unser Ego bis zu einem gewissen Grad beschränkt, was natürlich auch nicht negativ gemeint ist. Ich könnte auch sagen. Es ist spezialisiert auf die irdisch-materielle Realität dieses Planeten, die zu meistern es uns hilft. Allerdings möchte ich mich nicht darauf beschränken lassen.

Denn um als Homo Sapiens Sapiens dieses Leben nicht bloß zu erfahren, sondern bewusst zu meistern, braucht es die Erweiterung durch die Seele. Und dazu gilt es, möglichst weitgehend in Seelen-Resonanz zu schwingen.

Eine mögliche Zuordnung ist auch die Verbindung unseres Egos zu unserer linken, logisch-analytischen Gehirnhälfte; die nie den großen Überblick hat, sondern immer nur sukzessive ein Detail nach dem anderen wahrnimmt – und die in der Kommunikation auf Worte beschränkt ist und einen starken Bezug zur linearen Zeit hat.

Unsere Seele assoziiere ich hingegen eher mit unserer rechten Gehirnhälfte – deren Wahrnehmung ist ganzheitlich, während sie in Bildern, Analogien und Metaphern spielt. Sie nimmt im Austausch mit anderen weit mehr wahr als bloß das verbal Ausgedrückte und ist (über die

Kreuzung der Nervenbahnen im Halsbereich) direkt mit unserem Herzen verbunden.

Diese Differenzierung unserer beiden Hemisphären ist auch der Grund, warum ich Sie in meinen Büchern immer über beide Gehirnhälften ansprechen möchte.

Natürlich liegt mir als naturwissenschaftlich ausgebildeter Medizinerin auch daran, interessantes Bewiesenes mit Ihnen zu teilen, um Ihre linke Gehirnhälfte zu befriedigen. Dies ist mir auch immer wichtig.

Parallel dazu möchte ich aber immer auch Ihre Vorstellungskraft und Kreativität anregen, Sie also über Ihre rechte Gehirnhälfte direkt nonverbal ansprechen, indem ich Sie dazu anrege, Ihre eigenen Bilder zu kreieren.

Abgesehen davon haben wir über unsere rechte Gehirnhälfte auch Zugang zu Metaphysischem (weit über die Physis Hinausgehendem) und zu dem, was Quantenphysiker als „Hyperraum“ bezeichnen.

Daher lässt sie uns nicht nur überdimensional kommunizieren – eben mit unserer Seelen-Ebene, sondern auch mit den Seelen anderer. Auf diese Weise finden wir geradezu unendlichen Zugang zu Erfahrungen, Einsichten, Erkenntnissen und Wahrnehmungen, die uns auf Ego-Ebene nicht zugänglich sind.

Ein weiteres Thema, bei dem unser Ego heillos überfordert ist, ist die Entfaltung unserer Persönlichkeit und die Verwirklichung unseres Potenzials. Dazu müssen wir unsere Perspektive erweitern und unsere Seele maßgeblich mit einbeziehen, weil nur sie uns den nötigen Überblick verschafft.

Besonders in diesem Zusammenhang gilt es, aufmerksam auf die Signale unserer Seele zu achten, um sie möglichst rasch und klar zu erkennen – und dann natürlich auch umzusetzen. Denn unsere Seele weiß, was wir wann und wie tun oder lassen sollten, um unser Potenzial möglichst weitgehend und in eleganter Leichtigkeit zu entfalten.

Wissen Sie, was passiert, wenn Sie einem Schmetterling, der gerade aus der Puppe schlüpft, bei seiner Entfaltung helfen wollen, indem Sie den Kokon für ihn aufreißen?

Dann wird er elendiglich zugrunde gehen, denn er braucht dieses Sich-Durchkämpfen, um seine Flügel zu entfalten. Er muss diesen Entfaltungsprozess in seinem Tempo und unter dem organischen Einsatz seiner eigenen Kraft durchlaufen.

Und da ich der Ansicht bin, dass auch Tiere beseelt sind, gelingt ihm das wohl am besten im Zustand seiner Seelen-Resonanz.

Aber natürlich wird er sich auch nicht entfalten können, wenn Sie ihn in eine zu enge Schachtel einsperren, in der er seine Flügel nicht entfalten kann.

Das sind seltsame Vergleiche, finden Sie?

Nun, sie sind nicht so weit hergeholt, denn wir alle haben Persönlichkeitsanteile in uns, die genau das mit uns tun; wenn wir ihnen erlauben, unsere Entfaltung zu kontrollieren.

Unser innerer Antreiber möchte die Entfaltung unseres Potenzials mit aller Kraft beschleunigen – und überfordert uns bis hin zum kläglichen Scheitern. Dann brennt der Schmetterling, der in uns auf Entfaltung wartet, aus und geht an Erschöpfung zugrunde.

Auf der anderen Seite ist da unser innerer Saboteur, der den Schmetterling in einem engen Korsett gefangen hält – und damit jegliche Entfaltung unterbindet.

Das heißt, wenn Sie Ihr Potenzial zum richtigen Zeitpunkt, im richtigen Tempo und in der richtigen Richtung entfalten wollen, dann geben Sie sich der Begleitung Ihrer Seele hin!

Hat mein Exkurs auch in Ihnen Reflexionen in Gang gesetzt?

Wie definieren Sie Ihre Seele?

Und wie Ihr Ego?

Womit assoziieren Sie diese beiden Instanzen?

Und wie sehen Sie ihre Verbindung?

~ Auch das Spiel mit diesen Fragen ist eine gute Gelegenheit, sich eine Quantenwelle zu geben – mit der Absicht, hier mehr Klarheit zu finden.

Ich habe dazu ein Bild, vielleicht spricht es Sie auch an.

Für mich ist meine Seele ein liebevoller Puppenspieler, an dessen Fäden mein Ego hängt. Wenn mein Ego die Bewegungen, die meine Seele sich von mir und für mich wünscht, erkennt und freiwillig durchführt – ehe meine Seele mich noch korrigieren muss –, dann ist der Tanz der Marionette meines Egos ein weicher und organischer, der sich angenehm anfühlt und auch von außen betrachtet harmonisch aussieht.

Wie fühlt sich das für Sie an, wenn Sie sich in dieses Bild hineinversetzen?

Wehrt sich hingegen mein Ego gegen die Wünsche meiner Seele (die mit ihrem Überblick immer besser weiß, was für mich gut ist), dann muss es immer wieder mit Korrekturbewegungen zurechtgerückt werden.

Dann muss meine Seele immer wieder an den Fäden ziehen, um mein Ego wieder in eine richtigere Richtung zu ziehen. Und dieses Zurechtrücken ruckelt oft ziemlich und fühlt sich auch nicht sehr gut an. Außerdem sieht es auch von außen nicht sehr ästhetisch aus.

Können Sie mir diese beiden Zustände nachfühlen?

Wie gefällt Ihnen diese Analogie?

Fühlt sie sich stimmig an?

Oder behagt Ihnen der Gedanke an eine seelen-geführte Marionette nicht?

Dann gefällt Ihnen vielleicht meine andere Analogie besser – denken Sie an eine Liveshow wie „Wetten, dass…"!

Dafür gibt es, so nehme ich an, ein allgemeines Regiekonzept und dann jeweils ein eigenes Drehbuch für jede Sendung. Außerdem gibt es neben einem Produzenten einen Regisseur, der die Umsetzung dieses Drehbuches durch die Livesendung begleitet und überwacht.

Und es gibt einen Moderator, der in der Livesendung dieses Konzept in seiner sehr persönlichen Art und Weise – mit seinem Humor, seiner Spontaneität, seinen Assoziationen, seinem Charisma – umzusetzen hat.

Allerdings ist er dabei nicht so frei, wie wir als Zuseher denken mögen. Denn er bleibt – wie mit einer unsichtbaren Nabelschnur, die an seinem Ohr andockt – über Kopfhörer mit der Regie verbunden. Auf diese muss er hören, wenn er es sich nicht mit dem Sender verscherzen möchte – er muss also für die Anweisungen der Regie empfänglich sein.

Und so ähnlich sollten wir für die Begleitung unserer Seele empfänglich sein. Ähnlich wie die Regie bei einer solchen Live-Show bleibt unsere Seelen-Führung meist unbemerkt, gewinnt aber vor allem in außergewöhnlichen Zeiten an Bedeutung – so wie der Regisseur hat unsere Seele einfach mehr Überblick als der Moderator – oder unser Ego, die ja beide sehr vom aktuellen Geschehen absorbiert sind.

In Analogie zum Verhältnis zwischen Seele und Ego, wäre unsere Seele zuständig für unseren Seelen-Plan, vergleichbar mit dem Sendungskonzept, dem Drehbuch und der Regie. Entsprechend dem Moderator hat auch unser Ego durchaus eine gewisse Gestaltungsfreiheit, muss sich dabei aber immer an unseren Seelen-Plan halten.

Es muss also sowohl unserem großen Lebensplan (vergleichbar mit dem allgemeinen Sendungskonzept) folgen, als auch dem jeweiligen Lebensabschnittsplan (vergleichbar mit dem jeweils spezifischen Abenddrehbuch).

Daher ist es für unser Ego klug, die Signale unserer Seele zu beachten und zu befolgen. Und dies ganz besonders in prekären Lebenslagen, wenn unser Alltag also gerade aus den Fugen zu geraten scheint.

Vor allem dann scheint mir das, was ich als Seelen-Resonanz bezeichne (vergleichbar mit dem perfekt funktionierenden Kopfhörer, über den der Moderator stets mit der Regie verbunden ist), wesentlich zu sein.

Gefällt Ihnen diese Analogie besser als die der Marionette?

Wie geht es Ihrer Seele in ihrer Rolle als Autorin, Regisseurin und Sendungsverantwortliche?

Und wie geht es Ihrem Ego in der Rolle des Moderators mit seiner unsichtbaren „Nabelschnur" zum Kopfhörer?

Ist es ein disziplinierter Moderator?

Oder muss es sich immer wieder beweisen, indem es „sein eigenes Süppchen kochen" möchte?

Und muss es daher immer wieder zurechtgerückt werden?

Blicken Sie auf Ihr Leben zurück und erkennen Sie, wie bereit Ihr Ego ist, sich Ihrer Seelenführung hinzugeben – und lassen Sie diese Fragen und die Antworten, die Sie finden, in sich wirken...

~ Und vergessen Sie nicht, sich mit den 2 Punkten darauf einzustimmen!

Unser Seelen-Ja

Wie ich bereits erwähnt habe, glaube ich, dass sich unsere Seele von und für uns wünscht, dass wir unser Potenzial möglichst frei und ungehindert entfalten, um ganz und gar die zu werden, als die wir angelegt sind.

Ich sehe uns als hell strahlende, göttliche Lichtwesen, die auf diesem Planeten eine materielle Erfahrung machen. Und in dieser Rolle haben wir immer die Wahl zwischen zwei Zuständen, die wir aus unterschiedlicher Perspektive beschreiben können.

So können wir zwei unterschiedliche Haltungen einnehmen, die ich als Im-Ja-Sein und Im-Nein-Sein bezeichne.

Ersteres – nennen wir es Seelen-Ja – ist ein Zustand der Hingabe und Annahme. Das bedeutet nicht, dass wir in dieser Haltung zu allem nur „Ja" und „Amen" sagen, sondern dass wir das, was jetzt so ist, wie es ist, als gegeben akzeptieren.

Denn erst in dieser Annahme sind wir in der Lage, das, was uns daran nicht gefällt, womit wir nicht einverstanden sind, was uns ärgert, kränkt oder ängstigt, auch wirklich zu ändern.

Die Gegenwart können wir niemals ändern – die ist so, wie sie ist. Was wir allerdings ändern können, ist die Zukunft. Und dafür brauchen wir meist den vollen Einsatz unserer mentalen, emotionalen und physischen Kräfte; die uns unter dem Einfluss unserer Stresshormone in der Abwehr nicht zugänglich sind.

Diese zwei Haltungen korrelieren jeweils mit einer entsprechenden Lebenseinstellung – wir könnten sie auch als Optimismus und Pessimismus bezeichnen. Allerdings spreche ich lieber von einer eher konstruktiven und einer eher destruktiven Einstellung zum Leben.

Die konstruktive Lebenseinstellung, das „Im-Ja-Sein“ schwingt in Seelen-Resonanz. Die andere hingegen ist in ihrem Widerstand gefangen und erzeugt immer dann massiven Stress, wenn etwas unsere Erwartungen nicht erfüllt. Und dann sind unsere höheren geistigen Zentren ausgeschaltet.

Natürlich geht es nicht darum, etwas gut zu heißen, was uns selbst oder eine andere Person verletzt oder der Welt schadet. Also sagen wir nicht Dinge wie:

„Ach, wie schön, dass ich meinen Arbeitsplatz verloren habe!“.

Oder: *„Gottseidank hat mein Auto einen Totalschaden!“*

Oder: *„Ach, wie beglückend, dass mein Mann gestorben ist!“*

Oder: *„Wie schön, dass ich diese Lungenentzündung habe!“*

Oder: *„Danke, dass meine Frau mich mit einem Rosenkrieg verwöhnt!“*

Denn unser Unterbewusstsein ist nicht blöd und wird sich zu Recht gegen solche Behauptungen wehren. Aber meine Seele meint, dass es nicht sinnvoll ist, mich in der Abwehr des „Nein, das will ich nicht!“ noch weiter in die Negativität dieser an sich schon belastenden Situation zu verbohren, weil mir dies nur Stresshormone bringt.

Stattdessen empfiehlt sie mir, zu sagen:

„Ja, meine Zeit an diesem Arbeitsplatz ist nun wohl vorbei.“

Oder: *„Ja, mein Auto ist kaputtgegangen.“*

Oder: *„Ja, mein Mann ist über die Regenbogenbrücke gegangen.“*

Oder: *„Ja, jetzt habe ich eine Lungenentzündung."*

Oder: *„Ja, meine Frau führt einen Rosenkrieg gegen mich."*

~ Die Quantenwelle wird Ihnen helfen, die für Sie idealen Formulierungen zu finden.

Denn gegen ein solches Ja kann mein Unterbewusstsein nichts einwenden, weil es nur die aktuelle Situation beschreibt und ein Fakt ist. Aber aus dieser annehmenden Haltung kann ich erfolgreich weiterfragen:

„Was kann ich tun, um das zu ändern?"

oder *„Wie kann ich das Beste aus dieser Krise machen?"*

oder *„Was kann ich tun, um diese Situation zu meistern?"*

oder *„Was kann ich aus dieser anspruchsvollen Lebenserfahrung lernen?"*

oder *„Was kann ich tun, damit es mir bald wieder besser geht?"*

oder *„Welche Stärke hilft mir diese Herausforderung zu entwickeln?"*

oder *„Welche Schwäche hilft mir diese Krise zu überwinden?"*

oder *„Welchen Gewinn kann ich daraus ziehen?"*

oder *„Welches Geschenk wartet hinter der seltsamen Verpackung?"*

~ Auch auf das Spiel mit solchen Fragen stimmen Sie sich mit einem Two-Pointing ein!

Und während ich in meinem Ja schwinge, finde ich eher kluge Antworten und hilfreiche Lösungen, als wenn ich mich im abwehrenden Nein blockiere und körperlich, mental und emotional unter massivem Stress stehe.

Unter Stress werde ich kaum je eine weiterführende Antwort finden, die mir wirklich hilft, eine herausfordernde Situation zu meistern. Einfach weil die Stresshormone mich in den Modus eines Höhlenmenschen zurückwerfen und meine höheren Hirnzentren ausschalten, die ich jedoch für die Bewältigung praktisch aller Herausforderungen des einundzwanzigsten Jahrhunderts brauche.

Also nehme ich das, was ich im Augenblick nicht ändern kann, weil es ja gerade passiert, an und richte meine Aufmerksamkeit auf freudvolles Beglückendes, um möglichst rasch wieder meine Glückshormone zu mobilisieren; denn dann bin ich viel eher zu einer reifen Lösung fähig.

Unsere Gegenwart können wir nicht ändern – und schon gar nicht unsere Vergangenheit.

Macht es also Sinn, uns dagegen aufzulehnen?

Angenommen, Ihr Partner oder Ihre Partnerin ist tatsächlich gestorben oder hat Sie verlassen und führt nun einen erbitterten Rosenkrieg – macht es dann Sinn, vor dieser Tatsache zu fliehen?

Oder wäre es sinnvoll, gegen ihn oder sie zu kämpfen, wenn er oder sie Sie für ein anderes Du verlassen hat?

Fänden Sie es sinnvoll, Ihr völlig kaputtes Auto einfach mitten auf der Kreuzung, an der der Unfall passiert ist, stehen zu lassen und auf und davon zu gehen?

Oder den anderen Verkehrsteilnehmer, der Ihnen den Vorrang genommen hat, niederzuschlagen?

Würden Sie gegen den Arzt kämpfen, der Ihnen eine ernste Diagnose vermittelt hat?

Oder aus dem Krankenhaus weglaufen?

Hilft Ihnen der Kampf- oder Fluchtmodus weiter, wenn Sie Ihre Arbeit verloren haben?

Und wäre es sinnvoll, einen Raufhandel mit Ihrem Personalchef anzufangen?

Oder in ein anderes Land auszuwandern?

Aber genau darauf bereiten Ihre Stresshormone Sie unter Stress vor: auf unreflektierten Kampf oder unüberlegte Flucht.

Erinnern Sie sich an das Gelassenheits-Gebet von Franz von Assisi. In der „heiteren Gelassenheit“ Ihrer weisen Annahme des Gegebenen sind Sie im Vollbesitz Ihrer geistigen, emotionalen und körperlichen Kräfte.

Dann können Sie das, was Ihnen nicht gefällt, viel eher ändern. Jedenfalls aber das Beste aus dieser Situation machen, weil Sie nämlich auch leichter erkennen, was Sie daraus lernen und wie Sie letztlich davon profitieren können.

Nicht zuletzt, weil Sie leichter Zugang finden zu dem, was Ihre Seele Ihnen in der entsprechenden Situation eingeben möchte.

Erinnern Sie sich an solche Erfahrungen, die im Augenblick selbst sehr schmerzhaft waren, sich im Rückblick aber als ungemein wertvoll erwiesen haben?

Einfach weil sie Ihr Leben in eine neue, weit positivere Richtung umgelenkt haben?

~ Auch hier wird die 2 Punkt Methode Ihnen helfen, solche Beispiele aus Ihrem Leben zu finden.

Interessiert Sie ein Beispiel aus meinem Leben?

Vielleicht inspiriert es Sie dazu, ähnliches in Ihrer Vergangenheit zu entdecken.

In jungen Jahren wollte ich Kunst studieren, habe allerdings die Aufnahmeprüfung an die Wiener Kunstakademie nicht geschafft – das war damals alles andere als beglückend. Heute bin ich jenen, die mir damals mein Talent abgesprochen haben, aber äußerst dankbar, denn sie haben mir eine Tür verschlossen und mich gezwungen, durch eine andere zu gehen – so haben sie mir Erfahrungsräume geöffnet, die mein ganzes weiteres Leben geprägt haben.

Nachdem ich mich nicht auf der Liste der aufgenommenen Studenten gefunden hatte, ging ich völlig niedergeschlagen in ein Kaffeehaus, das ich seit langem nicht mehr besucht hatte. Dort traf ich einen lieben Freund, den ich seit vielen Jahren nicht mehr gesehen hatte.

Als er mich sah, meinte er, jetzt wisse er, was oder besser wer ihn so in unser früheres Stammkaffee gezogen hätte, in dem auch er lange nicht mehr gewesen war. Auf seine Frage, warum ich so bedrückt wäre, erzählt ich ihm von meinem Scheitern bei der Aufnahmeprüfung. Da meinte er, ich könne doch auch an der Wiener Kunstschule studieren, von deren Existenz ich zu diesem Zeitpunkt keine Ahnung hatte.

Tatsächlich wurde ich dort aufgenommen und durfte einige sehr freudvolle und kreative Jahre erleben. Vor allem aber hatte ich dort einige für mein weiteres Leben ungemein wichtige Begegnungen.

Ich lernte den zukünftigen Vater meiner Tochter kennen und jenen Mann, der mich zur Medizin brachte. Ich traf jene Frau, die mich auf die Schamanen-Seminare von Felicitas Goodman aufmerksam machte; bei denen ich meine ersten Trance-Erfahrungen hatte. Und in denen ich jene Technik lernte, aus der ich später die Laminage-Technik meiner Relief-Bilder entwickelt habe.

Außerdem begegnete ich dort jenem Bildhauer, bei dem ich eine Weile mit großer Freude gearbeitet habe; sowie einen Astrologen, der mich in unserem regen Gedankenaustausch sehr inspiriert hat.

Mit anderen Worten wurden in der Kunstschule völlig neue Weichen gestellt, die mein gesamtes heutiges Leben beeinflusst haben – und ich habe keine Ahnung, wie mein Leben ausgesehen hätte, wäre ich damals an der Akademie aufgenommen worden – jedenfalls könnte es nicht erfüllter sein.

Sie sehen, dass ein einziges Nein oft sehr weit reichende positive Folgen haben kann. Und ich bin überzeugt, dass sich damals meine Seele eingeschaltet und mir diesen Weg versperrt hat.

Denn aus ihrer höheren Perspektive schien damals schon klar, in welche Richtung sich mein Leben weiterentwickeln sollte. Was also immer schon in meinem Seelen-Plan vorgesehen war.

Und dieses Nein ist nur ein Beispiel aus vielen in meinem Leben. Immer wieder gab es solche Situationen, in denen meine Seele mir ein Nein gegeben und meinen Ego-Wunsch nicht erfüllt hat.

Das war meist nicht sehr angenehm, aber heute ist mir klar, dass sie wusste, dass etwas viel Wertvolleres, Beglückenderes und für meine Entwicklung Förderlicheres auf mich wartete.

Daher füge ich heute immer diese Ergänzung an meine Wünsche an:

„Dies oder etwas Besseres möge geschehen!“

Und möchte dies auch Ihnen ans Herz legen.

Solche Erfahrungen haben mir – vor allem im Rückblick, denn in der Situation selbst ist das oft nicht so einfach – Vertrauen in meine liebevolle Seelen-Führung geschenkt.

Natürlich jauchze ich auch heute nicht himmelhoch, wenn ich etwas nicht erreiche, das ich mir in den Kopf gesetzt habe. Aber mittlerweile kann ich ein solches Nein annehmen und sage mir:

„Irgendeinen Sinn wird das schon haben... auch wenn ich diesen Sinn im Augenblick noch nicht erkennen kann!“

Die Formulierung „In-den-Kopf-Setzen“ scheint mir übrigens sehr passend zu sein. Denn zu meinen echten Herzens-Wünschen habe ich noch nie ein Nein bekommen – es sind immer die Wünsche, die mein Kopf generiert, die mich zuweilen auf Abwege führen würden, würde meine Seele nicht korrigierend eingreifen.

Wobei sie mich durchaus auch ab und zu in eine Sackgasse laufen lässt, wenn die Erfahrungen, die ich dabei mache, für meine Entwicklung sinnvoll sein können. Und sie hat mir den trostreichen Gedanken mitgegeben:

„Umwege verbessern die Ortskenntnis.“

Kennen Sie diese Phänomene?

Diese Art von Nein, aus dem dann ein viel größeres, wertvolleres und beglückenderes Ja resultiert?

Wie sieht das in Ihrem Leben aus?

Für welches Nein können Sie heute dankbar sein?

~ Die Quantenwelle wird Ihnen helfen, solche in Ihrer Biographie zu finden.

Aber kennen Sie auch die Sackgassen, in die Ihr Ego Sie geführt hat, weil sie die leise Stimme Ihrer Seele nicht hören wollten?

Und diese Ihnen einen kleinen, Ihre Ortskenntnis verbessernden, Umweg erlaubt hat?

Lassen Sie diese Fragen in sich wirken!

Ich werde Ihnen etwas später einen bewussten Lebensrückblick mit Fokus auf diese Seelen-Führung empfehlen. Denn wir können unser Leben zwar vorwärts leben, aber verstehen können wir es meist nur rückwärts – das wusste auch Sören Kierkegaard.

Um ein solches Nein annehmen zu können, scheint es mir wichtig zu sein, in unserem Im-Ja-Sein zu schwingen, weil wir dann um vieles empfänglicher sind für die Botschaften unserer Seele; die uns natürlich gerade in solchen Situationen Wichtiges vermitteln möchte.

Wird Ihre Seele Ihnen je empfehlen, zu kämpfen oder zu fliehen?

Oder wird sie Ihnen den friedlicheren Weg empfehlen, mit dem umzugehen, was Sie nicht ändern können?

Im Sinne von:

„Ja, so ist das jetzt!“

„Was sagt mir das?“

„Was kann ich daraus lernen?

„Wie kann ich am besten damit umgehen?“

„Wie kann ich die Situation zum Besten für mich und alle anderen Beteiligten meistern – und gegebenenfalls ändern?“

Fassen wir zusammen: Alles, was hier und jetzt so ist, wie es ist, löst in Ihnen entweder ein „Ja, das ist gut!“

oder ein „Nein, das will ich nicht!“ aus. Und diese erste Reaktion lässt sich kaum vermeiden.

Was auch immer so ist, wie es ist, ist Ihnen angenehm, macht Sie glücklich und zufrieden, entspricht Ihren Erwartungen und fühlt sich gut an – oder eben nicht. Und die Folge aus dieser Einschätzung, die Sie meist nicht bewusst treffen, ist viel weitreichender, als Sie annehmen würden – denn aus dieser ersten Reaktion kann eine positive oder eine negative Spirale entstehen.

Wenn Sie unter dem Stress Ihrer Nein-Haltung bleiben, sind Ihre höheren Hirnzentren blockiert, sodass Sie gar nicht mehr die Wahl haben, sich auf das, was jetzt so ist, wie es ist, klug einzustellen und es bewusst zu interpretieren – und dann auch noch zu Ihrem Vorteil zu nützen.

Dann reagieren Sie aufgrund uralter und meist destruktiver Reaktions- und Verhaltensmuster automatisch mit Abwehr. Und das verstärkt Ihren Stress noch weiter und hält Sie noch stärker in Ihrem Im-Nein-Sein fest, was Sie weitere Stresshormone ausschütten lässt...

Wenn Sie hingegen Ihren Widerstand als erste Reaktion erkennen und dann möglichst rasch in Ihren Homo Sapiens Sapiens Modus zurückkehren und Ihre höheren mentalen Zentren einschalten, können Sie sich bewusst für ein konstruktives Ja entscheiden.

~ Nützen Sie auch dazu die 2 Punkt Methode! Sie wird Ihnen auch helfen, die Techniken, die ich Ihnen weiter oben empfohlen habe, wirksam einzusetzen.

Und sei es auch bloß für ein *„Ja, jetzt ist es so, aber das kann sich ändern“*.

Denn dann haben Sie Ihr Stirnhirn zur Verfügung, dank dem Sie überhaupt erst eine bewusste Entscheidung treffen können.

Wussten Sie eigentlich, dass Ihr Gehirn wie ein Muskel trainiert werden kann?

Dass es Ihnen also umso leichter fallen wird, nach einer Kontrasterfahrung in Ihr Seelen-Ja zu finden, je öfter es Ihnen gelingt?

Je öfter Sie sich für Ihr Seelen-Ja entscheiden, umso stärker wird sich dieses in Ihnen verankern – und zwar sowohl in Ihren Hirnbahnen, als auch in Ihrem Körpergedächtnis. Denn Sie polen mit Ihrem bewussten Ja nicht nur Ihre Körperchemie von Stresshormonen zu Glückshormonen um, sondern Sie aktivieren und stärken zugleich auch die entsprechenden Nervenbahnen in Ihrem Gehirn.

Und wenn Sie die Vernetzung zwischen den entsprechenden Zellverbänden verdichten, können Sie sie umso rascher wieder aktivieren. Damit wird Ihnen Ihr Ja wieder immer leichter zugänglich, wenn Sie sich dafür entscheiden.

Genauso wurden Sie übrigens auch auf Ihren Vermeidungsmodus geprägt – mit negativen Botschaften wie:

„Vorsicht!"

oder *„Gib Acht!"*

oder *„Hände weg!"*

oder *„Mach dich nicht so wichtig!"*

oder *„Das kannst du nicht!"*

oder *„Das schaffst du sowieso nicht!"*

oder *„Das ist nichts für dich!"*

oder *„Nimm dir nicht zu viel heraus!"*

Oder womit auch immer Sie verbal bombardiert wurden. Denn all das ist fest in Ihrem Gehirn einprogrammiert.

Umso fester, je jünger Sie waren, als Sie all das gehört haben.

Glücklicherweise können Sie sich auch wieder aus dieser Teufelsspirale befreien. Dazu müssen Sie nur die dabei wirksamen Mechanismen kennen und erkennen und sich bewusst aus der Kontrolle Ihres Überlebenszentrums befreien – und das ist möglich, wie ich Ihnen in diesem Buch bereits gezeigt habe.

Erinnern Sie sich an die Techniken, mit denen Sie Ihre höheren Hirnzentren einschalten und sich aus Ihrer mentalen Blockierung befreien können –, um in Ihre Quanten-Bewusstheit zu finden!

Die PET (Positronen-Emissions-Tomographie, ein noch relativ junges bildgebendes Verfahren zur Untersuchung des Gehirns) kann heute eindeutig nachweisen, dass „Vorgestelltes“ ebenso real ist für das menschliche Gehirn wie „tatsächlich Erlebtes“.

Das bedeutet, dass Sie die Macht stressreicher Erinnerungen brechen können, indem Sie sich möglichst viele positive Ausgänge des stressauslösenden Ereignisses vorstellen; und sich dieses erfreuliche, beglückende und zufriedenstellende Ergebnis mit möglichst vielen sinnlich wahrnehmbaren Einzelheiten vergegenwärtigen.

~ Lassen Sie sich dabei von den 2 Punkten helfen. Und dann verankern Sie die neue Vorstellung mit einer Quantenwelle in Ihrer Matrix!

Auf diese Weise erschaffen Sie eine „neue Realität“, die besonders wirksam wird, wenn Sie sie mit der bereits vorgestellten „energetischen Hirnaktivierung“ in Ihr System integrieren. Und die immer stärker wird, je öfter Sie neuerlich damit spielen.

Natürlich wird es Zeiten, Situationen und Lebensphasen geben, in denen Ihnen der Richtungswechsel vom Nein zum Ja leichter fallen wird als in anderen. Und manche, in denen Sie sich damit besonders schwertun.

Aber im Grunde geht es immer um Ihre Bewusstheit, die es Ihnen erlaubt, sich daran zu erinnern, dass Sie Ihre Gehirnrinde einschalten sollten, um bewusst eine kluge Einstellung zur aktuell belastenden Lebenslage wählen zu können – und – auf den Kern reduziert – um Ihr bewusstes Ja, das Sie in Seelen-Resonanz bringt.

~ Und das ich Ihnen empfehle, immer wieder im Spiel mit der Quantenwelle in Ihrem System zu verankern.

Wie fühlen sich Ihr Ja und Ihr Nein an?

Wie immer möchte ich Sie nicht nur mit meinen Worten überzeugen, sondern Ihnen eine einprägsame eigene Erfahrung dessen, was ich meine, vermitteln. Dazu versetzen Sie sich bitte einmal unter Miteinbeziehung all Ihrer Sinne sowohl in Ihr abwehrendes Nein als auch in Ihr annehmendes Ja hinein!

Am besten beginnen Sie damit, Ihren Nein-Zustand möglichst intensiv wahrzunehmen.

In meinen Seminaren hat sich immer wieder gezeigt, dass es aus einem starken Ja nicht leicht ist, ins Nein zu finden. Und es war immer sehr amüsant, wenn einige meiner Teilnehmer/innen sich einfach geweigert haben, in ihr Nein zu gehen, nachdem sie ihr Ja in vollen Zügen genossen hatten.

Dieses Phänomen kennen Sie sicher aus eigener Erfahrung – erinnern Sie sich, als Sie das letzte Mal so richtig verliebt waren! Da haben Sie sicher alles im rosaroten Licht gesehen. Einfach weil die Rezeptoren an der Oberfläche Ihre Zellen mit Glückshormonen besetzt waren, so konnten die Stresshormone nicht andocken.

Denn es gibt eine Art Wettbewerb zwischen diesen beiden Hormonarten, weil sie an denselben Rezeptoren ansetzen. Je mehr Ihrer Rezeptoren also mit Glückshormonen besetzt sind, umso schwerer tun sich die Stresshormone, anzudocken und zur Wirkung zu kommen.

Diese Erklärung ist etwas vereinfacht, aber die Wahrheit ist nicht weit davon entfernt. Und daran liegt es auch, dass Sie an Tagen, an denen Sie „mit dem linken Fuß aufstehen“, abends denken, es wäre besser gewesen, gar nicht aufgestanden zu sein.

Dann war der Großteil Ihrer Rezeptoren mit Stresshormonen besetzt und die Glückshormone konnten gar nicht zur Wirkung kommen. An solchen Tagen empfehle ich Ihnen übrigens, erst dann aufzustehen, wenn es Ihnen gelungen ist, sich in Ihre Glücks-Chemie umzupolen.

Wenn Sie aus einem Alptraum erwachen oder die Sorgen des Vortages Sie einholen, noch ehe Sie die Augen geöffnet haben, dann lassen Sie sich nicht davon versklaven! Sondern übernehmen Sie die Verantwortung für Ihre Befindlichkeit und holen Sie sich irgendeinen Endorphin-Ausschütter – also irgendetwas, was Sie erfreut, aufbaut und beglückt…

~ Und vielleicht wollen Sie sich noch im Liegen eine Quantenwelle geben, damit Ihnen dies leichter fällt; denn das ist manchmal wirklich nicht einfach, aber es ist möglich.

Beginnen Sie also jetzt mit Ihrem Nein-Zustand, Ihrem Im-Nein-Sein, und loten Sie erst in einem zweiten Schritt Ihr Im-Ja-Sein aus.

Denken Sie für einige Augenblicke an irgendetwas, das ein spontanes und möglichst starkes Nein in Ihnen auslöst; etwas, das Sie erlebt und worunter Sie gelitten haben; etwas, worüber Sie sich sehr geärgert oder gekränkt haben; was Sie empört hat oder wovor Sie sich arg gefürchtet haben; etwas, was Sie stark ablehnen oder was Ihnen intensiven Ekel vermittelt; jemand, den Sie wirklich hassen.

Und versetzen Sie sich möglichst intensiv in Ihr „Neeeiiiiiiinnnn!!!“ zu dieser Situation hinein! Kosten Sie dieses nicht allzu lange aus, sondern bleiben Sie gerade so lange darin, bis Sie die folgenden Fragen beantworten können – und dann treten Sie einen Schritt zurück, übernehmen Sie die Rolle eines Beobachters und fragen Sie sich:

Wie geht es mir in meinem Nein?

Was sehe ich da?

Welche Bilder habe ich?

In welchen Farben und Formen?

Was höre ich, wenn ich ganz und gar von meinem Nein erfüllt bin?

Nehme ich einen Geruch oder einen Geschmack wahr?

Wie ist meine Körperhaltung?

Wie ist der Spannungszustand meiner Muskulatur, vor allem im Hals- und Nackenbereich und in meiner Kiefermuskulatur?

Wie ist meine Atmung?

Und mein Herzschlag?

Kann ich zu diesem Zustand eine passende Assoziation finden, ein treffendes Symbol, eine Analogie, ein metaphorisches Bild?

Hätte ich diesen Zustand gern öfter in meinem Leben?

Tut mir dieser Zustand gut?

Ist er heilsam für meine Gesundheit und mein Wohlbefinden?

Fördert er meine Produktivität?

Was meint meine Seele zu diesem Zustand?

Schwinge ich, wenn ich in meinem Nein bin, in Seelen-Resonanz?

Dann stehen Sie am besten auf, atmen Sie einige Male besonders tief und mit einem Seufzer aus und schütteln Sie dabei energisch Ihre Arme und Beine aus. Stellen Sie sich dabei vor, all Ihre Anspannung im Nein wie eckige Formen aus sich herauszuschleudern!

Dann sind Sie bereit, sich in Ihr Seelen-Ja hineinzuversetzen, um auch dieses auszuloten. Das mag Ihnen gleich gelingen, oder aber Sie brauchen eine kleine Umstellung in Ihrer Wahrnehmung.

Hatten Sie in Ihrem Nein den Eindruck von Dunkelheit?

Und wirkt diese vielleicht noch nach?

Dann visualisieren Sie Licht und strahlende Helligkeit in Ihrem Stirnhirn!

Haben Sie in Ihrem Nein flach geatmet, ja gar den Atem angehalten?

Dann atmen Sie jetzt bewusst tiefer und langsamer – vor allem aus!

Haben Sie im Nein Enge in Ihrer Brust wahrgenommen?

Die vielleicht noch nachwirkt?

Dann spüren Sie jetzt, wie sich Ihre Brust in der vertieften Atmung wohltuend weitet!

War Ihre Miene im Nein ernst und verspannt?

Und hat sie sich vielleicht noch nicht ganz entspannt?

Dann erlauben Sie sich ein entspanntes Lächeln, um Endorphine auszuschütten und sich davon beleben und erfrischen zu lassen!

Haben Sie sich im Nein schwer gefühlt?

Und wirkt die Schwere vielleicht noch nach?

Dann erlauben Sie sich jetzt, leichter zu werden!

Vielleicht so, als würden Sie in einem Fesselballon hochschweben... oder von einem Sonnenstrahl hochgezogen werden... oder auch als Adler durch Ihre eigene Kraft abheben... oder auch als Schmetterling vom Wind hochgetragen werden... finden Sie einfach Ihre ideale Vorstellung!

~ Ein Two-Pointing mag Ihnen dabei helfen.

Und wenn Ihnen dies nicht ganz so leichtfällt, wie ich das hier beschreibe, können Sie sich gegebenenfalls noch Stirn und Hinterkopf halten, um den Wechsel in Ihrer Wahrnehmung zu unterstützen und sich ganz und gar aus den Nachwirkungen Ihres Nein zu befreien – genau das sollten Sie übrigens immer dann, wenn Sie sich im Stress ertappen, tun. Ich nenne es „Abheben und Darüberstehen".

Wenn Sie tatsächlich die Empfindung von Leichtigkeit, Weite, Helligkeit und belebender Frische wiedergewonnen haben, dann vergegenwärtigen Sie sich möglichst intensiv und wieder unter Miteinbeziehung all Ihrer Sinne das stärkste Ja, das Ihnen im Augenblick zugänglich ist.

Erinnern Sie sich an eine wundervolle Situation in Ihrem Leben, in der Sie ganz und gar zufrieden, glücklich, freudvoll, dankbar, begeistert und liebevoll waren! Wo alles gut war so, wie es war, und es nichts, rein gar nichts auszusetzen gab, und wo Sie in vollkommener Harmonie waren mit sich und der Welt.

Fällt Ihnen im Augenblick keine solche Situation ein?

Haben Sie den Eindruck, noch nie so ein uneingeschränktes Ja erlebt zu haben?

Dann tun Sie so, als hätten Sie es erlebt und erfinden Sie eine solche Hollywood-Situation – Ihr Gehirn ist mit einer phantastischen Vorstellungskraft gesegnet – nützen Sie diese! Wenn Sie Ihr starkes Ja gefunden haben, dann lassen Sie dieses sich in Ihnen ausbreiten und Sie ganz und gar erfüllen! So lange, bis jede einzelne Ihrer Billionen Zellen voller Glückseligkeit im uneingeschränkten Ja schwingt.

~ Und verankern Sie diese kostbare Wahrnehmung mit einer Quantenwelle in Ihrem System!

Bleiben Sie ruhig länger in diesem Zustand als in Ihrem Nein, denn diese Gestimmtheit ist sehr, sehr heilsam für Körper, Geist und Seele; und schwelgen Sie darin, so lange Sie Lust haben! Lassen Sie sich davon erleuchten, erleichtern, erweitern und beleben – und achten Sie aufmerksam darauf, wie Sie sich dabei fühlen!

Wie geht es mir in meinem Ja?

Wie fühlt sich mein Körper an, wenn ich ganz in meinem Ja bin?

Welche Bilder habe ich dabei?

In welchen Farben und Formen?

Und wie klingt mein Ja?

Hat es einen Geruch oder Geschmack?

Wie ist meine Körperhaltung im Ja?

Und wie der Spannungszustand meiner Muskulatur?

Wie ist meine Mimik?

Wie schlägt mein Herz?

Wie atmet es mich?

Gibt es ein passendes Symbol zu meinem Ja?

Eine Analogie oder Metapher?

Vor allem im Vergleich zu meinem Nein – was ist nun anders?

Und welcher Zustand scheint mir förderlicher für mein gesamtes Sein, mein Nein oder mein Ja?

Was meint meine Seele zu diesem Zustand?

Schwinge ich, wenn ich mich ganz und gar in meinem Ja befinde, in Seelen-Resonanz?

Ich nehme an, diese Erfahrung ist überzeugender als viele Seiten abstrakter Beschreibung. Zumindest wenn Sie ehrlich mitgemacht und sich die beiden Zustände wirklich vergegenwärtigt und unter Miteinbeziehung aller Sinne erlebt haben.

Pflichten Sie mir bei, dass Ihr Im-Ja-Sein es Ihnen leichter machen wird, sich auf Ihre Seele einzustimmen und mit ihr in Gleichklang zu kommen als Ihr Im-Nein-Sein?

Übrigens ist das, was Sie jetzt gerade bewusst wahrgenommen haben, vermutlich nur ein kleiner Teil dessen, was es heißt, ganz und gar in Ihrem Nein oder Ja zu sein. Denn das meiste, was dabei in Ihrem Organismus passiert, wird Ihnen gar nicht bewusst.

Was passiert alles in Ihrem Seelen-Ja?

- Ihr Körper ist entspannt und von Glückshormonen geprägt.
- Ihre Energie fließt in ihren natürlichen Bahnen und (aus Sicht der Akupunktur) in die richtige Richtung.
- Sie sind geistig im Vollbesitz Ihres gesamten Wissens und Ihrer Kreativität.
- Daher können Sie auch neue Verbindungen herstellen und kreative Lösungen finden.

- Sie haben weitgehend Zugang zu Ihrem Gedächtnispool.
- Sie sind emotional ausgeglichen.
- Und empfänglich für die Signale Ihrer Inneren Stimme.

Klingt das nicht alles sehr verlockend?

Allerdings finde ich es auch nicht sinnvoll, uns gegen unsere spontane Abwehr zu wehren. Denn alles, was ein Nein in uns auslöst, hält eine Botschaft bereit und möchte uns etwas vermitteln – daher kann ein spontanes Nein sogar ganz wertvoll sein, denn es macht uns meist auf etwas aufmerksam, was nicht im Sinne unserer Seele ist.

So wie ich denke, dass jede unserer Schwächen uns auf unsere noch nicht gelebten Stärken hinweisen möchte.

Daher sollten wir uns nicht davor verschließen, sondern uns bereitwillig für die jeweiligen Einsichten öffnen. Auch wenn sich die Ursache für das Nein alles andere als angenehm anfühlt und dem Ego gar nicht ins Konzept passt.

Tatsächlich ist es gar nicht möglich, dieses erste und spontane Nein zu verhindern, nur sollten wir nicht darin verhaftet bleiben. Denn sonst verschließen wir uns eine Tür, hinter der vielleicht ein wertvolles Geschenk wartet, das im Augenblick allerdings oft nicht gleich als solches erkennbar ist.

Kennen Sie diese Erfahrung?

Dass sich oft die schönsten Dinge in der unscheinbarsten und hässlichsten Verpackung verstecken?

Und dass Ihnen etwas ganz Wichtiges entgangen wäre, wenn Sie dieses Geschenk nicht geöffnet hätten, nur weil die Verpackung Ihnen nicht gefallen hat?

Im Rückblick auf mein langes Leben erkenne ich zahlreiche solcher Ereignisse und Situationen.

Vieles, was anfangs ganz und gar nicht wie ein Geschenk gewirkt hat, hat sich dann letztlich als ungemein wertvoller Segen herausgestellt – ein Beispiel war meine bereits erwähnte missglückte Aufnahmeprüfung in die Kunstakademie mit all ihren wundervollen Folgen.

Um diese eigenartig verpackten Botschaften zu erkennen, müssen wir aber das spontane erste Nein, das durchaus verständlich ist, in ein annehmendes Seelen-Ja umpolen. Und das gelingt uns leichter und rascher, wenn wir auch dazu im Ja sind, es also als gegeben annehmen.

„Ja, meine erste Reaktion ist ein Nein."

Erst in dieser Ja-Schwingung erkennen wir solche Geschenke auch hinter ihrer gewöhnungsbedürftigsten Maske. Daher empfehle ich Ihnen, sich bei jedem Geschenk, mit dem Sie nicht zufrieden sind, zu fragen, warum Sie gerade dieses angezogen haben.

Was es Ihnen sagen, welchen Hinweis es Ihnen geben möchte und wie Sie den größten Gewinn daraus ziehen können.

~ Auch dabei wird Ihnen das Spiel mit der Quantenwelle helfen, das Sie in Seelen-Resonanz bringt.

Denn dies gelingt Ihnen nur im Ja Ihrer Seelen-Resonanz.

Oder haben Sie schon je eine wertvolle Einsicht gewonnen, während Sie sich mit einem Nein gegen die Möglichkeit einer solchen Einsicht gewehrt haben?

Ihr Nein verschließt Ihnen alle Türen, und durch eine geschlossene Türe gibt es weder Einsicht noch Aussicht.

Das Seelen-Ja, von dem ich hier spreche, meint also eine offene, annehmende und empfängliche Haltung dem Leben gegenüber.

Viktor Frankl meint dazu: „*…und trotzdem ja zum Leben sagen!*"

Und bei Byron Katie heißt das „*Lieben was ist*". Auch für diese beiden großartigen Menschen war und ist das Ja zum Leben also die ideale Grundhaltung.

Auf die wundervolle Technik „The Work" von Byron Katie komme ich etwas später noch einmal zurück.

Aus dem Nein ins Ja finden

Nun stellt sich natürlich die Frage, wie wir aus unserem Ego-Nein in unser Seelen-Ja finden. Und dies immer wieder. Denn unser Überlebenszentrum katapultiert uns immer wieder ins Nein.

Immerhin ist das ja seine Aufgabe. Um uns vor Gefahr zu schützen, muss es Ausschau halten nach all dem zu Vermeidendem. Daher hat es den Fokus auch ständig dort, wo etwas nicht in Ordnung ist.

Die Frage ist nur, ob wir unserem inneren Saboteur – der ja die Personifizierung unseres Überlebenszentrums ist – die Kontrolle über unser Leben überlassen wollen. Oder lieber als der Homo Sapiens Sapiens, als der wir angelegt sind, danach trachten, ehestmöglich wieder in unser Ja zurückzufinden, wenn etwas nicht nach unserem Geschmack ist.

Wie können wir also jedes Mal von Neuem unser Ego-Nein in unser Seelen-Ja umpolen?

Vor allem in unser Ja-zu-mir?

Wie finden wir also immer wieder heim in einen unserer Seelen-Zustände?

Und damit in Seelen-Resonanz?

Da ich selbst die längste Zeit meines Lebens in meinem Überlebens-Nein verbracht habe – vor allem im Nein zu mir selbst –, weiß ich, dass es ganz und gar nicht leicht ist, die eigene Haltung zu ändern.

Aber es ist möglich. Und lohnend.

Wenn es mir gelungen ist, kann und wird es auch Ihnen gelingen – und das Spiel mit der Quantenwelle wird Ihnen dabei helfen. Genau dafür schreibe ich dieses Buch.

Denn Ihr Leben wird sich im Seelen-Ja erfreulicher, glücklicher und zufriedener gestalten, vor allem aber auch produktiver und erfüllter. Damit auf allen Ebenen befriedigender und befriedender – also Frieden bringender. All das ist ganz im Sinn Ihrer Seele.

Eine schöne Vorstellung für die Umwandlung Ihres Nein ins Ja ist Ihre Herzblume. Denn es ist wichtig, Ihrem Nein nicht mit einem Nein zu begegnen; weil ein solches ja neuerlich Stress erzeugt.

Es macht doch keinen Sinn, sich vor Ihrer Angst zu fürchten, sich über Ihren Ärger zu ärgern oder traurig zu sein über Ihre Trauer. Nehmen Sie also auch Ihr erstes Nein an und schließen Sie es in Ihr Herz!

Vom Ego-Nein ins Seelen-Ja

Stellen Sie sich vor, Ihr Herz wäre wie eine schöne, große Blume, die langsam aufblüht und sich Blütenblatt für Blütenblatt öffnet. Und ähnlich wie diese Blume ihren Duft verströmt, so strömt nun aus Ihrem Herzen Liebe: Liebe zu einer geliebten Person, die Sie vor Ihrem geistigen Auge sehen.

Lassen Sie sich Zeit, um Ihre Liebe wirklich stark ins Fließen zu bringen, ehe Sie sich dann selbst vor Ihrem geistigen Auge sehen. Vielleicht auch in Form Ihres inneren Kindes, wenn es Ihnen schwerfällt, sich selbst in der erwachsenen Form lieb zu haben.

Und schenken Sie Ihre Liebe nun sich selbst und Ihrem inneren Kind – hüllen Sie sich ganz und gar darin ein! Denn damit schließen Sie automatisch auch Ihr Nein ins Herz und nehmen es liebevoll an, sodass es sich umwandeln kann.

Dazu können Sie, wenn Ihnen dies liegt, auch ein Symbol für Ihr Nein wählen und sich vorstellen, wie Ihre

Herzblume dieses Symbol liebevoll in sich aufnimmt. Ähnlich wie eine liebende Mutter Ihr Kind behutsam in die Arme nimmt – und fühlen Sie diese liebevolle Annahme!

Denn wenn es Ihnen tatsächlich gelingt, sich nicht mehr gegen Ihr Nein zu wehren, sondern es liebevoll anzunehmen, dann wird es sich viel leichter in ein Ja umwandeln.

~ Und verankern Sie dieses Bild und das damit verbundene Gefühl mit den 2 Punkten in Ihrem System!

Achten Sie bei diesem Spiel aufmerksam darauf, was in diesem Akt des Liebevoll-ins-Herz-geschlossen-Werdens mit Ihrem Nein passiert:

Wird es weicher?

Leichter?

Milder?

Heller?

Löst es sich?

Kann es sich umwandeln, wenn es sich mit einem Ja angenommen fühlt?

Es kann natürlich sein, dass mein Bild Sie nicht so anspricht, dann finden Sie bitte Ihr eigenes. Lassen Sie Ihrer Kreativität freien Lauf und finden Sie Ihr sehr persönliches Wandlungsbild für Ihr Nein!

Wichtig ist dabei bloß, dass Sie Ihrem Nein dabei keinen Widerstand entgegensetzen, sondern ihm mit einem möglichst liebevoll annehmenden Ja begegnen. Damit nehmen Sie zugleich auch jenen Persönlichkeitsanteil an, der für Ihr Nein zuständig ist.

Und wenn sich dieser angenommen fühlt, fällt es ihm leichter, seinen Widerstand aufzugeben.

Um das nachvollziehen zu können, brauchen Sie sich nur einmal in Ihren inneren Saboteur hineinzuversetzen.

Je mehr Widerstand er spürt, umso sturer wird er – und umso mehr wird er versuchen, die Kontrolle über Ihr Leben zu behalten.

Wenn Sie ihm hingegen konziliant und mit der entsprechenden Wertschätzung entgegenkommen, wird er viel eher bereit sein, Ihnen entgegenzukommen. Und dann können Sie mit ihm verhandeln, weil er Ihnen erst dann wirklich zuhören und offen für Ihre Argumente offen sein wird.

Selbstsabotage meistern

Lassen Sie mich dieses Stichwort aufgreifen und Ihnen einige Fragen anbieten.

~ Wie immer können Sie sich eine Quantenwelle geben, um sich auf das Spiel mit diesen Fragen einzustimmen.

Wie äußert sich eigentlich Ihre Selbstsabotage?

Wobei steht Ihr innerer Saboteur Ihnen konsequent im Weg?

Und was wünscht sich Ihre Seele von Ihnen und für Sie?

Bisher vergeblich, weil Ihr innerer Saboteur es Ihnen nicht erlaubt?

Schaffen Sie das Bewegungstraining, das Sie sich vorgenommen haben nicht, weil Ihrem inneren Saboteur immer etwas Wichtigeres einfällt?

Wie lange träumen Sie schon – vergeblich – von Ihrer Selbständigkeit?

Hat Ihre Beziehung auch schon bessere Zeiten gesehen und ist nichts von der anfänglichen Liebe und Wertschätzung geblieben?

Und dennoch schaffen Sie es nicht, sich für ein neues Du und eine erfüllendere Beziehung zu öffnen?

Haben Sie schon lang den Wunsch, endlich regelmäßig zu meditieren, weil Ihnen klar ist, dass es Ihnen wohltäte?

Aber es kommt immer etwas dazwischen?

Nervt Sie Ihre Kurzatmigkeit und der ekelhafte Geschmack am Morgen nach einem dieser Rauchabende?

Und wollen Sie eigentlich schon lang mit dem Rauchen aufhören – vergeblich?

Versandet jeglicher Versuch, sich endlich von altem Ballast zu befreien?

Bleiben Sie in Ihrem ungeliebten Job, obwohl Sie sich immer wieder schwören, dieses quälende Mobbing jetzt endlich satt und etwas weit Besseres verdient zu haben?

Würden Sie so gerne malen oder zeichnen oder töpfern, aber anstatt sich die nötigen Materialien zu besorgen, bleibt es beim resignierten „schön wäre es…“?

Wie lange wollen Sie sich schon ein Haustier nehmen?

Aber haben bisher Ihrem inneren Saboteur erlaubt, Sie daran zu hindern?

Träumen Sie davon, Ihr seit Jahren vernachlässigtes Klavier- oder Geigenspiel endlich wieder aufzugreifen – vergeblich?

Wie lange liegt schon Ihr fertiger Roman in der Lade und wartet auf Herausgabe?

Welches sind Ihre persönlichen Beispiele für die allgegenwärtige Tendenz zur Selbstsabotage?

~ Lösen Sie im Spiel mit der Quantenwelle Ihre Selbstsabotage-Muster! Überlegen Sie sich eine Reihenfolge und dann fokussieren Sie sich jeweils auf das, was Sie stattdessen wollen und verbinden Sie Ihre 2 Punkte mit der Absicht:

„Das oder etwas Besseres möge geschehen!“

Öffnen Sie sich für ein in allen Bereichen erfülltes und erfüllendes Leben! Sehen und vor allem fühlen Sie sich laufen, Rad fahren oder schwimmen und genießen Sie die Freude, die sich in der Überwindung Ihrer Selbstsabotage erfüllt!

~ Und dann bewellen Sie dieses Gefühl immer wieder!

Kreieren Sie in Ihrer Vorstellung Ihren idealen Beruf, in dem Sie Ihre Berufung leben können und der Sie erfüllt und erfolgreich macht!

~ Und setzen Sie eine Quantenwelle mit der Bitte an Ihre Seele, Sie dahin zu begleiten!

Erlauben Sie sich, von Ihrer idealen Liebesbeziehung mit einem Du auf Augenhöhe zu träumen und fühlen Sie, wie sich das anfühlt!

~ Und verbinden Sie Ihre beiden damit verbundenen Punkte zu einer Schwingungs-Einheit, um diese Vision in Ihrer Matrix zu verankern – so werden Sie magnetisch für Ihr resonantes Du.

Wählen Sie eine Meditation, die Ihnen wohltut und lassen Sie sich von Ihrer Seele in die Stille begleiten!

~ Und dann geben Sie sich eine Quantenwelle mit der Absicht, Ihre regelmäßige Meditation auch tatsächlich im Alltag durchzuhalten!

Fühlen Sie, wie angenehm sich Ihr rauchfreies Leben anfühlt und genießen Sie die Freiheit, die Ihnen dies vermittelt!

~ Und bewellen Sie auch diese!

Fühlen Sie die Wertschätzung Ihrer (vielleicht neuen) Vorgesetzten und Kollegen, die Sie sich so wünschen; lassen Sie sich davon aufbauen und ermutigen!

~ Und verankern Sie dieses Gefühl in Ihrer Matrix, um magnetisch zu werden für diese Erfahrung!

Besorgen Sie sich die Utensilien, die Sie für Ihre Kreativität brauchen und genießen Sie in Ihrer Vorstellung das Gefühl, das Sie bei der Betrachtung Ihres Bildes oder in der Lektüre Ihres Gedichtes oder beim Hören Ihrer Komposition erfüllt!

~ Und setzen Sie auch darauf eine Quantenwelle!

Fühlen Sie in Ihrer Vorstellung, wie es sich anfühlt, Ihre schnurrende Katze auf dem Schoss zu haben und liebevoll zu streicheln; oder wie Sie mit Ihrem Hund spazieren gehen und im Grünen herumtollen!

~ Und bewellen Sie auch dieses Gefühl – es wird Sie dorthin führen, wo Sie Ihr Tier finden! Oder vielleicht findet auch Ihr Tier Sie…

Vergegenwärtigen Sie sich eine Situation, in der Sie an Ihrem Klavier sitzen oder Ihre Geige an Ihrer Wange liegt; und Sie sich ganz und gar Ihrem Spiel hingeben – ob mit oder ohne Zuhörer, je nach Ihrer Vorliebe!

~ Und geben Sie sich eine Quantenwelle, die Ihnen helfen soll, Ihre bisherige Selbstsabotage zu überwinden!

Fühlen Sie, wie es sich anfühlt, Ihr eigenes Buch in der Hand zu haben, vielleicht auch eine Lesung vor einem begeisterten Publikum zu halten oder Ihren Bestseller in der Auslage einer großen Buchhandlung zu sehen.

~ Und nützen Sie das Spiel mit der Quantenwelle, um Sie mit Ihrer jeweiligen Erfahrung in Resonanz zu bringen!

Seelen-Zustände

In den folgenden Kapiteln möchte ich Ihnen einige typische Seelen-Zustände in Erinnerung rufen – Sie kennen sie, davon bin ich überzeugt.

Aber vielleicht ist es hilfreich, wenn ich Sie daran erinnere, um Ihnen zu helfen, sich wieder mehr dafür zu öffnen.

Im Wesentlichen sind es vor allem Ihre positiven Emotionen – und die damit verbundenen konstruktiven, lebensbejahenden Gedanken –, die Sie in Seelen-Zustände versetzen.

Denn wenn Sie dankbar sind – wofür auch immer und wem auch immer gegenüber – schwingen Sie in Resonanz mit Ihrer Seele.

Ebenso wenn Sie von etwas oder jemandem begeistert sind.

Nicht umsonst heißt das Wort Begeisterung im Lateinischen „Enthusiasmus", was übersetzt „Eingöttlichung" bedeutet. Ihre Begeisterung macht Sie also göttlich.

Ich könnte auch sagen: in Ihrer Begeisterung nehmen Sie Ihre Göttlichkeit in Besitz.

Aber auch Ihre Wertschätzung ist ein Seelen-Zustand, denn sie ist – ebenso wie Ihre Dankbarkeit – ein Aspekt Ihrer Liebe.

Und wenn Sie Ihre Vorfreude genießen, erfreuen Sie zugleich auch Ihre Seele. Ebenso wie wenn Sie in süßen Erinnerungen schwelgen.

Wenn Sie fürsorglich sind – nicht im Sinne von Sich-Sorgen-Machen, sondern im Sinne von liebevoller Aufmerksamkeit –, dann schwingen Sie in Resonanz mit Ihrer Seele. Genauso wie in der Erheiterung.

Denn Ihr Lachen, Lächeln oder Schmunzeln tut nicht nur Ihrem Körper-Geist-Seelen-Gefüge wohl, sondern ebenso auch Ihrer Seele – sie liebt Ihren Humor!

Unter all Ihren positiven Emotionen möchte ich auf zwei etwas näher eingehen.

Auf Ihre Zufriedenheit und Ihre Liebe. Aber davor befassen wir uns noch mit dem Unterschied zwischen Ihrem Tun und Ihrem Sein.

Seelen-Sein

Hängt unser Leben nicht eigentlich viel mehr von dem ab, wer wir sind, als von dem, was wir wie tun?

Geht es nicht vor allem um das, was und wie wir denken und fühlen?

Ist also unser Sein nicht wichtiger als unser Tun?

Vor allem unser Seelen-Sein, also unser in Resonanz mit unserer Seele Sein?

Vielleicht haben Sie auch zuweilen den Eindruck, Sie hätten in stressigen Situationen die Tendenz, allzu viel zu tun und gerade in Not-Situationen, Krisen und Katastrophen wie wild zu agieren.

Ich kenne das allzu gut und bezeichne es als „blinden Aktionismus“ und nehme diesen immer dann wahr, wenn ich fernab von meiner Seelen-Resonanz schwinge.

Wenn Sie schon einmal einen Rettungs-Schwimmkurs gemacht haben, wissen Sie, dass Sie darauf achten müssen, von dem zu rettenden Ertrinkenden nicht selbst in Gefahr gebracht zu werden.

Denn Ertrinkende haben die Tendenz, in ihrer Panik so wild um sich zu schlagen, dass sie damit auch noch ihre Retter gefährden, anstatt sich vertrauensvoll deren Hilfe hinzugeben.

Und dieses oft geradezu panische Tun kommt meiner Erfahrung nach aus dem Ego, das ständig Angst hat, die Kontrolle zu verlieren.

Wenn Sie diesem „Tun, nur um zu tun“ auf den Grund gehen, finden Sie in der Tiefe meist ein verletztes inneres Kind, das zu wenig Liebe bekommen hat und nun glaubt, es müsse ständig etwas tun, um Liebe zu verdienen – daher kommt wohl auch der meiner Ansicht nach absurde Ausdruck „liebenswert“ – als müssten wir uns die Liebe erst verdienen, um uns der Liebe als wert zu erweisen.

Sollten wir uns nicht eigentlich ohne Gegenleistung der Liebe als wert erachten?

Das ist natürlich kein Vorwurf an unsere Eltern, weil niemand mehr geben kann, als er hat.

Letztlich hatten vermutlich auch diese ein verletztes inneres Kind, weil auch sie von ihren Eltern nicht all das bekommen haben, was sie gebraucht hätten...

Meiner Ansicht nach geht es vor allem darum, Verständnis zu haben für unseren blinden Aktionismus, der aus uralten Wunden resultiert.

Dann gilt es, unser inneres Kind zu heilen. Und das wird uns natürlich auch erst im liebevoll annehmenden Seelen-Ja gelingen.

Haben Sie als Kind bedingungslose Liebe bekommen?

Einfach für Ihr So-Sein?

Dann darf ich Ihnen gratulieren, denn das ist nicht selbstverständlich! Oder haben auch Sie Aussagen gehört wie:

„*Wenn du das tust, dann habe ich dich lieb!*“?

Oder das entsprechende, meinem Gefühl nach noch viel schlimmere Gegenstück:

„*Wenn du das tust, dann habe ich dich nicht mehr lieb!*“?

War auch bei Ihnen die gerade in den ersten Lebensjahren so überlebenswichtige Liebe und Zuwendung immer an ein Tun gekoppelt?

Mussten Sie auch immer irgendetwas leisten, um geliebt zu werden?

Erwartungen erfüllen, die Ihnen oft gar nicht klar waren?

Und die zu erfüllen Ihnen teilweise gar nicht möglich war?

Wurde die Liebe zu Ihnen rationiert?

Mussten Sie sich die Zuwendung Ihrer Eltern erst verdienen?

Galt es auch für Sie, liebenswert zu sein?

Galt es für Sie stets:

- *brav zu sein,*
- *danke zu sagen,*
- *artig zu grüßen,*
- *zu folgen,*
- *sich zu entschuldigen (oft für Dinge, deren Bedeutung Sie gar nicht verstanden haben),*
- *Gedichte aufzusagen,*
- *auf Ihre Kleidung aufzupassen,*
- *ruhig zu sein, stillzusitzen,*
- *gute Noten heimzubringen*
- *und möglichst alle Erwartungen zu erfüllen, um Liebe zu bekommen?*

Hat man Ihnen abverlangt, Sünden zu beichten, deren Sinnhaftigkeit Ihnen absolut nicht klar war?

Welches kleine Kind weiß schon, was Unkeuschheit ist oder was es heißt, den Namen Gottes zu verunehren, die Ehe zu brechen oder die Frau des Nächsten zu begehren?

Nicht nur ich habe wohl als Siebenjährige bei der Beichte sicherheitshalber die Sünden gegen alle zehn Gebote aufgezählt, um ja keine zu versäumen.

Ich höre das immer wieder auch von anderen. Wenn ich heute auch darüber schmunzeln kann, fand ich das damals ganz und gar nicht amüsant.

Ich war in Panik und wollte mein „schmutziges“ Herz, das ich mir mit lauter schwarzen Flecken übersät vorstellte, unbedingt reinwaschen. Sonst würde es mich fraglos in die Hölle bringen.

Diese Gefahr galt es ständig abzuwenden.

Und das Absurde daran ist, dass mich dies unbewusst immer noch antreibt, wenn ich unter Stress stehe: Da schwebt nach wie vor – unbewusst – ständig dieses Damoklesschwert über mir.

Das ist sicher nicht im Sinne eines göttlichen Wesens, daher war meine Seele damals sicher nicht glücklich mit der panischen Angst dieses ahnungslosen kleinen Mädchens. Aber sie ist auch heute nicht glücklich, wenn ich unter Stress in genau die alten Vermeidungsmuster verfalle.

Haben Sie Ähnliches erlebt – vielleicht in anderer Form aber mit ähnlicher Wirkung?

Und hat sich auch bei Ihnen ein solcher „blinder Aktionismus“ daraus entwickelt, der Ihnen ständig das Gefühl vermittelt, Sie müssten unbedingt etwas tun, um Ihren Wert zu beweisen?

Bei derartigen frühen Erfahrungen ist es kein Wunder, wenn unser ganzes Leben tun-orientiert ist.

Stets auf der Suche nach Rechtfertigung und Wiedergutmachung, aber auch nach Bestätigung, Anerkennung und Liebe. In dem ständigen Drang, uns trotz all unserer Sünden und Fehler als lebens- und liebenswert zu erweisen und darzustellen.

Zufriedenheit im bloßen Sein ist in diesem verzweifelten Streben natürlich kaum möglich.

Da braucht es ein ständiges und möglichst perfektes Tun.

~ Schenken Sie sich all die bedingungslose Liebe, die Sie als Kind nicht bekommen haben, und verankern Sie diese immer wieder mit einer Quantenwelle in Ihrer Matrix!

Seelen-Zufriedenheit

Neben anderen Ja-Zuständen, die uns in Seelen-Resonanz schwingen lassen, empfinde ich Zufriedenheit als besonders wertvoll. Nicht nur hat sie das Wort „Frieden“ in ihrer Bezeichnung, sondern sie schenkt uns tatsächlich heilsamen Seelen-Frieden.

Waren Sie schon je in Ihrem Leben voll und ganz zufrieden?

Und sind Sie sich dessen auch tatsächlich bewusst geworden?

~ Nützen Sie die Quantenwelle um Ihrer Erinnerung auf die Sprünge zu helfen!

Wenn ja, dann unterbrechen Sie für einige Augenblicke die Lektüre und versetzen Sie sich voll und ganz in diese Energie hinein.

Und dann nehmen Sie unter Miteinbeziehung aller Sinne wahr, wie sich das anfühlt, wie es aussieht, wie es sich anhört, wie es schmeckt und riecht, wenn Sie sich Ihrer Zufriedenheit bewusst sind...

Wie geht es mir, wenn ich ganz und gar zufrieden bin?

Wie fühlt sich mein Körper an, wenn ich zufrieden bin?

Welche Bilder habe ich in meiner Zufriedenheit?

Und wie klingt sie?

Hat sie einen Geruch oder Geschmack?

Wie ist meine Körperhaltung, wenn ich zufrieden bin?

Und wie ist der Spannungszustand meiner Muskulatur?

Wie fühlt sich meine zufriedene Mimik an?

Und wie meine Kopfhaut?

Wie schlägt mein Herz, wenn ich es mit Zufriedenheit verwöhne?

Wie atmet es sich in meiner Zufriedenheit?

Gibt es ein passendes Symbol zu meiner Zufriedenheit?

Und was meint meine Seele zu diesem Zustand – schwinge ich, wenn ich ganz und gar zufrieden bin, in Seelen-Resonanz?

~ Wenn es Ihnen gelungen ist, sich Ihre Zufriedenheit zu vergegenwärtigen, dann verankern Sie sie in Ihrem Feld!

Aber wer weiß, vielleicht haben Sie den Eindruck, noch nie bewusst Zufriedenheit erlebt zu haben – obwohl Sie versucht haben, sich mit einer Welle dafür zu öffnen. Dann fragen Sie sich, wer in Ihrem Umfeld ein gutes Vorbild wäre!

Wer in Ihrem Umfeld lebt echte Zufriedenheit?

Und dann versetzen Sie sich möglichst intensiv in diese Person hinein und fühlen Sie diese Energie quasi aus zweiter Hand mit – leihen Sie sich diese Zufriedenheit aus! Ihre Spiegelneuronen machen es möglich.

Oder haben Sie etwas gegen Zufriedenheit einzuwenden – weil Sie den Eindruck haben, Zufriedenheit würde Sie stagnieren lassen?

Dann sind Sie mit dieser Meinung nicht allein. Aber ich möchte zu bedenken geben, dass Ihre Zufriedenheit Ihnen keineswegs Ihre Motivation rauben muss; im Gegenteil.

Zufriedenheit ist ein Ja-Zustand, in dem uns unser gesamtes menschliches Potenzial zur Verfügung steht, weil sie uns unter den Einfluss unserer Endorphine stellt. Daher ist für mich der wichtigste Schritt zum Erfolg der, voll und ganz mit dem momentanen Stand der Dinge zufrieden zu sein – und zwar im Innen wie im Außen.

Also wirklich im Ja zu sein zu mir und der Welt; auch wenn im Augenblick noch nicht alles ideal ist oder zu sein scheint.

Denn oft erkennen wir erst im Nachhinein, wie richtig und ideal die Dinge in Wahrheit waren, obwohl wir das im Augenblick selbst ganz und gar nicht so empfunden haben.

Erinnern Sie sich an die eigenartig verpackten Geschenke Ihres Lebens, die Sie nicht gleich als solche erkannt haben?

Mir ist zur Zufriedenheit eine Analogie eingefallen, die ich gern mit Ihnen teilen möchte. Vielleicht gelingt es mir, Sie damit zu berühren.

Gehen Sie gern klettern?

Dann werden Sie meine Gedanken leicht nachvollziehen können. Wenn nicht, dann versetzen Sie sich in jemanden hinein, der gern klettern geht.

Muss dieser Kletterer nicht bei jedem Schritt danach trachten, dort, wo er gerade steht, einen stabilen Stand zu haben – also zufrieden und quasi im Ja zu sein zu seinem derzeitigen Stand?

Ich denke, er kann sich erst dann gefahrlos weiterbewegen und den nächsten Schritt machen, wenn er sich beim aktuellen sicher fühlt. Er lebt also bei jedem Schritt dieses „Ja zum Hier und Jetzt".

Er fokussiert sich voll und ganz auf die Gegenwart und achtet in jedem Augenblick auf seinen sicheren Stand.

Denn würde er das nicht tun und sich stattdessen nur auf sein Ziel konzentrieren oder auch auf den bisherigen Weg, würde er wohl bald den Halt verlieren und fallen.

Spricht Sie dieses Bild an?

Wäre es eine interessante Option, sich so wie dieser Kletterer in jedem Augenblick Ihres Lebens gewahr zu sein, wie Ihr aktueller Stand ist?

Und sollten Sie dann nicht möglichst weitgehend in Ihrem Ja dazu sein, ehe Sie den nächsten Schritt machen – also zufrieden?

Für mich resultiert aus dieser Analogie der Wunsch, immer wieder in meinem Alltag innezuhalten und zu überprüfen, ob ich in meinem Ja bin oder in meinem Nein.

Ob ich also im Frieden und zufrieden bin mit dem, was jetzt so ist, wie es ist, oder ob ich mich dagegen wehre und im Widerstand meines Neins bin.

Und wenn ich mich bei dieser kurzen Überprüfung im Nein ertappe, dann bin ich mir deshalb keineswegs böse. Denn das wäre ja neuerlich ein Nein. Sondern ich freue mich, dass ich dies erkannt habe und bin mit dieser Entdeckung zufrieden.

Wenn ich mich bei dieser Überprüfung hingegen im Seelen-Ja wahrnehme, dann freue ich mich und bin gleich noch etwas zufriedener. Ja, ich kann sogar mit meiner Zufriedenheit zufrieden sein ☺.

Das heißt, dieses Ritual einer regelmäßigen Überprüfung bietet mir in beiden Fällen Anlass zu Zufriedenheit, wie auch immer das Ergebnis aussieht.

Und damit schwinge ich in Resonanz mit meiner Seele und schütte Endorphine aus. Und das fühlt sich nicht nur gut an, sondern ist generell auf allen Ebenen heilsam.

Zufriedenheit fördert unser Wachstum und es ist wohl kein Wunder, dass dies auch auf Zellebene gilt.

Wussten Sie, dass sich gestresste Zellen nicht mehr teilen und nicht weiterwachsen?

Offenbar gibt es also auch auf Zellebene einen gesunden Ja- und einen ungesunden Nein-Zustand.

Und zwar nicht nur bei Zellkulturen in der Petrischale, bei denen dieses Phänomen untersucht wurde, sondern ebenso auch „in vivo“, also für jede unserer Körperzellen.

Und Unzufriedenheit erzeugt Stress, das ist evident. Besonders wenn sie sich dann auch noch gegen uns selbst wendet, wenn wir also mit uns selbst unzufrieden sind.

Braucht ein Samenkorn Unzufriedenheit mit seinem Zustand, um sich zur Blume oder zum Baum zu entwickeln?

Braucht ein Obstbaum Unzufriedenheit, um seine Früchte sprießen zu lassen?

Muss die Raupe mit ihrem So-Sein unzufrieden sein, um sich zum Schmetterling zu entwickeln?

Meine Seele wünscht sich jedenfalls weit mehr Zufriedenheit von mir und Frieden in mir. Einerseits, weil ich damit eine klare Sicht gewinne und andererseits, weil ich erst dann fähig bin, mein Potenzial zu entfalten.

Und wie sieht Ihre Seele das?

Fragen Sie sie über den „Dialog der Hände“, den ich Ihnen etwas später ans Herz legen werde. Leider hat „Selbstzufriedenheit“ in unserem Kulturkreis einen sehr negativen Beigeschmack.

Aber warum eigentlich?

Was soll schlecht daran, mit uns selbst zufrieden zu sein?

Weil wir es nicht verdient haben?

Oder weil uns die Tatsache, dass wir hier und jetzt mit uns zufrieden sind, die Motivation raubt, uns weiterzuentwickeln?

Weil wir dann gar keine Ambition mehr haben, etwas zu tun?

Meine Erfahrung ist eine andere: Ich weiß aus vielen Lebensjahren, dass ich mich auch und gerade im Zustand der Zufriedenheit weiterentwickle.

Ganz besonders in der Zufriedenheit mit mir selbst, die ich als ganz stark wirksamen Ja-Zustand empfinde; und aus dem heraus mein Tun nicht mehr aus diesem stressbedingten „blinden Aktionismus" resultiert, sondern aus der gesunden Motivation, weiter zu wachsen.

Die Motivation, etwas für unser Wachstum zu tun, kann ja aus zwei Quellen kommen: aus dem Nein unserer Unzufriedenheit (die ich als Druck empfinde) oder aus dem Ja unserer Vorfreude und unseres Interesses (das sich eher als Sog anfühlt).

Ein solches Tun aus Motivation ist meinem Verständnis nach ein sehr bewusstes Ja-Tun, das mich in wohltuender Seelen-Resonanz schwingen lässt.

Sie können ein neues Studium oder eine neue Ausbildung aus Unzufriedenheit mit Ihrem derzeitigen Bildungsstand beginnen – was sicher nicht im Sinn Ihrer Seele ist.

Aber Sie können sich auch aus Interesse weiterbilden, aus Freude am Lernen und der damit verbundenen Horizonterweiterung – womit Ihre Seele sicher zufriedener ist.

Woher stammt Ihre Motivation zum Tun?

Aus Ihrer Unzufriedenheit?

Oder können Sie zwischendurch auch einmal im bloßen Sein zufrieden sein?

Tun an sich ist aus meiner Sicht natürlich nicht schlecht, nur sollten Tun und Sein möglichst im Gleichgewicht sein.

Und bei beidem scheint mir die Motivation dahinter wichtig zu sein.

Das Tun aus der Zwanghaftigkeit des Müssens darf sich in die Freiheit des Wollens wandeln.

Und das bloße Sein aus Resignation darf sich in bewusst zufriedenes Sein wandeln.

~ Auch bei all dem wird Sie die Quantenwelle gern unterstützen.

Seelen-Liebe

Liebe in all ihren Phasen und Facetten ist aus meiner Sicht eindeutig ein Seelen-Zustand – Sie kennen vermutlich das Zitat von Dostojewski:

„Einen Menschen lieben, heißt: ihn so sehen, wie Gott ihn gemeint hat“

Ich möchte diesem meine Variante hinzufügen:

„Einen Menschen lieben, heißt: so werden, wie Gott mich gemeint hat“.

Denn ich glaube, dass wir in unserer Liebe – wenn wir wahrhaft lieben – wirklich den besten Zugang zu unserer Göttlichkeit haben, weil wir dann in idealer Seelen-Resonanz schwingen.

Aber was ist wahre Liebe?

Nun, meinem Gefühl nach nicht dieses weitverbreitete Tauschprodukt im Sinn von:

„Wenn du meine Erwartungen erfüllst, dann bekommest du meine Liebe – sonst nicht.“

Wahre, echte Liebe, wesentliche, das Wesen berührende und bewegende Liebe ist bedingungslos.

Und ich behaupte natürlich nicht, dass ich dazu immer Zugang habe, denn als menschliches Wesen fällt mir das auch nicht immer leicht. Aber ich trachte danach.

Liebe macht uns ehrlich, ehrlich anderen Menschen gegenüber, aber vor allem auch ehrlich uns selbst gegenüber.

Wenn wir unser Herz ohne damit verbundene Erwartungen öffnen, haben wir oft den Eindruck, verwundbar zu werden.

Aber in Wahrheit manifestiert diese ehrliche Offenheit eine enorme Stärke, die im Grunde durch nichts zu erschüttern ist.

Denn wenn wir in unserer Liebe schwingen, dann sind wir in Seelen-Resonanz.

Daher trachte ich danach, möglichst viele Zugangswege zu meiner Liebesschwingung zur Verfügung zu haben.

Und eine schöne Möglichkeit ist, Dinge des Alltags mit Liebe aufzuladen.

~ Auch darauf können Sie sich mit einer Quantenwelle einstimmen.

Mit Liebe aufladen...

Haben Sie das schon einmal gemacht?

Wenn ja, dann gratuliere ich Ihnen.

Wenn nicht, dann empfehle ich Ihnen, einfach damit zu spielen. Laden Sie alles nur Erdenkliche mit Ihrer Liebe auf!

Am einfachsten funktioniert das natürlich mit reinem, klarem Wasser. Aber da Wasser praktisch allgegenwärtig ist, können Sie im Grunde alles mit Ihrer Liebe aufladen, was Sie um sich haben. Wichtig ist dabei nur, dies sehr bewusst zu tun.

Kennen Sie die wunderschönen Wasserkristall-Bilder des japanischen Weisen Masaru Emoto?

Er hat Wasser, das er zuvor mit den unterschiedlichsten Energien aufgeladen hatte, gefroren und die so entstandenen Eiskristalle fotografiert.

Dabei fand er heraus, dass nur Wasser, das mit positiven Emotionen und Gedanken aufgeladen wurde, schöne und harmonisch wirkende Kristalle bilden kann.

Wasser, das beispielsweise mit Ablehnung, Hass oder anderen negativen Emotionen geprägt wurde, kann keine Kristalle mehr bilden.

Wenn Sie sich mehr mit diesem Thema auseinandersetzen wollen, dann finden Sie zahlreiche Informationen im Internet, aber auch in Emotos Büchern mit wunderschönen Bildern.

Und die Fähigkeit zur Kristallbildung ist ein sehr treffsicheres Qualitätskriterium für Wasser.

Damit ist klar, dass das Wasser in uns – und unser Körper besteht zu rund 70% aus Wasser – eine bessere

Qualität hat, wenn wir uns mit positiven Emotionen verwöhnen.

Und ganz allgemein wenn wir uns vorwiegend mit aufbauenden, erfreulichen und beglückenden Erfahrungen konfrontieren – das Wasser in uns wird es uns danken.

Natürlich können Sie – und ich würde Ihnen das auch ans Herz legen – „Liebe" auf Ihre Wasserkaraffe schreiben. Denn dann trinken Sie Liebeswasser mit sehr hoher Qualität.

Noch wirksamer wird es sein, das Glas, aus dem Sie trinken, für einige Augenblicke in beiden Händen zu halten und sich dabei vorzustellen, das Wasser (oder jedes andere Getränk) mit Ihrer Selbstliebe aufzuladen.

Und genauso können Sie auch jede Nahrung mit Ihrer Liebe aufladen, ehe Sie sie verspeisen...

Alltagsgegenstände mit Liebe aufladen

Aber es spricht auch nichts dagegen, jedes Kleidungsstück, das Sie anziehen wollen, mit Liebe aufzuladen.

Aber auch schon beim Waschen, Trocknen und Bügeln; denn dann werden Ihnen diese Tätigkeiten auch leichter von der Hand gehen.

Sie können jeden Geldschein, den Sie ausgeben oder bekommen, jedes Blatt Papier das Sie beschreiben oder bedrucken, jedes Buch, das Sie zur Hand nehmen und lesen, jede Glühbirne, die Ihren Raum erleuchtet, jedes Fenster, durch das Sie hinaussehen, ebenso wie Ihre Brille, die Ihnen eine klarere Sicht schenkt, mit Ihrer Liebe aufladen.

Laden Sie das Telefon, über das Sie mit anderen Menschen kommunizieren, mit Liebe auf – mit Liebe zu sich selbst und Liebe zu Ihrem jeweiligen Gesprächspartner.

Wertschätzende Liebe auch für die Tatsache, dass es Ihnen möglich ist, mit weit entfernten Menschen kommunizieren zu können.

Dann werden Ihnen die als gefährlich kolportieren Strahlungen, die von Ihrem Handy ausgehen, vermutlich nicht mehr so viel anhaben können. Liebe ist immer stärker.

Sie können jede Kerze, die Sie anzünden und jedes Räucherstäbchen, mit dessen Duft Sie sich verwöhnen, mit Ihrer Liebe aufladen.

Ebenso natürlich Ihr Parfum, ehe Sie sich und andere in Ihrer Umgebung damit erfreuen.

Laden Sie Ihr Handtuch mit LIEBE auf, mit dem Sie sich abtrocknen, die Zahnpaste, mit der Sie sich die Zähne putzen, das Shampoo, mit dem Sie sich die Haare waschen. Laden Sie das Make-up mit Ihrer Liebe auf, mit dem Sie Ihre Augen ausdrucksstärker malen oder den Rasierschaum und den Rasierapparat.

Laden Sie das Deo mit Ihrer Liebe auf, mit dem Sie Ihren Geruchssinn und den anderer Menschen verwöhnen.

Laden Sie den Ring mit Ihrer Liebe auf, den Sie am Finger tragen, ebenso wie Ihre Armbanduhr, die Sie vielleicht mit ihrem stündlichen Piepsen an Ihre Selbst-Liebe erinnern möchte.

Laden Sie die Kette, die sich um Ihren Hals schmiegt, mit Ihrer Liebe auf.

Laden Sie die Maus mit Ihrer Liebe auf, die sich viele Stunden täglich in Ihre Hand schmiegt, während Sie am PC arbeiten und den Bildschirm, der Ihnen zeigt, was Sie schon alles geschrieben haben.

Laden Sie den Spiegel mit Ihrer Liebe auf, der Ihnen Ihr Ebenbild reflektiert, dann haben Sie eine größere Chance, sich zu gefallen.

Sie können jedes elektrische Gerät, das Sie nützen, mit Ihrer Liebe aufladen.

Dann wird Ihr Fön Sie ebenso mit Ihrer Liebe verwöhnen wie Ihre elektrische Zahnbürste, dann fließt Ihrer Liebe auch während des Schreibens aus Ihrem Laptop zu Ihnen und in das Geschriebene.

Dann wird Ihr Kugelschreiber ebenso liebevoll in Ihrer Hand liegen, wie Ihr Fotoapparat.

Und wenn Sie Ihre Füllfeder oder Ihren Bleistift mit Ihrer Liebe aufladen, dann wird Ihre Liebe in all das einfließen, was Sie schreiben, notieren, skizzieren oder zeichnen...

Laden Sie den Teller mit Ihrer Liebe auf, ehe Sie davon essen, ebenso wie die Tasse oder das Glas, woraus Sie trinken – und natürlich auch deren Inhalt.

Wie wäre es, wenn Sie Ihren Computer mit Ihrer Liebe aufladen würden, während Sie Ihre Mails lesen und beantworten oder ein Konzept schreiben?

Und wenn Sie den Sessel mit Ihrer Liebe aufladen würden, auf dem Sie sitzen?

Aber auch Ihr Bett mitsamt der Bettwäsche, in der Sie schlafen und alles in allem viele Stunden verbringen?

Diese LIEBE wird Sie nachts in den Schlaf wiegen.

Laden Sie Ihre Laufschuhe mit Ihrer Liebe auf, ehe Sie Ihr tägliches Bewegungstraining starten,– so wird jeder Schritt zu einem Liebes-Kuss an die Erde, die Sie aber gleichermaßen zurück küsst.

Wenn Sie auf diese Weise alles – oder zumindest möglichst vieles – in Ihrem Alltag sehr bewusst mit Ihrer Liebe aufladen und so die Dinge um Sie herum sehr bewusst zu Liebes-Trägern machen, wird es Ihnen leichter fallen, Ihre Liebes-Schwingung aufrecht zu erhalten.

Weil Sie auf diese Art und Weise Ihre Aufmerksamkeit weitestgehend bei Ihrer Liebe haben.

Denn während Sie alles bewusst mit Ihrer Liebe erfüllen, haben Sie keine Gelegenheit, in Ihre Negativität zurück zu fallen, weil Sie ja in jedem Augenblick nur eine Aufmerksamkeit haben.

Machen Sie sich eine Aufgabe daraus, immer wieder Dinge zu finden, die Sie mit Ihrer Liebe aufladen können.

~ Und nützen Sie die Quantenwelle, um Sie auf Ihrer Entdeckungsreise zu unterstützen, sodass Sie immer neue Möglichkeiten entdecken, Ihre Liebe zu deponieren!

Liebe annehmen

All dieses „Mit-Liebe-Aufladen“ geht jedoch nur in eine Richtung.

Und so wie Sie ausatmen müssen, um wieder einatmen zu können, und einatmen müssen, um wieder ausatmen zu können, so gilt es, Ihren Liebes-Strom auch in der anderen Richtung im Fluss zu halten.

Holen Sie sich daher auch all die Liebe aus Ihrer Umgebung, die für Sie bereit ist und machen Sie sich bereit, sie anzunehmen – werden Sie empfänglich dafür!

Fühlen Sie die Liebe, die Ihnen aus der Erde zufließt – ob Sie nun darauf sitzen, liegen, stehen, gehen oder laufen; und fühlen Sie die Liebe, die Ihnen die Bäume, an denen Sie vorbeigehen oder laufen, schenken wollen!

Achten Sie sehr bewusst darauf, wie die Liebe in Sie einfließt, wenn Sie sich an Ihren Lieblingsbaum anlehnen!

Nehmen Sie die Liebe an, die Ihnen aus einem Lächeln oder dem freundlichen Morgengruß eines anderen Menschen entgegenkommt!

Öffnen Sie sich für die Liebe der Eichkätzchen, die Sie mit Nüssen füttern und empfangen Sie die Liebe der Kohlmeisen, die auf Ihre Hand kommen, um sich eine Erdnuss zu holen!

Und nehmen Sie all die Liebe entgegen, die Ihnen von Menschen zukommt, mit denen Sie gute Gespräche haben; und denen Sie mit Ihren Anregungen helfen, sich selbst lieben zu lernen!

Laden Sie Ihre gesamte Umgebung mit Ihrer Liebe auf, aber öffnen Sie sich auch für all die Liebe, die sich Ihnen schenken möchte – Liebe ist über jedes nur denkbare

Vehikel übertragbar und gehört zu jenen Dingen, die sich vermehren, wenn wir sie teilen.

~ Und wenn Ihnen dies noch schwerfällt, dann nützen Sie das Spiel mit der Quantenwelle, um Ihre Empfänglichkeit für Liebe aus den diversesten Quellen zu erhöhen!

Liebes-Pool-Atmung

Es gibt noch ein schönes Spiel in diesem Zusammenhang, vielleicht möchten Sie es in Ihr Leben aufnehmen.

Stellen Sie sich vor, Sie füllen mit Ihrer Liebe bei jedem Ausatmen einen virtuellen Liebes-Pool.

Diesen können Sie sich wie eine große Schale oder ein natürliches Gewässer vorstellen – das kann ein See oder ein Teich sein, aber natürlich auch ein Meer. Vielleicht sogar ein existierendes Gewässer, in dem Sie dann auch tatsächlich baden können.

Und nun lassen Sie bei jeder Ausatmung Ihre Liebe dort hineinfließen. Und fühlen Sie, wie sich Ihr Liebes-Pool mehr und mehr mit Ihrer Liebe füllt.

Dieses Spiel können Sie natürlich auch gemeinsam mit anderen spielen. Jedenfalls bleibt Ihr Liebes-Pool gefüllt, auch wenn Sie nach einer Weile wieder mit dieser Vorstellung spielen.

Dann beginnen Sie also nicht mehr bei Null, denn er wird jedes Mal mehr mit Liebe gefüllt.

Auch hier sollten Sie nicht nur in Ihrem Geben bleiben, sondern sich auch für Ihr Annehmen öffnen.

Und wenn es Ihnen gerade nicht besonders gut geht und Sie sich ungeliebt fühlen, können Sie sich Ihren Liebes-Pool vergegenwärtigen und sich während des Einatmens Liebe holen. Sie werden sehen, wie wohl Ihnen das tut.

~ Und die Quantenwelle wird dieses Liebe Schenken und Annehmen in Ihrer Matrix verankern.

Räume mit Liebe aufladen

Sie können aber auch alle möglichen Räume mit Ihrer Liebe aufladen – primär natürlich Ihr Wohnambiente; aber wo auch immer Sie sich gerade aufhalten, setzen Sie die Absicht Ihre Ausatmung mit Liebe aufzuladen, die dann den jeweiligen Raum erfüllt.

Das können einige kurze Augenblicke auf der Toilette sein, oder auch etwas längere während des Duschens.

Oder noch längere während Sie ein Bad nehmen. In diesem Fall würde ich Ihnen empfehlen, nicht nur Ihr Badezimmer mit Ihrer Liebe aufzuladen, sondern zugleich auch Ihr Badewasser.

Glauben Sie mir, dieses Vollbad wird sich ganz besonders wohltuend anfühlen und heilsam sein!

Laden Sie Ihre Küche mit Ihrer Liebe auf, dann werden Sie beim Kochen mehr Phantasie haben und bekömmlichere Speisen zaubern!

Und laden Sie Ihr Büro mit Ihrer Liebe auf – dies wird Sie erfolgreicher machen!

Aber laden Sie auch Ihren Vorraum mit Ihrer Liebe auf – Ihre Besucher werden sich willkommener fühlen!

Auch für Sie selbst wird das Heimkommen angenehmer sein.

Und natürlich sollten Sie Ihr Schlafzimmer mit Ihrer Liebe aufladen – unschwer zu erkennen, was dies bringen wird.

Und zwar sowohl Ihnen selbst als auch Ihrer Beziehung.

Ebenso empfehle ich Ihnen, Ihr Auto – so Sie eines haben – mit Ihrer Liebe aufzuladen.

Denn dann wird Sie diese Liebes-Energie immer wieder liebevoll empfangen, wenn Sie einsteigen, ob Sie nun bloß eine kurze Fahrt vor sich haben oder eine längere Reise, wenn Sie beispielsweise im Außendienst unterwegs sind.

Wenn Liebe mitfährt, werden Sie sicherer unterwegs sein, sich auf der Fahrt wohler fühlen und besser ankommen.

Und es kostet nur wenige Augenblicke, dieses Ritual durchzuführen.

Allerdings braucht es Ihre Aufmerksamkeit – und die Meisterung Ihres inneren Saboteurs, der alles tun wird, um Sie das vergessen zu lassen.

Wenn Sie mit einem öffentlichen Verkehrsmittel unterwegs sind, dann laden Sie den Wagon mit Ihrer Liebe auf.

Und ja – warum nicht? – auch den ganzen Zug!

Ob die mitfahrenden Menschen dies nun bewusst registrieren oder nicht, ist völlig egal – es wirkt und tut Ihnen und allen anderen wohl.

Und es lässt Sie in der Zeit, wo Sie dies tun, nicht in Sorgen und Worst-Case-Szenarien schwelgen oder sich über andere Menschen ärgern.

Wenn Sie eine Operation vor sich haben, können Sie schon im Vorhinein den Operationssaal mit Ihrer Liebe aufladen.

Vor wichtigen Gesprächen laden Sie die Räume, in denen diese stattfinden, mit Ihrer Liebe auf!

Und auch hier denken Sie immer wieder daran, diese Liebe nicht nur zu investieren, sondern auch bewusst davon zu profitieren!

Nehmen Sie die Liebe, die für Sie bereit ist, auch an!

Meiner Erfahrung nach fühlen sich mit Liebe aufgeladene Räume angenehmer an.

Aber sich bewusst auch etwas von dieser Liebe zu holen, macht einfach einen Unterschied.

Denn alles, was wir bewusst machen – in dem, was ich als Bewusstheit bezeichne – wirkt stärker.

Sie sehen, es gibt unendlich viele Möglichkeiten, Ihre Liebe in die Welt zu bringen – und sich diese auch wieder zu holen. Und das ist meiner Ansicht nach ebenso wichtig.

Es ist wie beim Ein- und Ausatmen – beides braucht einander. Und genauso will auch Liebe geschenkt und empfangen werden.

Abgesehen davon sind Sie, während Sie sich bewusst Ihrer Liebe widmen, nicht imstande, in negativen Emotionen und Gedanken zu schwelgen.

Das heißt, Sie überlisten Ihren inneren Saboteur und haben so den doppelten Gewinn.

Sie können in jedem Augenblick nur eine Aufmerksamkeit verschenken.

Wenn Sie diese in der bewussten Beschäftigung mit Ihrer Liebe binden, kommen Sie weniger in Verlegenheit, sich Sorgen zu machen, sich zu ärgern oder zu kränken.

Dann laufen Sie weniger Gefahr, in alten Wunden zu bohren, in Ihrer Unzufriedenheit mit sich selbst zu schwelgen oder negative Visionen in die Zukunft zu projizieren.

Dann haben Hass, Groll oder Eifersucht keinen Raum. Und dann können sich auch Ihre Ängste und Zweifel nicht ausbreiten.

All das sind scheinbar kleine Rituale, aber Sie wissen, dass Energie dorthin geht, wo Ihre Aufmerksamkeit fokussiert ist.

Daher ergibt dieses sehr bewusste Aufladen von allem Möglichen mit Ihrer Liebe und die Bereitschaft, sich diese Liebe auch wieder zu holen, in Summe eine ungemein tiefgehende und nachhaltige Wirkung.

Und lässt Sie immer wieder in Seelen-Resonanz schwingen.

Je öfter und konsequenter Sie das tun, umso leichter wird es Ihnen fallen, weil Sie auf diese Weise in Ihrem Gehirn automatisch entsprechende neue, liebevolle Nervenbahnen etablieren und die bereits bestehenden Liebes-Bahnen verstärken.

Die dann jeweils unwillkürlich wieder aktiviert werden, wenn Sie das Aufgeladene oder Aufzuladende in die Hand nehmen, betreten, zu sich nehmen oder anders nützen.

~ Und die Quantenwelle wird Ihnen noch weitere Anregungen geben.

Liebe schicken

Und ebenso wie Sie alles mit Ihrer Liebes-Energie aufladen können, können Sie anderen Menschen Ihre Liebe schicken – aber natürlich auch sich selbst.

Lieben Sie sich selbst und schicken Sie all jenen Ihre Liebe, die Ihnen gerade einfallen. Wann immer Ihnen jemand in den Sinn kommt, können Sie davon ausgehen, dass es ein kleiner Hinweis ist – sehen Sie dies also als kleinen Ruf nach Liebe und kommen Sie ihm nach!

Das gilt übrigens für alle: Lebende oder auch bereits Verstorbene: Wann immer sich jemand in Ihre Aufmerksamkeit drängt, schicken Sie einfach Ihre Liebe hin, ehe Sie weiter über diesen Menschen oder das mit ihm Erlebte nachdenken oder auch nicht.

Und ebenso dürfen Sie sich auch Liebe von dieser Person holen; auch wenn Ihnen dies schwerfällt und Sie den Eindruck haben, diese Person würde Ihnen keine Liebe entgegenbringen.

In diesem Fall wenden Sie Ihre Aufmerksamkeit hoch auf die Seelen-Ebene.

Auf Seelen-Ebene lieben wir einander immer, auch wenn sich dies auf Ego-Ebene nicht unbedingt äußert – Bedingung dafür ist allerdings, dass Sie sich dessen als wert erachten.

So ist es aus meiner Sicht nie verkehrt, sich sogar von Ihren erbittertsten Feinden Liebe zu holen.

Ihre Seele liebt alle und alle Seelen lieben Sie. Daher können Sie es sich erlauben, sich ohne einen merkwürdigen Beigeschmack auch von solchen Menschen geliebt zu fühlen – ja, auch von scheinbar fremden, vielleicht sogar unsympathischen Menschen.

Liebe hat kein Mascherl, sie kennt keine Rassen, keine Hautfarbe, kein Geschlecht und kein Alter – sie möchte bloß fließen, ohne Bewertung.

Also können Sie auf Seelen-Ebene alle lieben und sich von allen lieben lassen, auch wenn es Ihrem Ego noch so schwer fällt.

Und was ich an unserer Liebe besonders schön finde, ist, dass sie aufgrund des Resonanzgesetzes selbstverstärkend wirkt. Wenn Sie in Ihrer Liebe schwingen, fällt es Ihnen leichter, zu lieben und Liebe zu empfangen.

Und wenn Sie lieben, fällt es Ihnen leichter, in Ihrer Liebe zu bleiben – das wirkt jetzt wie ein ziemlich banaler Allgemeinplatz, aber spüren Sie tief in diese Tatsache hinein, dann werden Sie sehen, welche Brisanz sie in sich birgt!

Es ist so wie beim Lachen, nur noch etwas gesünder. Sie wissen sicher, dass es einfacher ist, weiterzulachen, als damit zu beginnen.

Und genauso wird es Ihnen leichter fallen, aus Ihrer Liebe heraus zu lieben.

Finden Sie also irgendetwas oder jemanden, das oder den Sie lieben können, lassen Sie Ihre Liebe ins Fließen kommen und dann automatisch immer stärker werden und sich immer weiter ausbreiten!

Steigern Sie sich richtiggehend hinein, so wie Sie das vermutlich beim Selbstmitleid oder beim Ärger auch ganz gut können ☺!

Lassen Sie Ihre Liebe immer stärker und umfassender werden – und dann achten Sie darauf, möglichst lange darin zu bleiben!

Und möglichst rasch wieder in sie heimzufinden, wenn Sie – aus welchem Grund auch immer – wieder herausgefallen sind!

Etwa weil Ihre Aufmerksamkeit nachgelassen hat oder irgendetwas passiert ist, das Ihnen negative Emotionen vermittelt und Sie aus Ihrer Liebe herauskatapultiert hat.

Es geht hier – wie auch sonst immer – einzig und allein um Ihre Aufmerksamkeit; und um Ihre Bewusstheit.

Die Bewusstheit dessen, worauf Ihre Aufmerksamkeit gerade ruht, denn aus dieser resultiert ja jeweils Ihre Befindlichkeit. Und je öfter und länger und konsequenter Sie Ihre Aufmerksamkeit bewusst auf Ihre Liebe fokussieren – aber auch auf jene anderer Menschen! – umso mehr wird das in Ihren Gehirnbahnen einprogrammiert.

Und je stabiler und Aufmerksamkeit bindender die entsprechenden Hirnbahnen sind, umso leichter finden Sie wieder in Ihre Liebe heim, auch wenn andere Assoziationsketten Sie davon abziehen wollen.

Wie erwähnt, wird Ihr innerer Saboteur nichts unversucht lassen, um Sie an der Umsetzung all dessen zu hindern. Ihr Gehirn ist wie eine Großbaustelle.

Und glauben Sie mir, Sie allein entscheiden, wie Sie Ihr Gehirn neu programmieren. Sie sind Architekt, Baumeister und Professionist in einem – also tun Sie es bewusst!

Programmieren Sie bewusst Ihre Liebe in all ihren Facetten in Ihre Hirnbahnen ein – immer und immer wieder!

~ Und spielen Sie immer wieder mit der Quantenwelle! Lassen Sie sich von ihr helfen, Ihr Leben mit mehr Liebe zu erfüllen – und zwar in beiden Phasen!

Seelen-Leitung – Begleitung durch die Seele

In den nächsten Kapiteln möchte ich Ihnen zeigen, wie Ihre Seele Ihnen helfen möchte, Ihr Potenzial zu entfalten, um Ihren Seelen-Plan zu erfüllen.

Dazu stellt sich die Frage, was Sie in Ihrer aktuellen Lebensphase brauchen, um Ihre momentan zur Manifestation bereiten Anlagen möglichst frei und freudvoll entfalten zu können.

~ Auch bei dieser Einsicht werden Ihnen die 2 Punkte gute Dienste erweisen. Stimmen Sie sich damit auf diese Fragen ein!

Welche Hilfe können Sie von Ihrer Seele erwarten, um Ihr aktuelles Geschenk an die Welt zu erkennen, auszupacken und darzubringen?

Und wie erkennen und verstehen Sie die Botschaften und Hinweise Ihrer Seele besser, klarer und vor allem möglichst rechtzeitig?

Wie können Sie also möglichst weitgehend in Resonanz mit Ihrer Seele schwingen?

Denn erst dann sind Sie auf ihre Signale eingestimmt und können diese wahrnehmen.

Ihr Radiogerät muss eingeschaltet und auf die entsprechende Frequenz eingestimmt sein, um Ihre Lieblingssendung empfangen zu können.

Genauso werden Sie die Botschaften Ihrer Seele erst dann richtig empfangen und deuten – und demzufolge natürlich auch umsetzen können –, wenn Sie schwingungsmäßig darauf eingestimmt sind. Wenn Sie also in Seelen-Resonanz schwingen.

Wie können Sie also am besten die Zeichen der Zeit erfühlen, erahnen, erkennen und verstehen?

Mit „Zeichen der Zeit“ meine ich nicht den quantitativen Aspekt der Zeit, den die alten Griechen „Chronos“ nannten, und den uns die Uhr oder der Kalender zeigt.

Sondern ich spreche von ihrem qualitativen Aspekt, also dem „Kairos“ in der Sprache der alten Griechen.

Mein Leben verläuft jedenfalls reibungsfreier und schmerzärmer, wenn ich die Zeitqualität berücksichtige und mit ihr mitschwinge – und das gelingt mir umso leichter, je klarer ich in Seelen-Resonanz schwinge.

Sehen Sie das ähnlich?

Dann wird es auch für Sie wertvoll sein, Einblick in diesen qualitativen Aspekt der Zeit zu gewinnen.

Dazu habe ich einige Werkzeuge für Sie gesammelt, die sich für mich gut bewährt haben. Allerdings überfordern diese unser logisch-analytisches Denken; daher braucht es geistige Offenheit und Weite, um sich dafür zu öffnen.

Diese Instrumente sind die Astrologie, die Numerologie, diverse Orakel und andere Methoden der Divination.

Sie alle zeigen uns – vorausgesetzt wir bringen die entsprechende Kompetenz mit oder wir wenden uns an eine Person, die dieses Können mitbringt – die aktuell wirksame Zeitqualität sehr präzise. Ich werde in eigenen Kapiteln näher darauf eingehen.

Dabei geht es im Grunde immer um Synchronizität im Sinne Carl Gustav Jungs. Also nicht um einen logischen Zusammenhang, sondern um bedeutungsvolle zeitliche Koinzidenz; also einen Analogieschluss.

Diese Synchronizitäten finden ständig auch spontan statt, nur gilt es, bewusst darauf zu achten, um sie auch tatsächlich zu erkennen. Dazu brauchen wir die entsprechende selektive Wahrnehmung – und natürlich ein eingeschaltetes Homo Sapiens Sapiens Gehirn.

Meiner Erfahrung nach sind diese Koinzidenzen ebenso Signale unserer Seele wie die Hinweise und Wegweiser, die sie uns in Tagträumen und nächtlichen Träumen, aber auch in den Visionen unserer Meditationen und in synchronistischen Begegnungen gibt.

All das sind Botschaftsträger, die bewusst zu beachten und zu befolgen unser Leben weit reibungsfreier, entspannter und letztlich auch interessanter gestaltet.

Aber nicht selten reichen uns die spontan stattfindenden Synchronizitäten nicht für das nötige Verständnis. Bei mir ist das relativ oft der Fall, weil ich immer gern in die Tiefe gehen und alles in meinem Leben verstehen möchte.

~ Und vergessen Sie nicht die Möglichkeit, sich bei all diesen Formen der Kommunikation mit Ihrer Seele im Spiel mit der Quantenwelle Unterstützung zu holen!

Seelen-Kommunikation

Meiner Erfahrung nach gibt uns unsere Seele ständig Signale – wie eine Art GPS, das uns im Auto dorthin lotst, wo wir hinwollen.

Und das geschieht über unsere Emotionen, Eingebungen, Aha-Erlebnisse, nicht zuletzt aber auch in Form von Ereignissen oder Begegnungen, die synchronistische Züge an sich haben, wenn wir genauer hinsehen.

Sie werden sehen: in dem Augenblick, wo Sie sich für die Botschaften und den Dialog mit Ihrer Seele öffnen, werden Sie erkennen, dass diese andauernd auf verschiedene Art mit Ihnen kommuniziert.

Ab diesem Moment wird sich Ihr Leben entspannter, organischer und leichter gestalten – zumindest erlebe ich das so. Einfach weil Sie dann Ihrer inneren Führung nicht mehr so viel Widerstand entgegensetzen und sich Korrekturbewegungen ersparen.

Erinnern Sie sich an mein Bild mit der Ego-Marionette, die von ihren Seelen-Fäden begleitet und geleitet wird! Diese Korrekturbewegungen werden übrigens umso weniger störend sein, je weniger Sie Ihrem inneren Saboteur erlauben, Sie im Status quo festzuhalten.

Hier ist noch ein schönes Bild des persischen Dichters Rumi, das mir auch sehr passend erscheint:

„Wir sind wie eine Schüssel auf dem Wasser. Die Bewegung der Schüssel auf dem Wasser wird nicht von der Schüssel, sondern vom Wasser bewirkt.“

Wer in diesem Bild wer ist, überlasse ich Ihrer Phantasie.

Ist Ihnen schon einmal aufgefallen, wie Ihre Seele mit Ihnen kommuniziert?

Ich erlebe diese Kommunikation über verschiedene Wege. Einer davon sind unsere Gefühle und Emotionen.

Wenn Sie aufmerksamer auf diese achten, mag Ihnen – das ist zumindest meine Erfahrung – so manche Katastrophe und Krise erspart bleiben.

Wenn Sie sich gut fühlen und von positiven Emotionen (wie Liebe, Dankbarkeit, Wertschätzung, Begeisterung, Freude, Glückseligkeit, Zuversicht, Vertrauen, Bewunderung…) erfüllt sind, schwingen Sie im Ja und damit in Resonanz mit Ihrer Seele – denn Ihre Seele wünscht sich, dass Sie glücklich sind.

Und dazu dienen all jene Emotionen, die Ihre Brust weit machen und Ihnen ein Lächeln schenken; die Sie aufrichten und tief atmen lassen; die Ihre Züge entspannen und Ihre Augen strahlen lassen; die Ihr Herz erwärmen und Ihr inneres Kind lachen lassen.

Anders ist es, wenn Sie sich nicht gut fühlen und von negativen Emotionen (wie Angst, Trauer, Hass, Wut, Neid, Ekel, Misstrauen, Zweifel, Rache…) erfüllt sind – dann schwingen Sie im Nein und damit in Dissonanz mit Ihrer Seele.

Wenn sich Ihre Gesichtszüge ebenso verspannen wie Ihre Hals-Nackenmuskulatur und Ihre Kiefermuskulatur; wenn Ihre Lippen ganz schmal werden und Ihre Atmung flach wird oder gar versiegt; wenn Sie den Eindruck von Dunkelheit, Enge und Schwere haben; wenn Sie sich müde, ausgebrannt und wie gelähmt fühlen, dann können Sie davon ausgehen, dass Ihre Seele sich von Ihnen wünscht, möglichst rasch etwas zu ändern.

Entweder an den Tatsachen, wenn diese in Ihrer Macht liegen oder an Ihrer Einstellung, wenn Sie an den Tatsachen nichts ändern können. Und wenn Ihnen auch das nicht möglich ist, dann sollten Sie wenigstens Ihre Aufmerksamkeit möglichst rasch umlenken.

Und zwar dorthin, wo positivere Emotionen auf Sie warten. Niemandem ist geholfen, wenn Sie zu lange in negativen Emotionen verharren.

Wie bereits erwähnt, sind diese Emotionen als erste Reaktion auf eine Tatsache, eine Situation oder Begegnung kaum zu verhindern; und auch nicht weiter schlimm.

Was Ihre Seele aber nicht möchte, ist, dass Sie darin steckenbleiben und sich auch noch hineinsteigern. Sondern sie wünscht sich, dass Sie erkennen, was die jeweilige Ursache für dieses unangenehme Gefühl Ihnen sagen möchte – und dann die Konsequenz daraus ziehen, um möglichst bald wieder auf die lichte Seite zu wechseln.

Daher empfehle ich Ihnen, möglichst aufmerksam auf Ihre Emotionen zu achten. Genau genommen auf Ihren aktuellen Emotions-Cocktail, denn meist schwingen Sie nicht bloß in einer, sondern in einer Mischung unterschiedlicher Emotionen.

~ Ziehen Sie gegebenenfalls die Konsequenz aus Ihrem Unwohlsein und öffnen Sie sich möglichst rasch wieder für Wohltuenderes – d**ie Quantenwelle wird Ihnen wirksam dabei helfen.**

Wichtig scheint mir generell, möglichst stressfrei zu sein, denn Stress verschließt Sie den Einflüsterungen Ihrer Seele.

Denn unter dem Einfluss Ihrer Stresshormone werden Sie kaum auf Ihre Intuition hören und wesentliche Eingebungen empfangen können, denn dann sind Sie in Ihrem Instinkt-Verhalten gefangen.

Ebenso wenig werden Ihnen wichtige Synchronizitäten auffallen. Abgesehen davon funktioniert der Austausch von Informationen zwischen Ihrer Seele und Ihrem Ego kaum über Ihre linke Gehirnhälfte; sondern vorwiegend über Ihr Herz im Zusammenspiel mit Ihrer rechten Gehirnhälfte.

Die Nervenbahnen zwischen Ihrem Körper und Ihrem Gehirn kreuzen im Halsbereich die Mittellinie, daher ist Ihr (in der linken Brustseite liegendes) Herz ja primär mit Ihrer rechten Gehirnhälfte verbunden.

Daher eignet sich der „Dialog der Hände“ ja auch hervorragend, um solche erkannten, aber in ihrer Bedeutung noch nicht ganz klar verstandenen Botschaften Ihrer Seele weiter zu erhellen und besser in Ihrem Alltag umsetzen zu können.

Zu diesen Botschaften gehören auch Synchronizitäten. Dieser Begriff stammt von Carl Gustav Jung, der dieses Phänomen der Bedeutungs-Verwandtheit als erster beschrieben hat.

Diese inneren und äußeren Ereignisse korrelieren zwar zeitlich, finden also zugleich statt, stehen aber in keinem kausalen Zusammenhang.

Zum besseren Verständnis, was Synchronizitäten sind, möchte ich hier eine Geschichte zitieren, die Carl Gustav Jung in dem Buch „Erinnerungen, Träume, Gedanken“ erzählt – ich finde, sie ist ein sehr schönes und plastisches Beispiel.

Genau zu dem Zeitpunkt, als seine Patientin ihm erzählt, sie hätte von einem ägyptischen Skarabäus geträumt, fliegt ein Rosenkäfer (eine bei uns vorkommende verwandte Käferart) gegen seine Fensterscheibe.

Und interessanterweise ist mir etwas Ähnliches passiert, als ich diese Geschichte gerade in einem meiner früheren Bücher erwähnt habe: Da flog kurz darauf ein leuchtend grüner Käfer durch mein offenes Fenster herein; und ließ mir wirklich einen Schauer über den ganzen Rücken laufen.

Vor allem als die Suchmaschine, die ich konsultierte, mir offenbarte, dass dieses Tier genauso ein Rosenkäfer war. Einen solchen hatte ich noch nie zuvor in meinem Umfeld gesehen.

Abgesehen davon war diese zeitliche Koinzidenz höchst unwahrscheinlich und mehr als verblüffend.

Und – Sie werden sich vielleicht schwertun, mit das zu glauben – heute Morgen beim Laufen lag wieder ein solcher Käfer auf meinem Weg. Genau an dem Tag, an dem ich diese Stelle endlektoriere...

Allerdings fallen uns solche interessanten Synchronizitäten erst dann auf, wenn wir bewusst darauf achten, also unsere selektive Wahrnehmung darauf richten; und natürlich nur mit eingeschalteten höheren Hirnzentren.

Unser Überlebenszentrum ist nicht darauf programmiert, weil dieses Phänomen für unsere Vorfahren offenbar nicht überlebenswichtig war. Aber für unser Leben als Homo Sapiens Sapiens sind Synchronizitäten als Ausdruck unserer Seele höchst wertvoll.

Welche Synchronizitäten haben Sie schon erlebt?

Und haben Sie darin die Signale Ihrer Seele erkannt?

~ Nützen Sie die Quantenwelle um Ihrem Gedächtnis auf die Sprünge zu helfen!

Ein weiterer Weg, wie Ihre Seele mit Ihnen kommuniziert, sind Impulse und Inspirationen, die sich in einem plötzlichen und unmittelbaren Wissen äußern. Zu diesem können Sie nicht über einen logisch-analytischen Denkprozess gelangen, sondern die wie Eingebungen plötzlich da sind.

Diese werden Ihnen im Moment selbst oft gar nicht bewusst.

Dann agieren und reagieren Sie wie unter Hypnose und erkennen erst später die Seelen-Führung. Meiner Erfahrung nach passiert dies übrigens vor allem in entscheidenden Lebensphasen.

Ist Ihnen so etwas schon einmal bewusst aufgefallen – vielleicht auch erst in der Rückschau?

Oder wollen Sie jetzt für einige Augenblicke die Lektüre unterbrechen und etwas genauer hinsehen?

Was hat die großen Lebenswenden in Ihrer Biographie jeweils eingeleitet?

Wer hat da wie Regie geführt?

~ Lassen Sie sich bei dieser Rückschau von den 2 Punkten Klarheit schenken!

Im Grunde bin ich überzeugt, dass wir jede Wahl, die für uns im Bereich des Möglichen ist, auch treffen dürfen, auch wenn es daneben klügere Alternativen gäbe.

Aber ich glaube, dass es unter all den Optionen, die uns in jedem Augenblick unseres Lebens zur Wahl stehen, immer eine gibt, die aus Sicht unserer Seele idealer ist als die anderen, weil sie am besten in unseren Seelen-Plan passen würde.

Und ich erlebe, dass meine Seele immer danach trachtet, mich darauf hinzuweisen. Nur gelingt ihr das nicht immer, weil mein Ego sich oft schwer leiten lässt, ganz besonders, wenn ich unter Stress stehe.

Kennen Sie dieses Phänomen auch?

Zuweilen können wir allerdings auch aus solchen Ego-Entscheidungen lernen und profitieren, obwohl sich unser Leben angenehmer, entspannter und leichter gestaltet hätte, wenn wir uns für die jeweilige Seelen-Wahl entschieden hätten – dann lässt unsere Seele uns gewähren und sieht uns lächelnd zu…

Aber wenn dies nicht der Fall ist, oder wir gar zu sehr auf Abwege gelangen, dann braucht es ein Zurechtrücken, damit wir wieder zu unserem Seelen-Weg finden.

Und solche Korrekturbewegungen fühlen sich meist nicht besonders gut an. Aber es ist wichtig, sie zu erkennen.

Also gehen wir etwas näher darauf ein…

Kurs-Korrekturen der Seele

Wie sieht ein solches Zurechtrücken aus?

Ein Beispiel eines „Nein, ich hab etwas Besseres für dich" habe ich bereits erwähnt. Meine Seele wollte mich definitiv nicht an der Kunstakademie studieren lassen, sondern sie hat mich über eine ausgeklügelte Regie zur Kunstschule geführt, die ganz offenbar mehr zu meinem Seelen-Plan gepasst hat.

Wobei in diesem Fall zwei Seelen am Werk waren, denn auch mein Freund wurde ja in dieses Kaffeehaus gelotst, in dem er ebenso wie ich schon seit langem nicht mehr gewesen war.

Natürlich sind wir als Ego (zumindest bis zu einem gewissen Grad) mit einem freien Willen ausgestattet und können uns auch mal gegen diesen Plan entscheiden und eine andere, seelen-fernere Wahl treffen. Dann geraten wir meist in eine Sackgasse und denken im Nachhinein:

„Hätte ich doch mehr auf meine Innere Stimme gehört!"

Wie oft ist Ihnen dies schon passiert?

Manche dieser Sackgassen hat Ihre Seele Ihnen vermutlich erlaubt, weil die – oft recht schmerzhafte – Erfahrung, die Sie dabei gemacht haben, auch ihren Wert haben mochte. Also der eine oder andere Umweg war Ihnen sicher erlaubt. Umwege verbessern bekanntlich die Ortskenntnis.

Aber wenn Sie gar auf einen Abgrund zugesteuert sind, dann hat Ihre Seele sicher beherzt eingegriffen und energisch an den Fäden der Marionette gezogen, um Sie wieder neu auszurichten. Oder Ihnen auch laut und vernehmlich über Ihren Kopfhörer ins Ohr geschrien, um den Moderator an das Sendungskonzept zu erinnern.

Daher gelingt meinem Gefühl nach auch nicht jeder Suizidversuch, wenn die Seele das Leben dieser Person noch nicht als abgeschlossen sieht. Aber sie unternimmt nicht immer etwas gegen den Versuch an sich (nur gegen dessen Gelingen), weil ein solcher vielleicht eine sinnvolle Lebenswende einleitet.

Es gibt verhinderte Selbstmörder, die nach ihrem ersten vergeblichen Versuch immer wieder probieren, sich das Leben zu nehmen.

Aber es gibt meines Wissens nach weit mehr, die nach ihrer Rettung eine völlig neue Einstellung ihrem Leben gegenüber haben und ihr Dasein nun sehr zu schätzen wissen.

Da mag sich im Außen gar nicht so viel geändert haben – aber tief in ihrem Inneren hat sich etwas verändert. Und in diesen Fällen hat, so glaube ich, die Seele energisch eingegriffen und eine Einstellungs- und damit Lebenswende eingeleitet.

Ein wichtiges Thema in diesem Zusammenhang sind neue Begegnungen und das, was daraus wird – oder auch nicht.

Sind auch Sie schon Beziehungen eingegangen, bei denen Sie tief in Ihrem Inneren kein besonders gutes Gefühl hatten?

Dennoch haben Sie sich – warum auch immer – gegen die Warnungen Ihrer Inneren Stimme (dem Sprachrohr Ihrer Seele) entschieden und sich trotz Ihres mulmigen Gefühls für das Miteinander mit dieser Person geöffnet?

Um bald darauf (oder auch erst später) zu erkennen, dass Ihr Unbehagen richtig und Ihre Entscheidung dagegen alles andere als klug gewesen ist, weil dieser

Partner oder diese Partnerin Ihnen ganz und gar nicht gut getan hat?

Ging das sogar bis zur Co-Abhängigkeit?

Weil Sie nicht gut Nein sagen können?

Und weil Sie sich nicht von Energie-Vampire abgrenzen können?

Weil Sie sich in Ihrer extremen Empathie und Ihren latenten Schuldgefühlen allzu leicht manipulieren lassen?

Und weil Sie ein starkes Helfer-Syndrom haben?

Wenn Sie dieses Phänomen kennen, dann sehen Sie sich all das nach, was Sie anderen erlaubt haben, mit Ihnen zu tun!

~ Und dann geben Sie sich zur Besänftigung eine liebevolle Nachsichts-Welle!

Auch diese Erfahrung durfte ich machen, als ich in meinem ausgeprägten Wunsch, einen – meinem Gefühl nach allzu armen – Menschen zu retten, einen Mann geheiratet habe, vor dem mein inneres Kind sich panisch gefürchtet hat, und mit dem auch meine Seele ganz und gar nicht einverstanden war.

Aber ich war der naiven Ansicht, meine Liebe wäre stark genug, um diesen Narzissten zu heilen. Und ich weiß aus vielen Beratungen, dass dies vor allem unter alleingeborenen HSP ein leider weit verbreitetes Muster ist.

In diesem Fall war mein Ego, das diese Partnerschaft unbedingt wollte, erfolgreich und hat sich gegen das irritierende Gefühl durchgesetzt, welches meine Seele mir als Warnung vermittelt hat – in Analogie zu meinem Marionettenbild hat der Puppenspieler Seele dann zwar an den Fäden gezogen, mich aber nicht gleich zur Umkehr gezwungen.

Allerdings hat sie mir dann geholfen, mich wieder aus dieser Horror-Ehe zu befreien. Oder – in Analogie zum Bild der Liveshow – vielleicht hat die Regie meiner Seele mich nicht laut und zwingend genug vor einer „Überziehung“ gewarnt; denn ich habe tatsächlich ein Jahr meines Lebens in diese Beziehung investiert.

Vergeblich, denn von Heilung war keine Spur. Ganz im Gegenteil waren nun auch in mir alte Wunden aufgebrochen.

Aber ich habe im Zusammenhang mit Beziehungen auch schon viel bestimmtere und bestimmendere Einflussnahmen meiner Seele erlebt.

Offenbar war sie in diesen Fällen der Ansicht, eine Beziehung mit einem Narzissten wäre ausreichend – was mein Ego offenbar nicht so rasch begriffen hat, denn auf dieser Ebene wäre ich noch mehrmals in diese Falle getappt.

Wie sieht das bei Ihnen aus?

Haben auch Sie schon erlebt, dass Ihre Seele bestimmt und bestimmend eingegriffen hat, um Sie sicher aus einer fatalen Situation zu retten?

Einer, bei der Ihnen oft erst bei genauerem Hinsehen richtig klar wurde, dass Ihr Ego sich mit seinem Willen nicht durchsetzen konnte?

Wie oft gab es in Ihrem Leben solche Fügungen, also Wendungen, durch die plötzlich wie durch ein Wunder alles anders kam?

In denen Sie aus einer scheinbar ausweglosen Situation gerettet wurden?

In denen Ihr Leben auf einen Schlag eine völlig neue Wendung genommen hat?

In denen Sie wirklich das Gefühl hatten, wie durch unsichtbare Fäden geführt zu werden?

~ Gegebenenfalls setzen Sie eine Quantenwelle, um in Ihrem Lebenslauf Ihre eigenen Beispiele zu erkennen.

Meinem Gefühl nach sind solche Wendungen eindeutige Hinweise auf das beherzte Eingreifen unserer Seele und ich habe diese immer wieder erlebt.

Allerdings habe ich meist erst später erkannt, was da geschehen war. Das mag sich in einem plötzlichen Impuls äußern, die Richtung zu ändern und einen völlig anderen Weg einzuschlagen als sonst.

Oft gilt es dazu auch, alle Pläne umzuwerfen oder eine getroffene Entscheidung rückgängig zu machen – und dazu braucht es großes Vertrauen.

Aber wem sollten wir vertrauen, wenn nicht unserer eigenen Seele?

Manchmal ist es auch eine ungewollte Verzögerung, aus der ein Versäumnis resultiert, das uns erst in die Lage versetzt, die wichtige neue Chance zu ergreifen.

Oder eine Zurückweisung schließt eine Türe und zwingt uns, durch eine andere zu gehen und so in einen viel interessanteren, spannenderen, lebendigeren Erfahrungsraum zu gelangen – so wie mein Scheitern an der Akademie. Und dieses Scheitern war nicht das einzige in meinem Leben.

Im Nachhinein sieht das dann so aus:

„Wenn ich mich nicht verspätet und diesen Termin versäumt hätte, hätte ich niemals diesen Mann kennengelernt, der mir damals aus einer prekären Lage geholfen hat – und heute mein Lebenspartner ist.“

Oder: „*Wenn ich damals erreicht hätte, was ich mir vorgenommen habe, dann wäre alles anders gekommen – und ich wäre heute nicht da, wo ich bin!*“

Oder: „*Wenn ich auf meiner Heimfahrt nicht dringend auf die Toilette hätte gehen müssen, wäre ich nicht auf diesen Autobahnrastplatz gefahren und hätte niemals meine neue Chefin kennengerlernt.*“

Mir haben es besonders diese romantischen Wendungen angetan, weil sie mich im empathischen Mitschwingen mit reichlich Glückshormonen beschenken. Und ich möchte auch Sie dazu anregen, solche Wendungen in Ihrem Leben zu erkennen.

Durch welche „Zufälle“ oder Fügungen oder Irrtümer oder Verspätungen haben Sie Ihr aktuelles (oder ein früheres) Du kennengelernt?

Diese Frage stelle ich auch gern in meinen Seminaren und dann schwelgt bald die ganze Gruppe in Glückshormonen.

Fast jede/r hat etwas beizutragen und die Geschichten, die dabei zutage kommen, sind oft so herzerfrischend und beglückend, dass wir alle Rührungstränen in den Augen haben, weil unsere Spiegelneuronen uns mitschwingen lassen.

Diese speziellen Wendungen sind oft so bezwingend, dass wir uns ihrer im Augenblick selbst gar nicht bewusst werden. Dann werden wir geführt, ohne zu wissen, wer da gerade Regie führt – erst im Nachhinein fragen wir uns dann, was da gerade abgelaufen ist.

Neben diesen gezielten Verhinderungen gibt es natürlich auch Situationen, in denen unsere Seele uns wie mit unsichtbaren Fäden irgendwohin führt – so wie mich damals in das Kaffeehaus, wo ich meinen alten Freund wiedergetroffen habe, der mich auf die Kunstschule aufmerksam gemacht hat und den wohl auch seine Seele hingeführt hat.

Solche Synergien finde ich immer besonders spannend; die Regie unserer Seelen ist wirklich faszinierend. Besonders wenn sich offenbar zwei Seelen zusammentun, um zwei Egos zusammen zu führen.

Mein Gehirn hat mir gerade noch eine Assoziation geschenkt, und vielleicht inspiriert meine Erzählung auch Sie zu eigenen Beispielen für Ihre Seelen-Führung.

Bei einem astrologischen Seminar, dessen Inhalt mich ziemlich enttäuscht hat, habe ich eine Frau kennengelernt, die mich in das Wirtschaftsforum Xing eingeladen hat. Über dieses habe ich jenen Verlag gefunden, der das Buch herausgegeben hat, das Sie gerade lesen.

Darüber hinaus bekam ich dort den Hinweis zu meiner Hochsensibilität und ich habe jenen Freund gefunden, der meine deutschen Quantenwellen-Seminare organisiert hat.

Wo hat Ihre Seele Sie schon aller hingeführt?

Ja geradezu hin gezwungen?

Was hat sie Ihnen alles verweigert?

~ Stimmen Sie sich mit den 2 Punkten auf diese Fragen ein!

Und hat sich auch Ihnen schon der eine oder andere Partner verweigert oder die Partnerin, die Sie sich so sehr gewünscht hätten, entzogen?

Mir ist das mehrfach passiert und Wochen, Monate oder Jahre später war ich heilfroh, mir dieses Fiasko erspart zu haben.

Heute kann ich erkennen, dass all das Situationen waren, in denen meine Seele – bei allem freien Willen meines Egos – entschieden hat, mich nicht ins Chaos rennen zu lassen, obwohl ich vermutlich auch in diesen Beziehungen lernen und Erfahrungen hätte sammeln können.

Aber offenbar waren diese Erfahrungen aus Sicht meiner Seele für meine Entwicklung verzichtbar – und das gilt ebenso auch für berufliche Entscheidungen.

Bei meinem bunten Lebenslauf scheint es kaum nachvollziehbar zu sein, dass es berufliche Ambitionen gegeben hat, die mir verschlossen geblieben sind.

Aber diese gab es tatsächlich.

Und das war damals oft ziemlich schmerzhaft. Aber heute sehe ich darin eindeutig die Handschrift meiner Seele, die mir ab und zu auch ein klares und berechtigtes Nein gegeben hat – denn sie hatte immer etwas Besseres zu bieten. Heute bin ihr für all das dankbar!

Werfen auch Sie anhand meiner Beispiele noch einmal einen kleinen Blick in Ihre Vergangenheit und überprüfen Sie, was Sie alles in dieser Richtung erlebt haben.

In welche Sackgassen hat Ihre Seele Sie tappen lassen, weil Sie ihre deutlichen Signale nicht hören wollten?

Und gab es andererseits Optionen, die Sie sich so gewünscht hätten, die Ihre Seele Ihnen aber verwehrt hat?

Was wurde Ihnen durch diese Verhinderung an Besserem eröffnet?

Aber fragen Sie sich auch, wovor Ihre Seele Sie schon bewahrt hat, weil Sie – ob bewusst oder nicht – diesmal sehr wohl auf ihre leise, aber eindringliche Stimme gehört haben!

Diesen bewussten Lebensrückblick mit der entsprechenden selektiven Wahrnehmung auf Fügungen und Kurskorrekturen finde ich sehr wertvoll.

Einerseits kann er Ihnen Vertrauen vermitteln.

Andererseits hilft er Ihnen, die Sprache zu lernen, in der Ihre Seele sich ausdrückt.

Dann werden Sie zukünftig ihre Signale leichter, rascher und besser erkennen – und sich damit manches Leid ersparen.

~ Vielleicht wollen Sie sich eine Quantenwelle geben mit der Absicht, in Zukunft hellhöriger und hellfühliger auf diese Signale zu achten.

Sie kennen sicher den Gedanken:

„Was du ererbt von Deinen Vätern, erwirb es, um es zu besitzen."

Und ich möchte ihn folgendermaßen erweitern:

„Was du erlebt, erlitten und genossen, nimm es bewusst wahr, um es zu Deinem zu machen!"

Meiner Ansicht nach können wir viele Erfahrungen erst in der Nachlese ganz und gar verstehen und damit in unsere Persönlichkeit integrieren.

Daher finde ich diese Rückblicke auch so wertvoll.

Aktive Seelen-Kommunikation

In den letzten Kapiteln habe ich Ihnen gezeigt, wie Ihre Seele den Kontakt mit Ihnen sucht, um Ihnen ihre Anregungen zu vermitteln.

Und wie Sie lernen können, sich auf diese Signale einzustimmen.

Nun teile ich einige Wege mit Ihnen, über die Sie bewusst die Kommunikation mit Ihrer Seele aufnehmen können – teils verbal in verschiedenen Wortspielen, teils nonverbal über Eingebungen Ihrer Intuition oder im Einsatz Ihrer Kreativität.

Den „Dialog der Hände" habe ich bereits erwähnt – er ist für mich der Königsweg unter den verbalen Möglichkeiten.

Ebenso aktive verbale Zugänge sind die Wortspiele „Ad Absurdum – ex Absurdum" und das „Akrostichon", während die Befragung der Seele über ein Buch ein eher passiverer Zugang ist.

Daneben gibt es nonverbale Möglichkeiten, wobei in der Befragung der Natur durchaus Begriffe mitspielen können, aber diese Variante bezieht Ihre Intuition weit mehr mit ein, als die reinen Wortspiele – die aber durchaus spannende Einsichten bringen.

Und das gilt ebenso für das Spiel mit Orakeln, mit Träumen oder den meditativen Zugang zur Seele, besonders in der partiellen oder weitgehenden Sinnesdeprivation.

Ein spezieller Zugang zur Zeit-Qualität bietet sich uns – wie bereits kurz erwähnt – über die Astrologie und die Numerologie, die ich persönlich gern kombiniere.

Sehr wertvoll und hilfreich ist aus meiner Sicht auch die bewusste Wahrnehmung von Spiegelungen durch andere Menschen, aber auch durch Ereignisse.

Darin können Sie Signale Ihrer Seele erkennen.

Und um Ihr Vertrauen in die Begleitung und Leitung Ihrer Seele zu stärken und die Sprache Ihrer Seele besser kennenzulernen, möchte ich Sie noch einmal an den Wert Ihrer Lebensrückschau erinnern.

Speziell wenn Sie Ihre selektive Wahrnehmung auf die (Mit)Wirkung Ihrer Seele richten – und diese werden Sie sicher erkennen.

„Dialog der Hände" mit Ihrer Seele

Als für mich wichtigste Technik zur aktiven Kommunikation mit Ihrer Seele lege ich Ihnen den äußerst wertvollen und vielseitig einsetzbaren „Dialog der Hände" ans Herz.

Aus meiner Sicht ist diese Technik so wertvoll, dass ich ihr bereits das Buch „Körperbriefe" gewidmet habe. Dennoch nehme ich sie auch hier auf; weil ich ja nicht unbedingt davon ausgehen kann, dass Sie dieses Buch schon kennen.

Der „Dialog der Hände" bietet Ihnen eine ganze Reihe wertvoller Anwendungsmöglichkeiten, aber in unserem Zusammenhang ist er besonders wesentlich, um aktuelle Botschaften Ihrer Seele einzuholen. Aber auch um jene, die Sie nicht eindeutig verstanden haben, genauer zu hinterfragen.

Wenn dieses Spiel Sie nicht gleich anspricht, empfehle ich Ihnen, es dennoch möglichst unvoreingenommen zu versuchen. Mir ging es ähnlich, weil ich anfangs Zweifel hatte, ob tatsächlich verschiedene Inhalte aus meinen beiden Gehirnhälften kommen würden.

Ich war überzeugt (weil ich es während meines Medizinstudiums so gelernt hatte), dass meine beiden Gehirnhälften ohnehin gut über den Balken (das Corpus Callosum) integriert seien.

Aber bereits die ersten höchst bewegenden Erfahrungen haben mich eines Besseren belehrt.

Und ich vermute, dass die emotionale Rührung, die auch Sie erfassen wird, und die Verblüffung angesichts der Ergebnisse auch Ihre Zweifel rasch zerstreuen werden.

Der „Dialog der Hände" schenkt Ihnen Zugang zu Bewusstseinsinhalten, die Ihnen bisher (vor allem als Rechtshänder) verborgen waren.

Einfach weil Sie diese über Ihre rechte Hand nicht erreichen können.

Aber auch wenn Sie Linkshänder sind, können Sie aus dieser Technik profitieren, weil Ihre beiden Hände über ihren unterschiedlichen Zugang zu Ihren beiden Hemisphären andere Inhalte preisgeben.

Mich freut im Miterleben der spannenden Erfahrungen anderer vor allem ihre Dankbarkeit, wenn wertvolle Inhalte zutage treten und sich neue Türen öffnen.

Technisch gesehen beruht der „Dialog der Hände" auf der Tatsache, dass wir mit zwei Gehirnhälften ausgestattet sind, die jeweils eigene Funktionsbereiche erfüllen.

Deren gegenseitige Ergänzung nur leider Theorie bleibt, obwohl sie anatomisch über den Balken miteinander verbunden sind – weil eben im Alltag deren Integration kaum je funktioniert.

So nehme ich an, dass auch bei Ihnen der Informationsaustausch zwischen links und rechts nicht in idealer Weise abläuft; sodass auch Ihre beiden Hemisphären einander nicht so ergänzen können, wie es zu wünschen wäre.

Die Nervenbahnen zwischen Ihrem Körper und Ihrem Gehirn kreuzen im Hals die Mittellinie.

Daher ist Ihre rechte (als Rechtshänder dominante) Hand mit Ihrer linken Gehirnhälfte verbunden.

Und Ihre linke Hand ist dementsprechend mit Ihrer rechten Gehirnhälfte verbunden und verschafft Ihnen also Zugang zu Inhalten Ihrer kreativen, zeitlosen, ganzheitlich wahrnehmenden und in Bildern und Metaphern spielenden Hemisphäre, die übrigens auch stärker mit Ihrem Herzen verbunden ist als Ihre linke.

In meinem Weltbild dient uns unser Herz auch als Sprachrohr für unsere Innere Stimme – die ja die Stimme unserer Seele ist.

Daher ist aus meiner Sicht der „Dialog der Hände“ mit Ihrem Herzen der direkteste aktive Zugang zu den Botschaften Ihrer Seele.

Und wenn Sie regelmäßig damit spielen, wird sich Ihr Leben garantiert reibungsfreier gestalten, weil Sie all ihre Signale rechtzeitig erkennen und klarer verstehen. Und weil Sie gegebenenfalls nachfragen können, wenn Ihnen etwas nicht klar ist.

~ Auch hier wird die Quantenwelle Sie gut auf dieses Spiel einstimmen, wenn Sie sie mit der entsprechenden Absicht nützen.

Stimmen Sie sich auf den „Dialog der Hände“ ein, indem Sie sich in Ihre Quanten-Bewusstheit begeben: Richten Sie sich auf, nehmen Sie einige tiefe Atemzüge – möglichst im 5 zu 3 Rhythmus –, lassen Sie sich im Stirnhirn ein Licht aufgehen und lächeln Sie. Damit schalten Sie Ihr Stirnhirn ein und integrieren automatisch Ihre beiden Gehirnhälften.

Dann schreiben Sie mit Ihrer rechten Hand einen Brief an Ihr Herz und lassen dieses Ihnen über Ihre linke Hand antworten und so die Botschaft Ihrer Inneren Stimme, also Ihrer Seele, überbringen.

Sie können das natürlich jederzeit machen, wenn Sie gerade das Gefühl haben, nicht genau zu wissen, wie es weitergehen soll, wie Sie sich entscheiden sollen, welche Wahl die klügere wäre oder ob Sie einer bestimmten Person vertrauen können...

Oder Sie planen dafür ein festes Ritual in Ihren Alltag ein – sei es kurz vor dem Einschlafen, sei es auch gleich nach dem Aufwachen oder sei es in einer Mittagspause, wenn Sie eine solche einhalten.

Dann können Sie gemeinsam mit Ihrer Seele abends eine kleine Rückschau auf die Tagesereignisse halten und die wesentlichen Ereignisse nach ihrer Botschaft hinterfragen. Und dann Ihre Seele fragen, was sie sich für den nächsten Tag von Ihnen und für Sie wünscht.

Oder Sie klären dies bei einem allmorgendlichen Seelen-Dialog, wenn sich für Sie die frühen Stunden besser für diese Zwiesprache eignen.

Dazu empfehle ich Ihnen – zumindest wäre es aus hirnphysiologischer Sicht sinnvoll –, diese neue Gewohnheit an eine bereits bestehende anzuhängen. Denn dann wird es Ihnen leichter fallen, sie konsequent durchzuhalten.

Denn natürlich wird Ihr innerer Saboteur wieder alles in seiner Macht Stehende tun, um Sie von dieser wertvollen Methode zur Bewusstseinserweiterung abzuhalten. Denn er hält nichts von Erweiterung…

Auch das neuerliche Lesen Ihrer beidhändigen Dialoge – vor allem auch mit etwas zeitlichem Abstand – wird übrigens sehr interessant, spannend und wertvoll sein, glauben Sie mir!

Seelen-„Akrostichon"

Interessanterweise hatte ich bereits als Kind Freude an diesem Spiel mit Worten, obwohl es mir niemand gezeigt hatte.

Daher hat es mich besonders gefreut, als ich es viele Jahre später bei Vera F. Birkenbihl wiederfand.

Ursprünglich ist das „Akrostichon" ein antikes Schreibspiel in Gedichtform. Heute setzt es vor allem die Lernpsychologie zum Kreativitätstraining ein und um Menschen für das Schreiben zu begeistern und spielerisch ihren Wortschatz zu erweitern.

Spielen Sie gern mit Worten?

Dann wird Ihnen diese spezielle Kommunikation mit Ihrer Seele Freude machen, denn sie gewinnen damit vertiefte Einsicht in ein bestimmtes Thema oder einen Menschen. Das ist vor allem in Beziehungsfragen wertvoll.

Aber im Wesentlichen öffnen Sie sich damit für die Inspiration Ihrer Seele. Besonders, wenn Sie dabei auch Ihre linke Hand miteinbeziehen.

Wenn Sie ein „Akrostichon" erstellen wollen, bilden Sie aus den einzelnen Buchstaben eines bestimmten Begriffes, mit dem Sie sich intensiver befassen wollen, jeweils neue Wörter, die im Zusammenhang mit dem Grundbegriff stehen sollen.

Wenn Sie das spielerisch und mit eingeschalteter rechter Gehirnhälfte tun, öffnen Sie sich den Eingebungen Ihrer Inneren Stimme, die Ihnen eine erweiterte Sichtweise und ein vertieftes Verständnis schenken wird.

~ Stimmen Sie sich auch auf diese Technik mit einer Quantenwelle ein!

Dann schreiben Sie die Buchstaben des jeweiligen Wortes untereinander und finden Sie dann zu jedem einzelnen Buchstaben einige Begriffe, die damit beginnen und das jeweilige Thema charakterisieren. Schreiben Sie aber unbedingt auch mit Ihrer linken Hand, denn diese wird Ihnen andere Begriffe liefern als Ihre rechte!

Gestalten Sie ein „Akrostichon" mit dem Namen einer Person, die Sie neu kennengelernt haben und zu der Sie sich mehr Informationen seitens Ihrer Seele wünschen!

Aber vor allem Ihr eigenes „Akrostichon" wird wertvoll sein und sich als eine Art „Work in Progress" gestalten; weil Sie immer wieder neue Begriffe finden werden, die Sie charakterisieren. Dazu schreiben Sie all Ihre Namen untereinander und assoziieren Sie Begriffe, die zu Ihnen passen und mit einem der Buchstaben beginnen.

Nett ist es auch, „Akrosticha" auszutauschen: schenken Sie einem lieben Menschen sein „Akrostichon"! Und freuen Sie sich über das „Akrostichon", das er zu Ihrem Namen gestaltet hat!

Hier das Beispiel eines Namens mit verschiedenen Assoziationen zu zwei gleichnamigen aber in ihrem Wesen völlig unterschiedlichen Personen.

Einen Karl können Sie vielleicht so beschreiben:

K – kreativ, kommunikativ, kinderlieb…

A – anspruchsvoll, aufmerksam, aktiv…

R – reizend, riecht gut, reich…

L – lebensfroh, liebevoll, leidenschaftlich…

Während Ihnen zum anderen Karl vielleicht ganz andere Attribute einfallen:

K – kritisch, künstliches Gehabe, Keiler…

A – aufsässig, anmaßend, Alkoholiker…

R – rechthaberisch, roh, Raufbold…

L – lasterhaft, leichtsinnig, Lügner…

Natürlich wirken diese beiden Beschreibungen übertrieben, wenngleich es vielleicht sogar Menschen geben mag, auf die solche Beschreibungen passen. Aber mir ging es hier vor allem darum, Ihnen zwei einprägsame Bilder zu vermitteln, um Sie vom Wert dieses Wortspiels zu überzeugen.

Sehen wir uns das Thema dieses Buches an, wobei diese beiden Begriffe leider nicht allzu viele verschiedene Buchstaben haben – aber auch solche Worte können interessant sein.

Q – Quelle, Qualität, Quintessenz…

U – Übergang, Umorientierung, unendliche Möglichkeiten…

A – Aufbruch in die Offenheit, Anschluss finden, Abenteuer…

N – nötig, Normalität, neuer Lebensabschnitt…

T – Trost, Traumdeutung, Talente, Türen öffnen sich…

E – Entfaltung, Entspannung, effizient…

N – Notfall-Hilfe, nützlich, neue Gewohnheit…

W – Wahlfreiheit, Wege öffnen sich, Weiterentwicklung…

E – Einbildungskraft, Einklang mit der Seele, ebnen (Wege)…

L – Liebe, Lachen, Leichtigkeit, Lebenslust…

L – Lösungen, Langmut, leuchtendes Vorbild…

E – Empfindsamkeit, erreichen (Ziele), Einblick gewinnen…

Welche weiteren Begriffe fallen Ihnen dazu ein?

S – Stärke, Schlüsse, Selbstliebe…

E – Ermutigung, Edelmut, Ehrlichkeit…

E – Ebenbürtigkeit, entwicklungsfreudig, Einheit…

L – Leuchten, Lernen, Lob…

E – Ernsthaftigkeit, Einsicht, Eifer…

N – Numerologie, nährend, Nachdruck…

R – Reichtum, richtige Richtung, Regeneration…

E – Ebenbild Gottes, Enthusiasmus, Entfaltung…

S – Synchronizität, Schutz, Sinnfindung…

O – Offenheit, Orakel, Orientierung…

N – Neuordnung, Neigungen, Notizen…

A – Astrologie, Aufmerksamkeit, All-Einheit…

N – nächtliche Träume, niveauvoll, Nestwärme…

Z – Zähmung des inneren Saboteurs, Zielsicherheit…

Und welche weiteren Begriffe fallen Ihnen dazu ein?

Jetzt lege ich Ihnen ans Herz, gleich Ihr Namens-„Akrostichon“ zu beginnen: Finden Sie zu allen Buchstaben Ihrer Namen Eigenschaften und Merkmale, die Sie charakterisieren. Und wann immer Ihnen weitere einfallen, ergänzen Sie Ihr „Akrostichon“.

„Ad Absurdum – ex Absurdum“

Das eben vorgestellte „Akrostichon“ ist ein Spiel mit Worten, das mit Assoziationen arbeitet. Und je umfassender Ihr Wortschatz ist, umso mehr passende Begriffe werden Sie finden. Aber je mehr Sie damit spielen, umso mehr wird sich Ihr Wortschatz erweitern.

Ein weiteres Spiel, das mit Assoziationen arbeitet, ist „Ad Absurdum – ex Absurdum“. Allerdings jongliert dieses völlig anders mit Begriffen; denn es hält nicht Ausschau nach Passendem, sondern geht ganz im Gegenteil von völlig Unpassendem aus.

Ja, es beginnt sogar mit völlig absurden Ausgangspunkten und baut von diesen Brücken zum jeweiligen Thema. Und je absurder die anfänglichen Begriffe sind, umso ergiebiger sind die Assoziationsketten, die sich zwischen diesem scheinbar gar nicht passenden Begriff und dem jeweiligen Thema aufspannen.

Denn je länger die Verbindungswege werden, umso mehr Anregungen finden Sie auf diesen Umwegen – daraus ergeben sich oft erstaunliche neue Erkenntnisse und Einsichten.

Wenngleich Umwege oft lästig sind, verbessern sie letztlich unsere Ortskenntnis, können also durchaus wertvoll sein. Daher hat Ihre Seele nichts dagegen einzuwenden, wenn Ihre Intuition auf diese Weise angeregt wird.

~ Stimmen Sie sich auch auf dieses Spiel mit der Quantenwelle ein und bitten Sie Ihre kreativen Teile, Sie dabei zu unterstützen!

Dann lassen Sie irgendwelche Begriffe in Ihnen auftauchen, die scheinbar nichts mit dem zu bespielenden Thema zu tun haben – und finden Sie Bedeutungsbrücken!

Erlauben Sie mir, Ihnen zur Verdeutlichung wieder einige Beispiele zu zeigen!

Nehmen wir an, Sie wurden als Frau von einem neuen Verehrer erobert. Aber nun sind Sie nicht ganz sicher, wie Sie diesen Mann einschätzen sollen. Und vor allem was Ihre Seele dazu meint.

Als Mann wandeln Sie meine Anregungen entsprechend Ihrer Situation um – fühlen Sie sich bitte nicht vernachlässigt! Aber ich denke, es wäre zu kompliziert, diese Variante hier auszuformulieren.

Beginnen wir mit dem Begriff „FLASCHE".

Was fällt Ihnen alles dazu ein?

Gibt es jemand, der Ihren neuen Mann als Flasche bezeichnet?

Oder hat er Sie über Flaschenpost gefunden?

Welche Assoziationen kommen Ihnen dazu in den Sinn?

Deutet Flaschenpost ein scheinbar unmögliches Finden und Gefunden-Werden an?

Einen unmöglichen Traum?

Oder fällt Ihnen dazu ein Flaschengeist ein?

Erfüllt diese Begegnung also einen lang gehegten Wunsch?

Oder assoziieren Sie mit diesem Begriff eher Alkohol?

Trinkt dieser Mann etwas mehr, als Ihnen gefällt?

Und könnte diese Assoziation eine Warnung Ihrer Seele sein?

Weil Sie bereits eine Beziehung mit einem Alkoholiker hatten?

Was wird noch in einer Flasche aufbewahrt?

Parfum vielleicht?

Riecht dieser Mann besonders gut?

Können Sie ihn also gut riechen?

Was ja an sich ein gutes Zeichen ist...

Aber eine Flasche kann auch Gift beinhalten.

Ist Ihnen diese Assoziation eingefallen?

Was bedeutet dies für Ihr Gefühl?

Manchmal wird auch heute noch Milch in Flaschen abgefüllt.

Welche Assoziationen löst dies in Ihnen aus?

Wirkt dieser Mann emotional nährend, ja sogar mütterlich?

Oder sucht er in Ihnen eher die Mutter als die kongeniale Partnerin?

Sie sehen schon, wieviel allein aus diesem auf den ersten Blick völlig absurden Begriff herauszuholen ist.

Auch die Assoziation zum Begriff „DAUMEN" wirkt ziemlich absurd. Aber wer weiß...

Was fällt Ihnen im Zusammenhang mit Ihrem neuen Verehrer dazu ein?

Es gibt die Geste des Daumen-Hochhaltens. Das könnte ein Ja bedeuten. Vielleicht möchte Ihre Seele Sie in Ihrer Zuneigung bestätigen.

Oder sehen Sie den Daumen eher nach unten gerichtet vor sich, wenn Sie an diesen Mann denken?

Möchte Ihre Seele Ihnen eher ein Nein geben?

Wie sieht der Daumen aus, der vor Ihrem geistigen Auge erscheint, wenn Sie an diesen neuen Mann denken?

Was assoziieren Sie noch zu diesem Begriff?

Unser Daumen ist der Gegenfinger, den wir brauchen, um etwas zu greifen. Dazu kommt mir „begreifen“ in den Sinn.

Können Sie diesen Mann begreifen?

Oder wirkt er ungreifbar?

Lässt er sich erfassen oder nicht?

Aber wer weiß, vielleicht hilft diese neue Partnerschaft Ihnen auch, sich selbst besser zu begreifen?

Für mich bringt eine gute Partnerschaft vor allem die guten Seiten in beiden ans Tageslicht.

Fördert dieser Partner Sie?

Lässt er Sie in sich hineinwachsen?

Ein Partner kann aber auch zum Gegenspieler werden.

Was fällt Ihnen dazu ein?

Wirkt dieser Mann wie eine Art Sparringpartner,

mit dem Sie sich messen können?

Der Ihren Ehrgeiz anstachelt?

Und Sie vielleicht sogar zu Höchstleistungen motiviert?

Oder erschöpft er Sie in seinem ständigen Dagegen-Sein?

Welche Assoziationen erweckt diese absurde und doch ergiebige Verbindung in Ihnen?

Sehen wir, was wir aus dem Spiel mit dem Begriff „SPIEGEL“ gewinnen können!

In einem Spiegel können wir uns betrachten. Und zwar sowohl jene Teile von uns, die wir mit unserem Blick auch direkt sehen können. Aber auch jene, wo unser Blick nicht direkt hinreicht.

Was spiegelt Ihnen dieser neue Mann?

Tut Ihnen diese Reflexion wohl?

Oder zeigt er Ihnen Ihre Schattenanteile?

Nervt er Sie mit einem Verhalten, das Ihnen bekannt vorkommt?

Da ich „The Work“ von Byron Katie sehr schätze, fällt mir zu diesem Begriff natürlich auch diese Technik ein. Sie hilft uns, die Spiegelungen zu erkennen, die andere Menschen, aber auch Ereignisse uns vor Augen halten.

Und da ich in diesen Spiegelungen auch einen Weg sehe, über den unsere Seele mit uns kommuniziert, werde ich etwas später noch näher darauf eingehen.

Aber ein Spiegel kann auch Gefahr abwenden. Etwa an einer nicht gut einsichtigen Straßenkreuzung. Auch dort zeigt er Dinge, die wir nicht direkt erkennen können.

Was bedeutet das für diese Begegnung?

Was zeigt Ihnen dieser Mann, was Sie ohne diese Begegnung nicht erkannt, erfahren und eingesehen hätten?

Vielleicht hat er eine wichtige Botschaft für Sie?

Stellt er einen wichtigen Kontakt her, der Ihnen sonst nicht zugänglich wäre?

Mit einem Spiegel können wir aber auch Feuer machen, wenn wir die Reflexion eines Sonnenstrahls nützen.

Was könnte dies für Ihre neue Begegnung bedeuten?

Welches Feuer entfacht dieser Mann in Ihnen?

Wofür begeistert er Sie?

Oder ist das eher Ihre Aufgabe?

Und sollen Sie die Rolle eines Katalysators übernehmen und ihn in seiner Persönlichkeitsentwicklung anregen?

Eine naheliegende Assoziation ist auch *„Spieglein, Spieglein an der Wand, wer ist die Schönste im ganzen Land?"*.

Was könnte diese im Zusammenhang mit diesem neuen Mann bedeuten?

Ist er eitel?

Oder erweckt er die Eitelkeit in Ihnen?

Weil er sehr auf Äußerlichkeiten achtet?

Und fühlen Sie sich wohl dabei?

Oder empfinden Sie das eher als störend?

Zum Spiegel fällt mir aber auch ein kluger Hinweis ein:

„Wenn du glücklich bist, informiere dein Gesicht!"

Haben Sie schon einmal probiert, Ihrem Spiegelbild entgegen zu lächeln?

Meiner Erfahrung nach wird auch dieses Ihnen entgegen lächeln.

Vorsicht! Diese Aussage klingt nur nach einem Allgemeinplatz. Aber bringen Sie einen Spiegel über Ihrem Schreibtisch an, sodass Ihr Blick immer wieder auf Ihr Spiegelbild fällt!

Ich vermute, es wird Ihnen nicht viel anders gehen als mir. Es wird Ihnen immer wieder auffallen, wie ernst Sie dreinsehen. Vor allem wenn Sie unter Stress stehen.

Wir bemerken das selbst meist nicht, weil wir gar nicht darauf achten. Daher finde ich es durchaus sinnvoll, uns mit Spiegeln zu umgeben.

Nicht aus Eitelkeit, sondern um immer wieder unsere Mimik zu überprüfen. Und dann dementsprechend zu korrigieren.

Lachen, Lächeln und Schmunzeln sind ansteckend. Und das wirkt natürlich auch über einen Spiegel. Also lächeln Sie sich öfter zu, wenn Sie Ihrem Spiegelbild begegnen!

Aber was hat dies nun mit Ihrem neuen Verehrer zu tun?

Welche Verbindung können Sie da herstellen?

Mir fällt ein, dass dieser Mann Sie vielleicht oft zum Lachen bringt. Oder auch Sie ihn. Und das wäre ja durchaus positiv.

Was könnte „wenn du glücklich bist, informiere dein Gesicht!“ noch im Zusammenhang mit dieser Begegnung bedeuten?

Lassen Sie Ihre Phantasie spielen!

Eben kommt mir der Begriff „BAUM“ in den Sinn.

Welche Assoziationen erweckt dieser Begriff in Ihnen in Bezug auf eine neue Liebesangelegenheit?

Ein Baum wächst langsam, ist aber sehr stabil.

Könnte dies auf eine stabile und fruchtbare Beziehung hindeuten?

Oder auf eine, die droht, zu stabil und starr zu werden?

Mir fällt dazu das Lied von Hildegard Knef ein:

„Ich brauch Tapetenwechsel, sprach die Birke“.

Hatten auch Sie diese Assoziation?

Könnte diese ein Seelen-Hinweis sein?

Aber ein Baum kann auch Früchte tragen.

Welche Früchte könnten aus dieser Beziehung hervorgehen?

Hegen Sie vielleicht einen Kinderwunsch?

Und wie sieht das bei diesem Mann aus?

Könnte er der Vater Ihres Kindes sein?

Oder denken Sie eher an geistige Kinder?

Vielleicht gemeinsame Projekte?

Könnten Sie sich vorstellen, mit diesem Mann auch eine berufliche Verbindung einzugehen?

Statt der privaten oder sowohl als auch?

Mir fällt aber auch ein Baumhaus ein. In dieses kann man sich zurückziehen.

Was assoziieren Sie mit einem Baumhaus?

Speziell in Bezug auf eine neue Beziehung?

Wünschen Sie sich eine sehr innige Beziehung mit viel Nähe?

Oder sehen Sie das eher als Gefahr bei diesem Mann?

Auch der Begriff „FEUER“ kann interessante Assoziationen ergeben.

Was fällt Ihnen alles dazu ein?

Und was möchte Ihre Seele Ihnen dazu vermitteln?

Mir kommt als erste die Redewendung „Feuer und Flamme sein“ in den Sinn.

Ist Ihre Verliebtheit besonders groß?

Vielleicht auch die Leidenschaft füreinander?

Oder haben Sie eher den Eindruck eines Strohfeuers?

Feuer kann natürlich auch „durch die Hölle gehen“ andeuten.

Möchte Ihre Seele Sie vielleicht vor diesem Mann warnen?

Oder im Gegenteil Sie bestätigen?

Denn auch Phoenix muss zuerst durch das Feuer gehen, ehe er seine Auferstehung erlebt.

Vielleicht finden Sie in dieser Beziehung Heilung für uralte Wunden?

Aber ich habe noch eine Assoziation: etwas brennt mir unter den Fingernägeln.

Was könnte das in Liebesdingen bedeuten?

Diese Redewendung steht ja auch für Eile, für etwas, das Aufmerksamkeit verlangt...

Welche Assoziationen haben Sie dazu?

Vielleicht die biologische Uhr, die tickt?

Anfeuern fällt mir auch noch ein.

Würde dieser Mann Sie in Ihrer Entwicklung anfeuern?

Oder auch in Ihrem Sport?

Oder sucht er in Ihnen eine Frau, die ihn anfeuert?

Die ihn fordert und damit fördert?

Interessant könnte auch das Spiel mit dem Begriff „KREUZ“ sein.

Was fällt Ihnen dazu ein?

Was könnte diese neue Beziehung mit einem Kreuz zu tun haben?

Natürlich mussten sich ihre Wege kreuzen, damit Sie einander begegnen konnten.

Haben Ihre Wege sich schon einmal gekreuzt?

Vielleicht in einem früheren Leben, wenn Sie an Reinkarnation glauben?

Wobei die Wege nach einer Kreuzung wieder auseinandergehen.

Sollte dies nur eine kurze Begegnung sein?

Kennen Sie den Begriff „über Kreuz sein“?

Das ist ja eher eine negative Assoziation, die Streit und Widerspruch andeutet.

Aber Kreuzung spricht auch genetische Kreuzung an, womit wieder die Kind-Thematik anklingt.

Oder haben Sie einander bei einer Kreuzfahrt kennengelernt?

Oder wollen Sie eine gemeinsame Kreuzfahrt unternehmen?

So wie in dem Film…

Damit wäre wohl eine große Liebe angedeutet.

Aber vielleicht auch Gefahr…

Oder haben Sie quälende Kreuzschmerzen, seit Sie diesem Mann begegnet sind?

Was könnte dies bedeuten?

Was möchte Ihre Seele Ihnen damit vermitteln?

Natürlich liegt auch die Assoziation zum Kirchenkreuz nahe.

Deutet diese eine nahende Hochzeit an?

Oder eher die Kreuzigung?

Aber vielleicht auch einen Kreuzzug?

Was fällt Ihnen zu all dem ein?

Auch der Begriff „HOSE“ scheint hier völlig absurd zu sein.

Aber wer weiß?

Welche Assoziationen haben Sie dazu?

Fällt Ihnen auch „die Hosen anhaben“ dazu ein?

Wer dominiert in dieser Beziehung?

Wer hat hier die Hosen an?

Aber auch die Windhose könnte interessante Assoziationen hervorrufen. Diese dreht sich mit dem Wind und sie zeigt die Windrichtung an.

Welche Assoziationen kommen Ihnen dazu in den Sinn?

Oder dieser Mann hatte beim ersten Rendezvous eine spezielle Hose an. Die Ihnen besonders gefallen hat oder auch nicht.

Hat diese Hose Sie an jemand anderen erinnert? An wen?

Eine Redewendung ist auch „die Hose herunterlassen“. Sie steht ja für „Farbe bekennen“.

Was kommt Ihnen dazu in den Sinn?

Ein Hosenmatz ist ein Kleinkind.

Was könnte diese Assoziation andeuten?

Mag Ihr inneres Kind diesen Mann?

Ist dieser Mann kindlich?

Ja vielleicht sogar kindisch?

Oder fühlten Sie in seiner Gegenwart Ihr inneres Kind?

Das wäre ja eher ein positives Zeichen.

Was fällt Ihnen noch alles zu diesem Begriff ein?

Weitere absurde Begriffskombinationen überlasse ich Ihrer Phantasie.

Ich hoffe jedenfalls, ich konnte Ihnen mit meinen Beispielen Appetit auf dieses Spiel machen; denn ich denke, es bietet Ihnen eine sehr anregende Form des Dialoges mit Ihrer Seele.

Jedenfalls wird Ihre rechte Gehirnhälfte dabei Freude haben und in der Freude schütten Sie Glückshormone aus. Wie wertvoll diese sind, habe ich bereits erwähnt.

Freude ist bei allen Herausforderungen des Lebens ein sehr hilfreicher Begleiter, denn sie ist ein Seelen-Zustand. Daher wird Ihre Seele gern darin schwelgen.

Und nicht zuletzt integriert dieses Spiel mit Worten Ihre beiden Gehirnhälften und schenkt Ihnen Zugang zu bisher verborgenen Potenzialen.

~ Besonders wenn Sie es immer wieder mit der Quantenwelle kombinieren. Stimmen Sie sich im Vorfeld darauf ein und integrieren Sie Ihre Erkenntnisse und Einsichten mit den 2 Punkten in Ihrer Matrix!

Die Seele über ein Buch fragen

Auch diese Form des Dialoges mit Ihrer Seele regt Ihre Assoziationskraft an; und wird Sie besonders ansprechen, wenn sie Bücher mögen und gern darin blättern.

Wenn Sie eine Frage an Ihre Seele haben, dann nehmen sie ein Buch zur Hand und schlagen es an irgendeiner beliebigen Stelle auf.

Dann tippen Sie, ohne hinzusehen, mit der Fingerspitze auf irgendeine Stelle und lesen Sie das entsprechende Wort oder den ganzen Absatz.

Und dann stellen Sie die Verbindung her zwischen Ihrer Frage und dem, was Sie hier lesen können.

~ Stimmen Sie sich davor mit einer Quantenwelle auf diese Befragung ein und bitten Sie Ihre Seele, Sie zu der Stelle zu führen, in der Sie klar die Antwort erkennen, die Sie brauchen!

Prinzipiell sollte dies ein Buch mit substanziellem Inhalt sein, in dem Sie also kluge Antworten erwarten können.

Und sinnvollerweise ein Buch, das zum Thema Ihrer Frage passt, das also etwas Anregendes dazu zu sagen hat.

Aber Sie können auch – ähnlich wie im Spiel „Ad Absurdum – ex Absurdum" – ein Buch wählen, das scheinbar ganz und gar nicht zu Ihrem Thema passt.

Und wenn Ihre Phantasie wach und rege ist, wird Ihnen auch so die eine oder andere durchaus wertvolle Antwort zukommen.

Warum nicht ein Buch über Quantenphysik zu einer Liebesfrage konsultieren?

Oder einen Liebesroman zu einer wichtigen beruflichen Entscheidung?

Und warum nicht ein altes Asterix-Heft befragen?

Auch daraus können Sie Gewinn ziehen – vielleicht sogar doppelten Gewinn.

Einerseits durch Ihre Assoziationen, andererseits durch das Schmunzeln, das es Ihnen beim Wiederlesen nach so langer Zeit schenkt.

Wenn Sie religiös sind und einen guten Bezug zur Bibel haben, wird Ihnen auch diese wertvolle Hinweise bieten.

Ebenso der Koran oder andere religiöse Bücher.

Lassen Sie sich einfach von Ihrer Intuition leiten.

Sie wird Ihnen jenes Buch in die Hände spielen, wo Sie Ihre ideale Antwort finden.

Spiel mit Orakeln

Auf spontane Synchronizitäten bin ich bereits eingegangen. Je aufmerksamer Sie auf diese achten, umso eher werden sie Ihnen auffallen.

Aber Sie können solche auch bewusst provozieren. Einerseits in der Verfolgung ihrer astrologischen Konstellationen und Ihrer aktuellen Lebenszahlen, andererseits im Spiel mit Orakeln.

Dieses hat den Vorteil, dass auch Ihr inneres Kind Freude daran haben wird. Besonders wenn Sie das Kind in Ihnen beim Kauf nach seinen Vorlieben fragen – mein inneres Kind liebt Orakel, daher habe ich viele davon daheim; und spiele immer wieder gern damit.

Fragen Sie Ihren kindlichen Anteil, worauf er Lust hat und welche Art von Orakel ihm gefällt!

Ich wende mich vor allem in anspruchsvollen Phasen meines Lebens gern an meine Orakel. Denn dann bin ich oft so von meinem Alltag absorbiert, dass ich die Zeichen, die meine Seele mir treu und verlässlich immer bietet, nicht wahrnehme.

Nicht zuletzt, weil sich dann mein innerer Saboteur besonders stark in meine Lebensgestaltung einbringen möchte.

Kennen Sie dieses Phänomen?

Dass Sie gerade dann, wenn Sie sie am dringendsten bräuchten, Ihre Intuition nicht zugänglich haben?

Und das Gefühl haben, im Dunkeln zu tappen?

Oder wie durch ein Nebelfeld zu gehen?

Dann empfehle ich Ihnen, Ihre Seele über Orakel zu befragen. Denn dies wird Ihnen auch dann Klarheit verschaffen, wenn Sie in den aktuellen Synchronizitäten zwar Hinweise Ihrer Seele erkennen, deren Bedeutung aber nicht verstehen.

Das Besondere am Spiel mit Orakeln ist, dass sie uns Antworten in Form von Bildern und Symbolen schenken, die unsere Kreativität anregen. Das heißt, eigentlich lassen sie uns unsere eigenen Antworten finden, die tief in uns geschlummert haben.

Ich werde Ihnen hier nur einen kleinen Einblick in die Welt der Orakel geben. Wenn dadurch Ihr Interesse geweckt ist, dann freut es mich, und dann forschen Sie bitte auf eigene Hand weiter!

Sie werden mit der entsprechenden Offenheit genau die für Sie passenden Orakel – und bei Bedarf auch die nötigen Lehrer (in Form von Büchern oder als Person) – finden.

Im Prinzip helfen Ihnen Orakel, sich auf die aktuell wirksame Zeitqualität einzustimmen, aber auch den Sinn, den Wert und die Bedeutung Ihrer aktuellen Herausforderungen zu erkennen. Dann können Sie besser damit umgehen und Ihr Leben souveräner meistern.

Orakel weisen Sie auch auf jene Stärken und Fähigkeiten hin, die Ihnen helfen, Ihre aktuellen Aufgaben kompetent zu lösen.

Vor allem jene Ressourcen, denen Sie aus mangelndem Selbstwertgefühl bisher viel zu wenig Beachtung geschenkt haben, weil Sie noch zu wenig an sich glauben.

Das Spiel mit Orakeln wird Ihnen bei jedem Lebensthema wertvolle Dienste erweisen. Es schenkt Ihnen mehr Bewusstheit in Ihrer Partnerschaft, Ihrer Familie und anderen Beziehungen. Aber auch in Bezug auf Beruf, Berufung und Selbstverwirklichung.

Orakel helfen Ihnen, sich über Ihre Ziele, Wünsche und Visionen klarer zu werden. Aber auch in Bezug auf Ihre Gesundheit und die Botschaften hinter Krankheiten und Funktionsstörungen. So verhelfen sie Ihnen zu einem auf allen Ebenen bewussten und zugleich erfüllten Leben.

Bezüglich Ihrer Partnerschaften können Orakel Ihnen helfen, schädliche Einstellungen, Reaktionen und Verhaltensmuster zu erkennen und sie zeigen Ihnen Wege aus der Destruktivität in die Harmonie, aus der Blockade in die Lösung.

Auf diese Weise erkennen Sie, wie Sie eine aus den Fugen geratene Beziehung retten können. Aber Orakel helfen Ihnen auch, sich aus einer nicht mehr passenden Partnerschaft zu befreien.

Bei gesundheitlichen Problemen helfen Orakel, die Botschaften zu erkennen, die Ihre Seele Ihnen mit der jeweiligen Symptomatik vermitteln möchte. Aber sie weisen Ihnen auch Wege in Richtung mehr Vitalität, Wohlbefinden und Gesundheit.

Natürlich ohne je Ersatz für ärztliche oder auch komplementärmedizinische Hilfe zu sein, so diese angezeigt ist!

Dies möchte ich als ehemalige Medizinerin dezidiert betonen. Ich glaube zwar, dass letztlich Selbstheilung der wichtigste Weg zur Genesung ist; aber dafür braucht es oft Hilfe zur Selbsthilfe.

Im Bereich Ihrer Arbeit können Orakel Ihnen helfen, Ihre Berufung zu finden; einerseits indem sie Ihnen bisher vielleicht verborgene Talente, Stärken und Fähigkeiten bewusstmachen.

Andererseits können sie Sie dazu ermutigen, aus ganzem Herzen für Ihre Visionen einzustehen und das in

Ihnen angelegte Potenzial auch tatsächlich zu verwirklichen.

Besonders in Entscheidungs-Situationen sind Orakel wertvolle Wegbegleiter und Wegweiser. Denn sie helfen Ihnen, sich auf die Weisheit Ihrer Intuition einzustimmen und lassen Sie zum richtigen Zeitpunkt die richtige Wahl treffen.

Ganz allgemein sind Orakel wundervolle Stresslöser, die Ihnen helfen, die Botschaften Ihrer Seele in vergangenen und gegenwärtigen Krisen besser zu verstehen. Vor allem aber auch Ihren Anteil daran zu erkennen – und diesen dann auch loszulassen oder zu transformieren.

Orakel schenken Ihnen Verstehen und daraus resultierendes Verständnis; und ich denke, das ist in jeder Situation wertvoll. Außerdem regen sie Sie an, eine neue, entspanntere Einstellung zu all dem Schmerzhaften zu gewinnen und begleiten Sie so in eine hellere und glücklichere Zukunft in voller Eigenermächtigung.

Was ich an Orakeln besonders mag, ist, dass sie mit ihrer Bildersprache vor allem unsere rechte Gehirnhälfte ansprechen.

Es gibt zwar zu allen Beschreibungen, auf vielen Kartendecks sogar direkte Erklärungen. Und solche Hinweise mögen anfangs durchaus sinnvoll sein, weil sie auch Ihre linke Gehirnhälfte ansprechen.

Aber aus meiner Sicht geht es im Spiel mit Orakeln vor allem darum, unsere Phantasie anzuregen und unsere Kreativität aus dem Dornröschenschlaf zu wecken. Daher meine ich, wir sollten sie nützen, um vor allem unsere rechte Gehirnhälfte aus der Reserve zu locken. In ihr sitzt ja unsere Bildersprache.

Warum ich das so betone?

Nun, wir leben in einer sehr linkshirnlastigen Epoche und in einem ebensolchen Kulturkreis, wo unsere rechte Gehirnhälfte weder gefordert noch gefördert wird.

Und da unser Gehirn wie ein Muskel ist, drohen durch diese Unterforderung die Funktionen unserer rechten Gehirnhälfte nicht nur zu rasten, sondern auch zu rosten. Daher sollten wir sie generell mehr nützen. Dazu ist das Spiel mit Orakeln eine sehr vergnügliche Möglichkeit, die vor allem auch unser inneres Kind ergötzt.

Einblicke in die Orakel-Geschichte

Interessiert Sie ein wenig geschichtlicher Hintergrund?

Zu Beginn waren Orakel Versuche des Menschen, seine dunkle Lage in der unberechenbaren Natur etwas mehr unter Kontrolle zu bringen. Dazu galt es, Wahrscheinlichkeiten aufzustellen, um nicht so oft überrascht zu werden.

Zu diesem Zweck wurden zuerst eher passiv Omina beobachtet, also quasi symbolische Vorzeichen. Dazu dienten der Vogelflug, die Eingeweideschau von Opfertieren, aber auch Blitzformen. Schließlich wurden mehr und mehr Fragen gestellt und aktiv Antworten provoziert.

Im Prinzip ähnelt das unseren spontanen Synchronizitäten einerseits und der gezielten Befragung von Orakeln auf der anderen Seite. Beides scheint mir ja wertvoll zu sein.

Auch in unserer Entwicklungsgeschichte entwickelten sich Orakel von der passiven Beobachtung und Hinnahme göttlicher Äußerungen bis zu komplizierteren Dialogsystemen mit dem „Übersinnlichen“. Wichtigstes Thema war dabei der Ausgang von geplanten Handlungen, beispielsweise Kriegshandlungen. Aber auch das Erkennen der Ursache göttlichen Zornes.

Besonders im alten Ägypten dienten auch Träume als Orakel, die im 20. Jahrhundert Siegmund Freud dann in seiner Traumanalyse wieder aufgegriffen hat und die auch heute noch in vielen psychologischen Schulen in die Therapie integriert werden.

Zwei Denkweisen

Im Wesentlichen können wir zwei Denkweisen unterscheiden, die im engen Konnex zu unseren beiden Gehirnhälften stehen.

Mit der linken Gehirnhälfte korreliert die quantitativ-kausale Art zu denken. Die rechte Gehirnhälfte steht für die qualitativ-analoge Denkweise.

Bei der ersten folgen A => B => C => D einander in linearer Folge und Ursache führt jeweils zu Wirkung, während diese wiederum auf der jeweiligen Ursache beruht. Dabei fragt sich natürlich, warum B auf A folgt und C auf B. So versucht man, zurückzuverfolgen, warum und wie die aufeinander abgestimmten Ereignisse jeweils aufeinander gewirkt haben.

Abgesehen davon gibt es in diesem (eher westlichen) Denksystem eine starke Trennungslinie zwischen dem physischen und dem psychischen Geschehen. Und lineare Zeit spielt hier eine wichtige Rolle – die allerdings von der modernen Physik angezweifelt wird.

Die synchronistische Denkweise ist unter anderem auch die klassische Denkweise Chinas und spielt auch im weltweit bekannten I Ging eine wichtige Rolle. Sie beruht auf dem Feldkonzept, das übrigens auch Rupert Sheldrake in seinen bereits erwähnten „morphogenetischen Feldern“ postuliert.

Bei dieser Art zu denken geht es weniger um die Frage, warum etwas passiert oder welcher Faktor welche Wirkung erzeugt hat. Sondern da bündeln sich A, B, C und D synchronistisch um einen Augenblick und es wird gefragt:

„Was tendiert, gemeinsam zu geschehen – und zwar im Innen wie im Außen?"

„Was ereignet sich im selben Augenblick auf sinnvolle Weise gemeinsam?"

Und das erinnert natürlich an Carl Gustav Jungs Synchronizitäten.

Auf diese Weise wird ein bestimmter Zeitmoment zum Schlüsselmoment, zum Brennpunkt für die Beobachtung von inneren und äußeren Ereignissen, aber auch zur vereinigenden Tatsache.

Bei dieser Art zu denken werden Physis und Psyche also nicht getrennt, sondern es wird eine intensive Interaktion zwischen dem physischen und dem psychischen Geschehen postuliert.

Interessanterweise realisiert auch westliches Denken teilweise diese Tendenz, dass Dinge in zeitlicher Korrelation miteinander geschehen.

Denken Sie nur an das „Gesetz der Serie"!

Oder an das Sprichwort: „Ein Unglück kommt selten allein!"

Aber auch: „Aller guten Dinge sind drei".

Zeitqualität versus Zeitquantität

Im Grunde geht es dabei darum, die qualitative Bedeutung des Augenblickes (Kairos im Unterschied zum quantitativen Aspekt Chronos) zu entschlüsseln. Und dabei wird der Augenblick als etwas Lebendiges mit einer eigenen Identität und Bedeutung gesehen.

Er hat eine Vergangenheit – die Situationen und die Entscheidungen, die zur Gegenwart geführt und diesen Moment geprägt haben. Und er hat eine Zukunft – Situationen und Entscheidungen, die direkt auf den Reaktionen der Gegenwart beruhen und die von gegenwärtigen Entscheidungen beeinflusst werden.

Diese Art zu denken möchte also erkennen, wie wir in eine bestimmte Situation geraten sind und geht davon aus, dass diese Einsicht auch die Inhalte des nächsten Augenblickes beeinflusst – erinnern Sie sich auch an den Beobachtereffekt!

Aus einer anderen Perspektive spiegeln Orakel einen Aspekt unseres Inneren in diesem Augenblick wider. Daher ist es nicht gleichgültig, wer wann ein Orakel befragt; denn der Augenblick ist Ausdruck und Träger der Energie, die mit der aktuellen Energie des Orakelbefragers synchron schwingt, also quasi damit korrespondiert.

Auf diese Weise erklärt sich die immer wieder aufs Neue erstaunliche Akkuratesse der Antworten.

Haben Sie schon je ein Orakel befragt?

Und gestaunt, wie stimmig die Antwort war?

Oft bis zur Gänsehaut?

Tatschlich können Sie sogar Einblicke in die Zukunft gewinnen, wenn es Ihnen im Spiel mit Orakeln gelingt, die tiefere Bedeutung des Augenblickes zu erfassen. Und dann können Sie die sich entwickelnde Zukunft bis zu einem gewissen Grad sogar bewusst mitgestalten, werden also tatsächlich „Ihres Glückes Schmied“, indem Sie mit Ihrem Charakter Ihr Schicksal beeinflussen.

Interessanterweise gibt es auch Frage-Horoskope. Diese werden genau für den Augenblick erstellt, in dem der jeweiligen Person die entsprechende Frage in den Sinn kommt, und dann in Bezug zum Thema der Frage gedeutet.

Orakelbefragung heute

Die meisten Orakel, die heute in Verwendung sind, haben die Funktion, unser Unterbewusstsein zu katalysieren. Denn dieses weiß viel besser über andere Menschen, unsere Zukunft aber auch unsere Vergangenheit Bescheid als unser Bewusstsein.

Dazu projizieren wir unbewusstes Wissen in die Orakelgegenstände hinein – damit sind Orakel genaugenommen Katalysatoren, die uns das bewusstmachen, was wir ohnehin schon tief im Inneren wissen.

Wenn Sie noch keine Orakel in Ihrem Besitz haben, dann stehen Sie vor einer Flut von Angeboten. Und zwar nicht mehr nur in einschlägigen Buchhandlungen, weil die allermeisten etwas dergleichen im Angebot haben. Aber auch im Internet werden Sie rasch fündig.

Im Grunde ist es sekundär, welches Orakeln Sie lesen, denn viel wesentlicher ist, wie Sie es tun. Und dazu scheint es mir wichtig zu sein, dass Ihr Orakel Sie anspricht – und vor allem auch Ihr inneres Kind beglückt; denn dieses schenkt Ihnen einen direkten Zugang zu Ihrer Kreativität und Intuition.

Geben Sie einmal den Begriff „Orakel“ bei Amazon ein. Dann bekommen Sie Tausende Ergebnisse. Bei Google kommen binnen einer Sekunde über 5 Millionen Ergebnisse.

Sehen Sie, wie allgegenwärtig Orakel heute, in unserer so aufgeklärten Zeit, sind?

Ich selbst spiele seit weit über 50 Jahren mit Orakeln und muss immer wieder schmunzeln, wenn ich höre, wer alles Orakel befragt, von dem ich es niemals erwartet hätte, über sich selbst oder über andere.

Fragen Sie einmal Menschen in Ihrem Umfeld und wundern Sie sich, wer schon alles ein Orakel befragt hat. Oft sind das jene, denen Sie es am allerwenigsten zugetraut hätten – offenbar fällt auch dieses Tabu nach und nach.

Haben Sie nun Lust bekommen?

Hat Ihr inneres Kind sich von der Begeisterung meines inneren Kindes anstecken lassen?

Dann empfehle ich Ihnen, sich wirklich Zeit zu nehmen, um Ihr Orakel zu finden. Fühlen Sie sich durch die verschiedenen Angebote hindurch. Und beziehen Sie dabei unbedingt Ihr inneres Kind in Ihre Wahl mit ein!

Glauben Sie mir: je mehr Freude dieser Teil Ihrer Persönlichkeit an den Karten, Würfeln, Steinen, Stäbchen, Münzen oder anderen Orakeln hat, umso besser wird Ihr Zugang zu Ihrer Kreativität sein. Und umso mehr Phantasie werden Sie bei Ihren Assoziationen haben – und genau darum geht es ja.

Für manche Orakel müssen Sie sich eine Menge Wissen aneignen, um wirklich erfolgreich damit zu spielen. Dazu gehören das Tarot, die Runen, die Lenormand-Karten oder das recht komplexe I Ging in seinen verschiedenen Lesarten.

Andere wiederum können Sie ohne jegliches Vorwissen nützen. Wie diverse Engel-, Krafttier- oder Feenkarten. Diese können Sie nach kurzer Einstimmung sofort befragen.

Daher wird Ihre Wahl also auch davon abhängen, wieviel Zeit Sie bereit sind, zum Einstieg in Ihre Orakelbefragung zu investieren.

Eine weitere Art, Orakel zu befragen, ist die Betrachtung chaotischer Muster. Dazu gehören Kaffeesud, Teeblätter, geworfene Knochen oder Steine, aber auch die reflektierenden Lichter einer Kristallkugel.

Diese chaotischen Muster lassen unbewusste Phantasien in Ihnen hochkommen, weil Ihr bewusster Geist nichts damit anfangen kann. Und wenn er verwirrt ist, schaltet er sich aus und gibt den Weg frei für intuitive Einsichten – allerdings müssen Sie das zulassen. Und dazu ist es sinnvoll, auf Hirnebene Alpha-Wellen zu erzeugen.

Um uns für unsere Kreativität zu öffnen, müssen wir gewohnte Denkpfade verlassen. Und das kann unser Gehirn besonders gut, wenn es in einem Alpha-Rhythmus schwingt.

Das haben Wissenschaftler herausgefunden, indem sie ihre Versuchspersonen Verbindungen zwischen Wörtern suchen ließen. Jene Probanden, die im Frequenzband zwischen 8 und 13 Hertz waren (also unter Alpha-Wellen) hatten viel kreativere Einfälle, weil bei ihnen die naheliegenden Assoziationen unterdrückt waren.

Wenn jemand beispielsweise nach einer alternativen Verwendung für ein Glas sucht, muss er zunächst seine gewöhnliche Perspektive auf ein Glas als Behälter unterdrücken. Und genau das passiert im Schläfen-Lappen, wenn das Gehirn in Alpha-Wellen schwingt.

Daher kann auch entspanntes Malen oder Zeichnen von Mandalas oder abstrakten Bildern ein guter Weg sein, mit Ihrem Unterbewusstsein in Kontakt zu kommen.

Assoziieren Sie zu abstrakten Bildern oder Farbkleksen, um unbewusste Phantasie zu entfalten – ähnlich wie in Tagträumen! Auf diese Weise können Sie sich sogar Ihr eigenes Orakel erschaffen – dabei empfehle ich Ihnen, unbedingt Ihre linke Hand miteinzubeziehen, denn Sie öffnet Ihnen den Zugang zu Ihrer rechten Gehirnhälfte.

Einstimmung

Wenn Sie selbst Orakel für sich befragen wollen, sollten Sie sich zuvor darauf einstimmen, um Ihrem Unterbewusstsein zu signalisieren, dass Sie nun bereit sind für seine Botschaften. Und was ich Ihnen in diesem Buch als Zugangswege zu Ihrer Quanten-Bewusstheit empfohlen habe, wird Ihnen auch hier gute Dienste erweisen.

Wichtig ist dabei, sich aus Ihrem Alltagsstress zu lösen, denn unter Stress sind Sie viel zu verspannt, um die nötige Empfänglichkeit aufzubringen; denn da schwingt Ihr Gehirn unter den hochaktiven Beta-Wellen.

Außerdem ist unter der Wirkung Ihrer Stresshormone Ihre gesamte Gehirnrinde, – vor allem aber Ihre rechte Gehirnhälfte, durch Minderdurchblutung ausgeschaltet. Und das ist natürlich kein angemessener Zustand, um Botschaften Ihrer Seele zu empfangen oder gar zu verstehen.

- *Richten Sie sich auf,*
- *atmen Sie bewusst tiefer und langsamer, möglichst im 5 zu 3 Rhythmus,*
- *spüren Sie wie sich Ihre Brust in der vertieften Atmung wohltuend weitet,*
- *visualisieren Sie Licht und holen Sie sich strahlende Helligkeit in Ihr Stirnhirn,*
- *entspannen Sie Ihre Kiefermuskulatur,*
- *lassen Sie Ihre Lippen weich und breit werden*

- *und erlauben Sie sich ein entspanntes Lächeln, um Endorphine auszuschütten und sich davon beleben und erfrischen zu lassen,*
- *und fühlen Sie sich leicht, ja sogar etwas abgehoben…*

~ Und nützen Sie das Spiel mit der Quantenwelle auch, um sich auf Ihr Orakel einzustimmen! Geben Sie sich eine Welle mit der Absicht, einen möglichst guten Zugang zu Ihrer Intuition und Ihrer Inneren Stimme zu haben und die Botschaften Ihrer Seele möglichst klar und deutlich zu erkennen und zu verstehen!

Letztlich können Sie sogar an Ihrem Computer sitzen und online eine Engelkarte ziehen oder auch das Gummibärchen-Orakel befragen. Oder Sie können digital eine „innere Kind Karte" ziehen, eine Fee oder einen Erzengel zu Rate ziehen…

Aber diese Option scheint mir auf Dauer nicht befriedigend zu sein; einfach weil dabei Ihre Intuition viel zu wenig gefragt ist. Aber genau darum geht es doch in unserem Bestreben, in Resonanz mit unserer Seele zu schwingen, um ihre Botschaften zu erkennen und zu verstehen.

Daher möchte ich Ihnen wirklich das unmittelbare Spiel mit Ihrem eigenen, intuitiv gedeuteten Orakel ans Herz legen.

~ Die Quantenwelle wird Ihnen übrigens auch helfen, Ihr ideales Orakel zu finden.

Astrologische Analyse

Astrologie und Numerologie sind zwei uralte Techniken zur vertieften Innenschau, aber auch zur Divination.

Aus meinem Leben sind sie nicht mehr wegzudenken, seit ich mich auf einem bewussten Lebensweg befinde. Daher würde ich mich freuen, auch Sie dafür begeistern zu dürfen.

Hatten Sie noch nie damit zu tun?

Dann empfehle ich Ihnen, eine kompetente Person zu suchen, die Ihr erstes Horoskop für Sie erstellt und Sie in einem persönlichen Gespräch berät.

Noch mehr als die Numerologie verlangt meiner Ansicht nach die Astrologie mehrjähriges intensives Studium, um wirklich sattelfest zu sein. Und ich kann mir vorstellen, dass Sie nach einer ersten – möglichst kompetenten – Erfahrung auch Feuer fangen und Lust bekommen, sich diese großartige Technik zur Selbsterkenntnis und Einsicht in die Zeitqualität anzueignen.

Als sehr klares Instrument zum Erkennen der Zeitqualität schenkt Ihnen die Astrologie Einsicht in jene Teile Ihres Potenzials, die aktuell zur Entfaltung drängen. Wann also die verschiedenen Facetten Ihrer Persönlichkeit jeweils aktuell werden, welche Themen Ihres Lebens also gerade "nach Erlösung verlangen" und was von Ihrem Potenzial nun gelebt und in Besitz genommen werden möchte.

Aus meiner Sicht starten wir alle mit einem umfassenden Entwicklungspotenzial ins Leben, und dieses gilt es mit der entsprechenden Bewusstheit nach und nach zu erkennen und zu entfalten.

Wenn Sie mit einem musikalischen Talent zur Welt kommen, bedeutet das nicht, dass Sie dieses in den ersten Lebensjahren zur vollen Entfaltung bringen sollen, denn alles hat seine Zeit – und genau diese „richtige Zeit für Richtiges“ erkennen Sie dank der Astrologie.

Neben Ihren Stärken, Talenten und Fähigkeiten zeigt Ihr Horoskop Ihnen auch Ihre Schwächen und Blockaden. Aber auch, wie Sie diese am besten meistern und lösen.

Darüber hinaus kann die Astrologie Ihnen helfen, Ihre zwischenmenschlichen Beziehungen besser zu verstehen; und somit authentischer und befriedigender (für alle Beteiligten) zu gestalten.

Wenn Sie erkannt haben, was Sie aus einer bestimmten Begegnung lernen, erfahren und erkennen können, wird diese leichter zu leben sein – auch wenn sie sich eher anspruchsvoll gestaltet.

Wenn Ihnen klar ist, zu welchen Wachstumsschritten Sie dadurch angeregt werden, wird Ihr Leben erfüllter und erfüllender sein und Sie werden eine Menge Energie sparen.

Setzen Sie Ihre Energie lieber für nützlichere Ziele ein als zur Aufrechterhaltung von Blockaden, zur Verdrängung unerlöster Persönlichkeitsanteile und für Machtkämpfe mit Ihren Mitmenschen. Das wird Sie und Ihre Partner in den verschiedenen Lebensbereichen glücklicher, ausgeglichener und damit auch gesünder machen.

Außerdem hilft Ihnen die Astrologie auch, von vorneherein zu erkennen, ob und inwiefern ein neues Du zu Ihnen passt oder auch nicht. Und in welchen Lebensbereichen Sie in Resonanz schwingen oder in Dissonanz.

Unsere Seelen wünschen sich erfüllende und erfüllte Beziehungen von und für uns. Daher ist für mich die Astrologie gerade in diesem Zusammenhang besonders wertvoll.

Passende Planeten

Ist Ihnen schon einmal aufgefallen, dass Sie sich mit Menschen des gleichen Tierkreiszeichens besonders gut verstehen?

Tatsächlich schwingen zwei zueinander passende Sonnen (in demselben Tierkreiszeichen oder in einem resonanten) in Harmonie.

Sie deuten auf eine grundsätzliche Ähnlichkeit in der Lebensart, die für jegliche Beziehung wertvoll ist.

Vor allem für eine Lebensbeziehung ist dies eine gute Basis, besonders wenn dann noch weitere förderliche Faktoren hinzukommen.

Aber auch die beiden Monde sollten in einer Lebensbeziehung zusammenpassen, vor allem wenn die beiden Partner wirklich miteinander leben und ihren Alltag gemeinsam gestalten wollen.

Fernbeziehungen kommen auch ohne eine solche Resonanz aus.

Ein weiterer wichtiger Planet ist Merkur. Er sollte vor allem dann passend sein, wenn verbale Kommunikation für die Betreffenden wesentlich ist.

Manchen Paaren scheint dies nicht so wichtig zu sein, weil da andere Faktoren im Vordergrund stehen.

Aber wenn Sie dieses Buch lesen, nehme ich an, dass Sie ein bewusst lebender Mensch sind und dann liegt Ihnen die Entfaltung Ihres Potenzials am Herzen, für die der verbale Austausch nicht unwichtig ist.

Daher sollten Sie meiner Meinung nach in wichtigen Beziehungen auf passende Merkurpositionen und damit mentale Resonanz achten.

Der nächste Planet, der vor allem in engeren Beziehungen wichtig ist, ist Venus. Sie zeigt, wie die betreffende Person ihre Liebe zeigt, aber auch wie sie möchte, dass ihr Liebe gezeigt wird.

So sind für manche verbale Liebesbezeugungen wichtig, anderen sind kleine oder große Aufmerksamkeiten wichtiger und wieder anderen ist die Sinnlichkeit wichtiger.

Darüber hinaus steht Venus für das, was uns wertvoll ist, aber auch für unsere Selbstwertschätzung.

Auch die beiden Mars-Positionen sollten in wichtigen Beziehungen möglichst zusammenpassen. Speziell, wenn Sie und Ihr Du gemeinsame Ziele haben; denn Mars steht für die Art und Weise, wie wir uns das holen, was wir wollen, wie wir uns also durchsetzen.

Außerdem lässt Mars Ihren Zugang zur Sexualität erkennen, ist daher vor allem auch für sexuell aktive Paare wichtig – wobei es für mich das immer wieder strapazierte „gut im Bett“ nicht gibt; sondern es gibt „passend“ oder „nicht passend“.

Denn was einigen Spaß macht, ja sogar wichtig ist, passt für andere gar nicht; weil sie ganz andere Vorlieben haben.

Und diese Vorlieben und Zugangsweisen zu Erotik und Sexualität lassen sich gut aus der Position von Venus und Mars herauslesen.

Neben diesen Konstellationen gibt es natürlich noch weitere wichtige Aspekte, die hier zu beschreiben zu weit führen würde.

Nach meiner Erfahrung gibt es kaum Beziehungen, die nur harmonisch aspektiert sind, und das ist durchaus sinnvoll.

Denn für unser Wachstum brauchen wir auch Spannung. Nur sollte diese in einem gesunden Gleichgewicht mit harmonischen Aspekten stehen.

Stark überspannte Horoskop-Vergleiche sind ebenso destruktiv wie Extremharmonie, die auf Dauer langweilig wird. Genau deshalb ist für mich die Astrologie so wertvoll.

Denn sie zeigt uns klar, wie eine Art Bonus, welche Bereiche sich von vorneherein harmonisch gestalten werden, und bei welchen es mehr Aufmerksamkeit braucht.

Früher hätte ich gesagt, welche mehr Beziehungsarbeit brauchen, aber diesen Begriff mag weder meine Seele noch mein inneres Kind. Und dieser Persönlichkeitsanteil ist gerade in Beziehungen wichtig.

Mein inneres Kind wusste bereits im Vorhinein, welche meiner Partnerschaften Chance auf Erfüllung haben würde und welche nicht – eigentlich sollte nicht beim Vater der Braut, sondern bei ihrem inneren Kind um ihre Hand angehalten werden ☺

Und ich bin überzeugt, dass viele Scheidungen und grausame Rosenkriege vermieden werden könnten, wenn wir uns in unserer Partnerwahl mehr auf unser inneres Kind verlassen würden.

Das liegt daran, dass dieser Persönlichkeitsanteil seelen-näher ist; also einen besseren Zugang zu dem hat, was unsere Seele sich für und von uns wünscht.

In einer kompetenten astrologischen Beratung lernen Sie sich also selbst besser kennen und werden auf Ihrem „Weg zu sich selbst" begleitet und idealerweise angeregt, Ihr aktuell zur Verwirklichung drängendes Potenzial zu erkennen und dann auch zu entfalten.

Wussten Sie, dass Sie ein Geschenk für diese Welt sind?

Und haben Sie das einzigartige Geschenk, das in Ihnen schlummert, schon erkannt?

Und ausgepackt?

Was von all dem, haben Sie der Welt schon dargebracht?

Eine einfühlsame astrologische Beratung wird Sie dabei unterstützen.

Dabei wird zuerst Ihr Geburts-Horoskop besprochen, um die in Ihnen angelegten und teilweise noch schlummernden Anlagen ebenso aufzudecken wie die Schwächen, die zu meistern Sie auf die Welt gekommen sind.

Dann wird das aktuelle Solar-Horoskop (das Jahreshoroskop, das von einem Geburtstag zum nächsten Aufschluss gibt) besprochen, um zu sehen, welche Aspekte und Lebensbereiche gerade besonders im Mittelpunkt stehen und nach Aufmerksamkeit verlangen.

Das können Ihre Beziehungen (oder eine bestimmte Beziehung) sein, die gerade im Brennpunkt stehen. Vielleicht gibt es da eine Blockade, die nach Lösung verlangt.

Oder in Ihrem Beruf möchte mehr Berufung gelebt werden, damit Sie mehr Selbstverwirklichung und damit Erfolg und berufliche Erfüllung erfahren.

Manchmal verlangt auch die Gesundheit mehr Aufmerksamkeit. Dann gilt es, die Botschaften zu entschlüsseln, die Ihre Seele Ihnen über Ihren Körper geben möchte.

Ganz im Sinne des klugen Gedankens:

Sagt die Seele zum Körper: „Geh du voran mit einer Krankheit, mir glaubt er/sie nicht!“

Welche sind gerade die aktuellen Themen in Ihrem Leben?

Was möchte im Sinne eines bewussteren Lebens reflektiert werden?

Wo gilt es, wacher und aufmerksamer zu sein?

Was wünscht sich Ihre Seele für Sie und von Ihnen?

Ein erfahrener Astrologe oder eine erfahrene Astrologin wird Sie sanft aber bestimmt an Ihre Stärken, Talente und Begabungen erinnern und Sie auf Ihre inneren Schätze oder Ressourcen aufmerksam machen.

Ich bezeichne solche Menschen „Substral-Menschen“, weil sie Sie – so wie dieser Dünger – dazu anregen, wieder ein Stück weiter in sich hinein zu wachsen und mehr von Ihrer wahren Größe einzunehmen.

Darüber hinaus wird er oder sie Ihnen jene Werkzeuge bewusstmachen, mit denen Sie Ihre aktuelle Lebensaufgabe am sinnvollsten und energiesparendsten erfüllen können – Ihnen also helfen, in Seelen-Resonanz zu finden.

Numerologische Analyse

Aus meiner Erfahrung ist die Numerologie nicht ganz so komplex wie die Astrologie; jedenfalls nach dem pythagoreischen System, mit dem ich meine Numeroskope erstelle.

Dabei finden wir aus dem Geburtsdatum und dem Namen verschiedene relevante Zahlen von 1 bis 9; und diese werden jeweils für sich und in Kombinationen miteinander gedeutet.

Auch diesbezüglich empfehle ich Ihnen, sich fürs Erste an einen kundigen Experten oder eine Expertin zu wenden, um die Bedeutung Ihrer diversen persönlichen Zahlen zu besprechen.

Auch die Numerologie verhilft Ihnen zu erweiterter Selbstkenntnis, indem sie Ihnen Ihre Anlagen (Stärken, Talente, Fähigkeiten oder Schwächen und „blinden Flecken“) ebenso vor Augen führt wie die wesentlichen Herausforderungen, mit denen Sie sich generell im Laufe Ihres Lebens auseinanderzusetzen haben.

Darüber hinaus erkennen Sie in Ihrer jeweiligen persönlichen Jahreszahl – ähnlich wie im aktuellen Jahreshoroskop – welche Themen gerade aktuell werden.

Wann Sie also welche Aspekte Ihres Potenzials besonders wirksam entfalten können, weil Sie gerade "energetischen Rückenwind“ bekommen und welche Lebensaufgaben Sie gerade meistern dürfen.

Ich könnte auch sagen: welche Entwicklungsschritte sich Ihre Seele hier und jetzt von Ihnen und für Sie wünscht. Aber auch was Ihnen dabei hilft und was Ihnen dabei im Weg steht.

Und ähnlich wie die Astrologie hilft Ihnen die Numerologie auch, Ihre Beziehungen besser zu verstehen und damit authentischer und befriedigender (für alle Beteiligten) zu gestalten. Dazu brauchen Sie nur die unterschiedlichen Zahlen miteinander vergleichen – und auch hier gibt es passende und disharmonische Kombinationen.

Was dürfen Sie also aus einer bestimmten Begegnung lernen?

Welche kleinen oder großen Wachstumsschritte dürfen Sie nun machen?

Dies hilft Ihnen wieder, Energie zu sparen und Ihre Beziehungen erfüllter und erfüllender zu gestalten.

Wie Sie sehen, bieten uns diese beiden Techniken teilweise ähnliche Informationen; daher kombiniere ich sie gern miteinander, denn sie ergänzen und potenzieren einander in ihrer klärenden Wirkung. Manches kann ich im Horoskop rascher erkennen, anderes im Numeroskop.

Daher schätze ich diese Kombination sehr.

Aber natürlich ist das kein Muss, wenngleich ich zahlreiche Astrologen kenne, die sich auch mit der Numerologie beschäftigen und diese beiden Techniken zur Innenschau miteinander kombinieren.

Fühlen Sie einfach in sich hinein, mit welchem dieser beiden Wege zur Innenschau und Bewusstseinserweiterung Sie in Resonanz schwingen und welche Technik vor allem Ihre Seele anspricht.

Die Seele über die Natur fragen

In diesem Kapitel zeige ich Ihnen einen weiteren Weg, bewusst in Kommunikation mit Ihrer Seele zu kommen, um aktiv Botschaften zu erhalten.

Die Befragung der Natur kann ein sehr ergiebiger Weg sein, wenn Sie eine bestimmte Frage an Ihre Seele haben. Aber auch wenn Sie einfach neugierig sind, was Ihre Seele Ihnen aktuell vermitteln möchte.

Und natürlich wird Ihnen dieses Spiel vor allem dann liegen, wenn Sie einen guten Bezug zur Natur haben und sich gern dort aufhalten.

Auch hier sind wieder die Phantasie und die Assoziationskraft Ihrer rechten Gehirnhälfte gefragt, weil es darum geht, eine Symbolsprache zu deuten.

Formulieren Sie das zu klärende Thema möglichst ausführlich und notieren Sie Ihre Gedanken dazu. Behalten Sie diese im Kopf, während Sie sich in die freie Natur begeben.

Je ursprüglicher die Landschaft ist, umso anregender wird sie wirken; aber auch ein aufs Sauberste gepflegter Barock-Garten kann seinen Dienst erfüllen, wenn ihnen gerade keine naturbelassene Au- oder Urwald-Landschaft zugänglich ist – dann schalten Sie auf Empfang und seien Sie einfach offen!

~ Die Quantenwelle wird Ihnen auch dabei behilflich sein – setzen Sie sie mit der Absicht, Ihre beiden Gehirnhälften in guter Integration zu haben!

Dann richten Sie die Antennen Ihrer höheren Sinne auf die gesuchte Antwort aus!

Lassen Sie Ihren Blick ganz weich werden und fokussieren Sie sich dabei möglichst wenig auf Details; sondern halten Sie eher das ganze Bild in Ihrer Aufmerksamkeit!

Und lassen Sie sich führen!

Achten Sie dabei nicht so sehr auf die Objekte selbst, sondern vor allem auf die Zwischenräume!

Dann werden Sie genau spüren, wo Ihre Seele Sie hinführen möchte. Folgen Sie diesen Impulsen und lassen Sie sich Symbole zeigen, die Ihnen bei Ihrer aktuellen Thematik weiter helfen!

Und wenn Ihnen irgendetwas besonders auffällt – ins Auge fällt –, nehmen Sie Verbindung dazu auf!

Das muss gar nicht unbedingt etwas an sich Besonderes sein, sondern einfach etwas, das Ihnen besonders auffällt.

Wünschen Sie sich wieder einige Beispiele zur Inspiration?

Nehmen wir an, ein **Stein in Form eines Herzens** fällt Ihnen ins Auge.

Was könnte dies andeuten?

Ja, es könnte ein Hinweis sein, dass Ihr Herz Ihnen Bestätigung schenkt.

Oder Ihre Seele wünscht sich, dass Sie den „Dialog der Hände" mit Ihren Herzen spielen, um eine Antwort auf Ihre Frage zu bekommen.

Aber natürlich kann dieses Symbol, je nach Frage, natürlich auch ein Hinweis darauf sein, Ihr Herz zu öffnen.

Für eine bestimmte Person oder eine Idee oder ein Projekt…

In seltenen Fällen kann auch ein internistischer Gesundheits-Check angezeigt sein.

In Bezug auf ein Kommunikations-Thema könnte mehr Herzlichkeit gefragt sein.

Vielleicht sollten Sie Ihre Gedanken, ganz im Sinne der „Gewaltfreien Kommunikation“ von Marshall Rosenberg, mehr aus Ihrem Herzen formulieren.

Aber vielleicht fällt Ihnen auch ein **Wort** ins Auge, das jemand in die Rinde eines Baumes geritzt hat.

Dann können Sie ähnlich wie in der Befragung eines Buches allerlei Assoziationen dazu finden.

An welche Person, die Ihnen bei diesem Thema helfen könnte, erinnert Sie dieses Wort?

Wer trägt noch diesen Namen?

Welche Charaktereigenschaften hat diese Person?

Was weiß und kann sie besser als Sie?

Wie könnte sie Ihnen weiterhelfen?

Natürlich können Sie auch ein „Akrostichon“ zu diesem Wort machen – zu diesem Spiel gibt es ja ein eigenes Kapitel.

Welche wertvollen Hinweise geben Ihnen die Begriffe, die Sie auf diese Weise assoziieren?

Fesselt ein **Schmetterling** Ihre Aufmerksamkeit, der Sie umschwirrt, dann könnte auch dies ein wertvoller Hinweis sein.

Was fällt Ihnen dazu ein?

Vielleicht sollten Sie die Angelegenheit mit etwas mehr Leichtigkeit betrachten.

Oder vielleicht sollten Sie mehrere Optionen in Betracht ziehen; so wie der Schmetterling, der ja von Blüte zu Blüte gaukelt.

Und natürlich ist ein Schmetterling ein sehr schönes Transformationssymbol. Vielleicht geht die Antwort Ihrer Seele auch in diese Richtung.

Was assoziieren Sie persönlich mit einem Schmetterling?

Was fällt Ihnen zuerst dabei ein?

Seine Leichtigkeit, seine Schönheit oder sein Entstehungsweg?

*Und was könnte es bedeuten, wenn Ihnen ein **Käfer** über den Weg läuft?*

Sehen Sie darin ein Symbol für Auferstehung?

Vielleicht nach der schwierigen Lebensphase, durch die Sie gerade gegangen sind?

In der ägyptischen Mythologie rollt der Skarabäus nachts die Sonne um die Erde, damit sie am nächten Morgen im Osten wieder aufgehen kann.

Liegt darin eine Antwort auf Ihre Frage an Ihre Seele?

Aber vielleicht hat ein Käfer für Sie ja eine ganz andere Bedeutung und Sie haben ganz andere Assoziationen dazu.

Erinnert er Sie an ihren VW Käfer, den Sie hatten, als Sie jung waren?

Und an Ihre erste große Liebe, mit der Sie darin unterwegs waren?

Vielleicht steht diese Person im Zusammenhang mit Ihrem aktuellen Thema...

Wenn Sie eine **Münze** finden, die jemand offenbar verloren hat, dann könnte auch das ein Hinweis Ihrer Seele sein.

Suchen Sie gerade eine monetäre Lösung?

Was verbinden Sie mit dem Begriff „gefundenes Geld“?

Oder assoziieren Sie die Redewendung „das Geld liegt auf der Straße“?

Inwiefern hilft Ihnen dies weiter?

Oder geht es bei Ihrer Frage um Werte und Wertigkeiten?

Oder geht es vor allem um die Tatsache, dass eine Münze zwei Seiten hat?

Wie die zwei Seiten einer Medaille?

Was bedeutet das im Zusammenhang mit Ihrem Thema?

Aber vielleicht helfen Ihnen die Prägungen auf dieser Münze in ihrer Symbolik weiter?

Wann haben Sie schon einmal eine Münze gefunden?

Und was ist kurz darauf in Ihrem Leben passiert?

Vielleicht fällt Ihnen eine **Feder** besonders auf, die vor Ihren Augen herunter schwebt; oder aber vor Ihnen auf dem Weg liegt.

Was assoziieren Sie mit einer Feder?

Für manche Menschen sind Federn Hinweise der Engel, die ihnen damit zeigen wollen, dass sie beschützt und begleitet werden.

Wäre geistige Hilfe in Ihrer aktuellen Situation auch für Sie eine wertvolle Unterstützung?

Aber natürlich können Sie eine Feder auch pragmatischer deuten.

Assoziieren Sie die Vogelperspektive dazu?

Und damit den Hinweis Ihrer Seele, Sie mögen sich eine etwas abgehobenere Sichtweise aneignen?

Wie stellt sich Ihr Problem dar, wenn Sie es aus der Perspektive eines neutralen Beobachters betrachten?

Oder geht es eher um die Leichtigkeit dieser Feder?

Die Lautlosigkeit?

Aber vielleicht zieht auch eine **Raupe** Ihre Aufmerksamkeit auf sich.

Was könnte die Botschaft dahinter sein?

Vielleicht dass Sie sich für den nächsten Entwicklungsschritt bereit machen sollten?

Wartet gerade eine große Transformation auf Sie?

Aber Raupen sind auch eher langsame Tiere.

Vielleicht sollten Sie sich Zeit zum Innehalten gönnen?

Und sich in Ihren Kokon zurückziehen?

Je nachdem, was eine Raupe für Sie symbolisiert.

Wenn Ihr Blick stattdessen auf eine **Schnecke** fällt, dann könnte dies eine Aufforderung zur Entschleunigung sein.

Setzen Sie sich zeitlich gerade zu sehr unter Druck?

Oder erlauben Sie anderen, Sie unter Druck zu setzen?

Und sollten Sie einen Gang zurückschalten?

Was assoziieren Sie zu einer Schnecke?

Sehen Sie darin eher den Hinweis, Sie wären derzeit im Schnecken-Tempo unterwegs und sollten einen Gang zulegen?

Welche Assoziation fühlt sich für Sie stimmiger an?

All diese Synchronizitäten regen Ihre Phantasie ebenso an wie Ihre Assoziationskraft.

Und ich vermute, Sie bereiten Ihrem inneren Kind Freude, wenn Sie damit spielen.

Darüber hinaus integriert dieses Spiel Ihre beiden Gehirnhälften, was vor allem wertvoll ist für Ihre Bewusstheit.

~ Und vergessen Sie nicht, Ihr Spiel mit der Quantenwelle zu nützen!

Einerseits um Ihre Intuition anzuregen, andererseits um die Assoziationen, die Ihnen in den Sinn kommen, auch klar zu verstehen und nützen zu können.

Meditation mit der Seele

Einer der wichtigsten Wege zur Einstimmung auf Ihre Seele ist sicher die Meditation. Davon gibt es unzählige Varianten und ich denke, jeder Mensch sollte seine ideale Form für sich finden.

Daher möchte ich Ihnen hier nur einige Anregungen geben und Ihnen empfehlen, sich Zeit zu nehmen, um die für Sie ideale Meditations-Technik zu finden.

Vielleicht wollen Sie sich auch auf meiner Meditations-Seite umsehen, wo Sie allerlei Aufnahmen finden:

https://lebenswert365.info/meditationen_enzln/

~ Auch dabei wird Ihnen das Spiel mit der Quantenwelle helfen, um sich einzustimmen.

Atem-Meditation

Ein Weg, der praktisch immer funktioniert, ist, die Aufmerksamkeit bewusst auf die Atmung zu lenken und dabei den Fokus vor allem auf die Ausatmung zu richten.

Ich habe Ihnen bereits die 5 zu 3 Atmung vorgestellt und Ihnen erklärt, warum diese Ihre Entspannung fördert und Ihnen hilft, in den Alpha-Zustand zu kommen.

Sie erinnern sich, dass Ihre Einatmung unter der Kontrolle des Sympathikus steht.

Also jenem Teil Ihres vegetativen Nervensystems, der Aktivität und Stress kontrolliert. Während Ihre Ausatmung unter der Kontrolle des für Ruhe und Regeneration verantwortlichen Parasympathikus steht.

Daher wird allein schon diese kleine Verschiebung im Atemrhythmus Ihre Entspannung vertiefen und Meditation fördern.

Nicht zuletzt nimmt das Zählen Ihrer Herzschläge Ihre Aufmerksamkeit gefangen; sodass Sie sich nicht so leicht von Ihrem „Affen-Geist“ ablenken lassen.

Der 5 zu 3 Rhythmus hat sich gut bewährt, aber vielleicht finden Sie auch einen anderen Atemrhythmus, der Ihnen angenehmer ist. Probieren Sie einfach aus, was sich für Sie am besten bewährt.

Wichtig ist es dabei immer, Ihren Schwerpunkt auf die Ausatmung zu legen.

Wenn Sie noch nicht Meister oder Meisterin in der Meditation sind, dann wird anfangs Ihre Aufmerksamkeit immer wieder abschweifen.

Das ist völlig normal, weil wir uns erst an diese spezielle Aufmerksamkeit gewöhnen müssen. Daher gilt es, Ihre Bewusstheit immer wieder behutsam zu Ihrer Atmung zurückzuholen.

Letztlich ist das gegen Schlaflosigkeit empfohlene Schäfchen-Zählen ja auch ein Versuch, die Aufmerksamkeit von den stressauslösenden Alltagsgedanken abzulenken.

Sind Sie schon einmal bis zur Zahl 100 gekommen?

Ich muss, ehrlich gesagt, immer wieder bei der Eins anfangen, weil ich mich allzu leicht ablenken lasse.

Aber das Zählen der Herzschläge gelingt mir ganz gut und es hat den Vorteil, dass es nicht nur die Aufmerksamkeit bannt, sondern eben auch hilft, den Fokus auf der Ausatmung zu halten.

„Reflektive Meditation“

Diese Art der Meditation scheint mir für unser westliches Gehirn besonders gut geeignet zu sein, denn sie kommt unserem Drang zum Denken entgegen.

Schaffen Sie es für längere Zeit, Gedankenleere zu erzeugen?

Dann brauchen Sie die „reflektive Meditation“ nicht unbedingt. Aber vielleicht wollen Sie sie ja dennoch einmal versuchen. Es könnte ja sein, dass sie Sie anspricht.

Bei der „reflektiven Meditation“ gehen Sie mit einem bestimmten Begriff in die Meditation und reflektieren diesen ausgiebig.

Das heißt, Sie denken darüber nach und spielen mit all den Assoziationen, die Ihnen dazu in den Sinn kommen.

Damit könnten Sie Ihre wanderlustige Aufmerksamkeit in Schach halten ☺.

Begriffe wie „Liebe“, „Freiheit“, „Wertschätzung“, „Entfaltung“, „Dankbarkeit“, „Wandlung“ oder „Offenheit“ wären Beispiele, die immer gern angenommen werden – nützen Sie Ihren Begriff wie eine Art Kristallisationspunkt, um den sich Ihre Gedanken ranken!

~ Und vergessen Sie nicht, sich mit einer Quantenwelle darauf einzustimmen!

Mantra-Meditation

Eine weitere Möglichkeit Ihre Aufmerksamkeit zu disziplinieren ist das Rezitieren eines Mantras.

Auch damit können Sie das Abschweifen Ihrer Gedanken vermeiden.

Sie können Ihr Mantra immer wieder laut vor sich hinsagen oder auch singen; oder Sie wiederholen es nur immer wieder im Geist.

Weltbekannt ist das fernöstliche „Om“ oder „Aoum“, das auch dem „Amen“ unseres Kulturkreises entspricht.

Diese Mantren werden seit Jahrtausenden von zahllosen Menschen wiederholt, daher hat sich ein starkes morphogenetisches Feld um sie aufgebaut.

Und dieses Feld wird Ihnen helfen, sich darauf zu konzentrieren.

Natürlich können Sie auch Ihr eigenes Mantra erfinden und dieses wiederholen.

Aber bei diesen weltweit eingeführten Begriffen werden Sie sich vermutlich leichter tun, dabei zu bleiben, einfach weil das Feld Ihnen quasi energetischen Rückenwind gibt.

Häufig wird auch das tibetische „Om Mani Padme Hum“ verwendet und hat daher ebenfalls ein stark wirksames Feld. Sie können sich natürlich auch von Mantren-Gesang begleiten lassen.

Es gibt unzählige Tonaufnahmen, mit denen Sie mitsingen oder auch bloß mitschwingen können. Wichtig scheint mir vor allem, dass Sie dabei ein gutes Gefühl von Seelen-Resonanz haben.

~ Und wertvoll ist es auch hier, sich mit Ihren zwei Punkten darauf einzustimmen.

Verflüssigung

Ich persönlich mag auch gern die Vorstellung meiner Verflüssigung.

Dazu lasse ich mein Körper dahinschmelzen, so als würde er aus Eis bestehen, das in der Sonne dahinschmilzt und im weichen Erdboden versickert.

Oder vielleicht spricht Sie der Gedanke an schmelzende Schokolade mehr an ☺.

Das ist eine Entspannungsmethode, die rasch und intensiv wirkt und meiner Erfahrung nach Meditations-Erfahrungen hervorruft, die der „Reise in die Unterwelt" der Schamanen ähneln.

~ Und vergessen Sie nicht Ihre Quantenwelle!

Sublimierung

Dementsprechend wird Ihnen die Vorstellung der Verflüchtigung vermutlich andere Erfahrungen und Visionen bescheren.

Wenn Ihnen dies lieber ist, als mit dem Erdboden zu verschmelzen, dann lassen Sie sich vom Wind auflösen – so wie Wolken!

~ Am besten nach einer Einstimmung mit Ihren zwei Punkten.

Regelmäßigkeit

Wichtig bei all dem scheint mir vor allem die Regelmäßigkeit. Und ich weiß, dass sich das leichter sagt, als es sich im Alltag umsetzen lässt.

Wenn Sie ein neues Ritual etablieren wollen, ist es generell sinnvoll, dieses mit etwas bereits gut Funktionierendem zu verbinden.

Denn so unterstützen Sie Ihr Gehirn, indem Sie ihm erlauben, das Neue mit etwas Altem zu verknüpfen. So kann es bestehende Vernetzungen nutzen, um neue herzustellen.

Und genau diese brauchen Sie, um einen Automatismus zu etablieren, damit Sie sich nicht Tag für Tag mühsam dazu aufraffen müssen.

Denn das bietet Ihrem inneren Saboteur jedes Mal von neuem eine gute Gelegenheit, sich einzuschalten und alle möglichen Ablenkungen zu finden, damit Sie „leider keine Zeit“ für das gute Neue haben.

Glauben Sie mir, ich weiß, wovon ich spreche!

Hängen Sie daher Ihre tägliche Meditation an etwas an, was gut in Ihren zeitlichen Rahmen passt!

Finden Sie irgendetwas, was Sie mit einer kleinen Pause verbinden können und erfüllen Sie diese mit Ihrer Meditation!

~ Und nützen Sie die Kraft der Quantenwelle, um Ihrer Selbstsabotage entgegenzuwirken!

Besondere Empfänglichkeit in der Dunkelheit

Die meisten von uns (zumindest als westlich geprägte Menschen) sind sehr stark auf die Optik fokussiert. Das heißt, unser Gesichtssinn ist (zumindest bei Sehenden) meist der Dominante.

Laut Joachim-Ernst Behrendt ist unser Sehen der einzige aktive Yang-Sinn. Wir werfen einen Blick in die Welt hinaus. Die anderen Sinne sind hingegen empfängliche Yin-Sinne. Mit diesen holen wir die Welt in uns herein.

Interessanterweise sind die Sinneszellen für unser Hören, Schmecken und Riechen in Höhlen untergebracht: Mundhöhle, Nasenhöhle und Ohrmuschel. Nur das Fühlen und Tasten findet an der Körperoberfläche statt – ist aber trotzdem auch ein eher passiver, empfänglicher Sinn.

Ist Ihnen die Dominanz Ihres Sehens schon einmal bewusst aufgefallen?

Nämlich in dem Versuch, es auszuschalten, um die anderen Sinne besser wahrnehmen zu können?

Was machen Sie unwillkürlich, wenn Sie eine besonders wohlschmeckende Speise kosten?

Oder wenn Sie zu einer duftenden Blume riechen?

Oder besonders berührender Musik lauschen wollen?

Oder um eine liebevolle Berührung möglichst intensiv zu spüren?

Sie schließen meist unwillkürlich die Augen, nicht wahr?

Daher ist es auch nicht weiter verwunderlich, dass möglichst weitgehende Dunkelheit uns – wenn wir uns ihr wirklich hingeben können – in einen wohltuend empfänglichen Zustand versetzt.

Weit mehr als uns dies unter den vielfältigen optischen Ablenkungen bei Licht möglich ist. Und tatsächlich sind wir mit geschlossenen Augen nicht so sehr von äußeren Bildern abgelenkt wie mit geöffneten – dennoch geht völlige Dunkelheit doch noch viel weiter.

Das können Sie ganz leicht nachvollziehen, wenn Sie einen Raum zur Verfügung haben, in dem komplette Dunkelheit herrscht. Und dann die entsprechenden Wahrnehmungen mit denen bei geschlossenen Augen vergleichen – das liegt auch daran, dass unsere Augenlider bis zu einem gewissen Grad lichtdurchlässig sind. Allerdings nicht nur.

Ich glaube, dieser Unterschied liegt auch an der Funktion unserer Zirbeldrüse, unserem inneren Auge. Dieses Organ ist ja wichtig für die Steuerung unserer Hormone durch Licht, die auch bei geschlossenen Augen funktioniert. So wird die spezielle Lichttherapie gegen Ihre Herbst- und Winterdepression auch mit geschlossenen Augen Wirkung zeigen.

Ich bin keine nach logischen Gesichtspunkten forschende Wissenschaftlerin, sondern höre vor allem auf meine Intuition. Daher kann ich Ihnen nur empfehlen, selbst einmal diesen Unterschied wahrzunehmen.

~ Setzen Sie eine Welle mit der Absicht, möglichst viel aus dieser Erfahrung zu profitieren!

Und dann ziehen Sie sich für eine Weile in möglichst weitgehende Dunkelheit zurück!

Und öffnen Sie Ihre Wahrnehmung…

Dann entscheiden Sie für sich, ob Sie sich diese Dunkelheits-Meditation immer wieder mal gönnen wollen!

Empfänglichkeit im Samadhi-Tank

Und Sie können noch einen Schritt weiter gehen, nämlich in die weitest gehende Sinnesdeprivation.

Haben Sie schon einmal in einem Samadhi-Tank gelegen?

In einem solchen werden neben dem Hören und Sehen auch die anderen Sinne möglichst weitgehend ausgeschaltet.

Ein anderer Ausdruck dafür ist „Floating".

Denn dabei schwebt unser Körper in einer fast gesättigten Salzsole, die dem Körper Auftrieb gibt, sodass er an der Wasseroberfläche schwebt.

Und sowohl das Wasser als auch die Luft haben Körpertemperatur, sodass es kaum taktile Ablenkungen gibt.

Außerdem herrschen Stille, Dunkelheit und weitgehende Geruchsneutralität.

Dieser schwerelose Entspannungszustand bringt unsere Hirnwellen in den Theta-Bereich, den wir sonst nur im Tiefschlaf und in tiefer Meditation erreichen.

Und hier finden wir tiefe und ungemein wohltuende körperliche, mentale und emotionale Entspannung.

Es ist kaum möglich, diesen Zustand adäquat mit Worten zu beschreiben.

Daher möchte ich Ihnen wirklich ans Herz legen, sich diese Erfahrung einmal zu gönnen – wenn meine Worte Sie neugierig gemacht haben. Und dann entscheiden Sie, ob Sie sich diese Heilsamkeit regelmäßig erlauben wollen.

Aus meiner Sicht lässt uns das „Floaten“ binnen kurzem in Seelen-Resonanz schwingen und öffnet uns für die stets wertvollen Botschaften unserer Inneren Stimme.

Daneben hat das „Floaten“ allerlei wissenschaftlich nachgewiesene positive Wirkungen auf alle Aspekte unserer Gesundheit, die sicher auch auf die nachhaltige Entstressung zurückzuführen sind.

Aber meiner Ansicht nach geht die Wirkung noch weit darüber hinaus.

Gönnen Sie sich diese Erfahrung! Sie ist nicht nur ungemein wohltuend, sondern kann Ihnen völlig neue Bewusstseinsräume eröffnen.

Bei mir ähnelt die Erfahrung dem luziden Träumen.

Das ist eine Traumphase, in der wir uns während des Träumens bewusst sind, dass wir träumen und daher Einfluss nehmen können auf die Entwicklung der Traumbilder.

Aber auch meine Trance-Visionen fühlen sich ähnlich an.

Im Samadhi-Tank erlebe ich immer faszinierende Visionen, die einerseits „bloß“ spannend und interessant sind, andererseits aber durchaus wertvolle Seelen-Hinweise beinhalten...

Der Seele im Traum begegnen

Die Assoziation zum luziden Träumen gibt mir gleich ein gutes Stichwort für die nächste Möglichkeit, mit Ihrer Seele in Kontakt zu treten: Ihre nächtlichen Träume generell.

Diese sind besonders wertvoll, wenn Sie lernen, dabei luzid zu sein.

Und zwar sowohl passiv in bewusst erreichter Empfänglichkeit, als auch aktiv, indem Sie eine Frage an Ihre Seele mit in den Schlaf nehmen und Ihre Traumkraft (oder Ihre kreativen Anteile oder Ihre rechte Gehirnhälfte) um Antworten bitten.

Da es zu diesem Thema unzählige gute Bücher gibt, möchte ich Ihnen hier nur einige wenige Tipps geben, die Ihnen helfen mögen, sich in Ihren nächtlichen Träumen auf Ihre Seele einzustimmen.

Ich gehe davon aus, dass Ihre Seele jede Nacht mehrmals mit Ihnen kommuniziert. Es sei denn, sie würden nur mit Schlafmitteln schlafen, denn diese rauben Ihnen Ihre Träume.

Im gesunden Schlaf haben wir jede Nacht rund fünf Träume. Und diese sind wertvoll, weil sie für unsere Psychohygiene sorgen.

Allerdings sind wir uns der meisten nicht bewusst, was ich schade finde, denn in unseren Träumen sind oft wertvolle Botschaften und Anregungen enthalten, die wir jedoch nur empfangen, wenn wir dafür offen sind.

~ Daher empfehle ich Ihnen, abends vor dem Einschlafen mit einer Quantenwelle die Absicht zu verankern, dass Sie sich zumindest an Ihren letzten Traum vor dem Aufwachen erinnern wollen.

Das ist für den Anfang nicht schlecht, kann aber durchaus noch gesteigert werden. Nach und nach werden Sie mehrmals nachts aufwachen und können jeweils die erinnerten Traumfetzen notieren.

Dazu sollten Sie Papier und Schreibzeug neben Ihr Bett legen und, wenn Sie nicht allein schlafen, eine Taschenlampe, damit Sie nicht eigens das Licht aufdrehen müssen, um Ihre „Traum-Beute“ notieren zu können.

Nehmen Sie ein möglichst großes Stück Papier und einen weichen Bleistift (6 B).

So können Sie die wichtigsten Begriffe sogar in der Dunkelheit notieren; dann wird es Ihnen morgens nach dem Aufwachen leichter gelingen, den ganzen Traum zu rekonstruieren.

Ich habe die Erfahrung gemacht, dass es Lebensphasen gibt, in denen wir intensiver, und damit erinnerbarer träumen als in anderen.

Das ist für mich immer ein Hinweis, dass meine Seele den Kontakt mit mir sucht, ich also auf Empfang schalten sollte.

Und tatsächlich kommen in diesen Zeiten immer besonders spannende Informationen ans Licht. Für die Deutung der erinnerten Träume können Sie natürlich Traumbücher zu Rate ziehen.

Aber auch hier (wie beim Spiel mit Orakeln) empfehle ich Ihnen, sich eher auf Ihre eigene Intuition zu verlassen.

Und beziehen Sie in der Deutung Ihrer erträumten Seelen-Botschaften stets Ihre linke Hand mit ein.

Hier ist ein Beispiel für die wertvollen Einsichten, die aus der linken Hand kommen können.

Eine Seminarteilnehmerin träumte von einem Schlüssel und bat ihre linke Hand um Hilfe für ihr Verständnis.

Und diese offenbarte ihr folgende interessante Ergänzungen.

„Ich bin der Schlüssel, der dir neue Türen öffnet!

Ich bin der Schlüssel, der dir eine neue Lebensphase erschließt!

Ich bin der Schlüssel, der dir eine wichtige Offenbarung ankündigt!

Ich bin der Schlüssel, der dich für neue Erkenntnisse und Einsichten öffnet!

Ich bin der Schlüssel, der dir hilft, alte Türen abzuschließen, durch die du nicht mehr zu gehen brauchst!

Ich bin der Schlüssel, der dich für neue Begegnungen bereitmacht!

Ich bin der Schlüssel, der dir die Herzen geliebter Menschen öffnet!

Ich bin der Schlüssel, der die Türe hinter dir schließt, wenn du dich zurückziehen möchtest!

Ich bin der Schlüssel, der dein Herz für den Richtigen öffnet!

Ich bin der Schlüssel, der die Türe zu deinem wahren Selbst öffnet!

Ich bin auch der Himmelsschlüssel, der den Frühling kündet!“

~ Und vergessen Sie nicht, Ihre zwei Punkte zu Hilfe zu nehmen!

Die Seele spricht auch über Spiegelungen

Ein weiterer Weg, über den Ihre Seele zu Ihnen „spricht“, sind die Spiegelungen, die Sie in Begegnungen und Beziehungen erkennen können. Dies natürlich nur mit der entsprechenden selektiven Wahrnehmung.

Ich bin im Kapitel „Ad Absurdum – ex Absurdum“ bereits kurz auf dieses Thema eingegangen. Aber weil ich es so wichtig finde, möchte ich Ihnen hier noch weitere Anregungen geben.

Dabei geht es mir vor allem darum, den Fokus Ihrer Aufmerksamkeit auf die Spiegelungen zu lenken.

Das Erkennen und Verstehen dieser Reflexionen ist oft nicht besonders angenehm, aus meiner Sicht aber immer wertvoll.

Daher habe ich „The Work“ von Byron Katie in meinem Leben willkommen geheißen, denn diese „Arbeit“ mit den Spiegelungen hilft uns, die jeweilige Botschaft dahinter mit Leichtigkeit zu verstehen.

Und genau darum geht es ja.

Wie oft waren Sie schon enttäuscht, wenn Sie allzu konkrete Erwartungen an die Reaktionen anderer hatten, die diese nicht erfüllen wollten oder konnten?

Und ist es nicht ziemlich energieraubend, ständig enttäuscht zu sein?

Dieser Energieraub ist übrigens besonders perfid, wenn Sie dann noch über Ihre eigenen Reaktionen enttäuscht sind. Denn dann ernten Sie den doppelten Schaden.

Besonders fatal sind auch die Erwartungen, die wir an die Erwartungen anderer haben.

Ist Ihnen dies schon einmal aufgefallen?

Wie oft haben Sie schon erwartet, dass irgendjemand irgendwelche Erwartungen an Sie hat?

Und dann haben Sie im Gespräch herausgefunden, dass davon keine Rede war?

Ent-Täuschung kann ja durchaus heilsam sein, weil sie die vorhergehende Täuschung klärt. Aber sie fühlt sich niemals gut an; daher meide ich sie tunlichst.

Und daher fände ich es klug, Ihre Erwartungen, an andere ebenso wie an sich selbst, von vorne herein herunter zu schrauben; weil sie ohnehin kaum je erfüllt werden. Und das bringt in meinen Augen unnötigen Stress.

Nun, sehen wir uns an, wie diese Spiegelungen funktionieren.

Ist Ihnen schon einmal aufgefallen, dass all das, was Sie an einer anderen Person stört und Ihnen auf die Nerven geht, immer etwas mit Ihnen zu tun hat?

Ich sehe darin eine deutliche Spiegelung. Allerdings geben uns andere mit dem, was sie sagen oder tun, wie sie handeln und reagieren, meist nicht die Antwort, die wir erwarten, sondern die, die wir gerade brauchen, um das zu erkennen, worauf uns unsere Seele aufmerksam machen möchte.

Dieser Spiegel zeigt uns, was wir gerade hinausprojizieren, um es uns in der Reflexion näher ansehen zu können.

Und das deckt sich natürlich selten mit unserem Wunschdenken, weil es dabei ja vor allem um den Schatten geht – also um das, was wir gern verdrängen, weil wir es nicht sehen wollen.

Daher sollten wir uns immer wieder fragen, wer uns im Augenblick am meisten gegen den Strich geht. Denn darin können wir einen wichtigen Hinweis auf unsere aktuelle Lebensaufgebe erkennen.

Und „The Work“ von Byron Katie – und hier vor allem die Umkehrungen! – ist eine großartige Methode, um diese Spiegelungen nicht nur als solche zu erkennen; sondern vor allem auch zu verstehen.

Oft ahnen wir ja, dass das, was uns an anderen so auf die Nerven geht, mit uns zu tun hat. Aber es braucht oft einen klärenden Tipp, um diese Hinweise zu verstehen.

Dazu ist diese Technik hervorragend geeignet und daher nutze ich sie regelmäßig in meinem Alltag, um diese Art von Hinweisen meiner Seele klarer zu verstehen.

Waren Sie schon je böse auf Ihren Spiegel?

Wenn er Ihnen etwas gezeigt hat, was Ihnen nicht gefallen hat?

Wenn er Sie auf Ihr schmutziges Gesicht aufmerksam macht?

Besonders vor einer wichtigen Besprechung oder einem Date?

Interessanterweise sind sich diese „Lehrmeister“ ihrer Rolle oft gar nicht bewusst – sie sind einfach sie selbst. Aber wir haben uns (meist unbewusst) mit ihnen konfrontiert, weil sie uns Wichtiges zu sagen und zu zeigen haben.

Daher kaufen Sie sich ja auch einen Spiegel, um sich darin betrachten zu können. Speziell jene Dinge, die Sie ohne Spiegel nicht erkennen können. Wie Ihr Gesicht, Ihre Augen und Ohren, Ihren Hinterkopf oder Ihren Rücken.

In meinem Weltbild kann mir alles, was ein spontanes Nein in mir auslöst – sei es nur ein leises, fast unmerkliches oder auch ein laut schreiendes, mit Schmerzen verbundenes –, eine wertvolle Botschaft überbringen.

Und ich trachte danach, diese Botschaft möglichst rasch zu erkennen; denn sonst – so ist meine Erfahrung – kommt mir diese immer und immer wieder zu.

In verschiedener Form und aus verschiedenen Richtungen – offenbar möchte meine Seele meine Nase darauf stoßen, wenn ich ihre Hinweise nicht hören will und weiterhin die Ursachen meiner Probleme im Außen und bei anderen suche, wenn ich, bildlich gesprochen, also den Spiegel zerschlage.

Wichtige Botschaften kommen immer wieder auf uns zu, werden allerdings immer lauter und deutlicher. So nach dem Motto:

„Hast du es noch immer nicht verstanden?“

Und dies so lange, bis wir sie hören, verstehen und ihren Hinweis umsetzen. Auch Krankheiten können Botschaftsträger sein, wie ich bereits erwähnt habe.

Dann beginnt es mit einer kleinen Unpässlichkeit, einer banalen Verkühlung oder Ähnlichem. Und wenn wir in diesem Stadium nicht daraus lernen, kommt es dann meist etwas heftiger, dann wird aus einem Schnupfen eine Nebenhöhleneiterung.

Und wenn uns auch diese noch nicht aufhorchen lässt, dann kann es schon sein, dass wir uns eine schwerere Krankheit „zulegen“ oder auch einen Unfall „manifestieren“, weil wir offenbar einen deutlicheren „Schuss vor den Bug“ brauchen.

Haben Sie auch schon einmal eine solche Eskalation gebraucht?

Mit der Spiegelung durch andere Menschen ist es ähnlich. Wenn Sie das leise Signal von Ihrem ersten Gegenüber nicht hören wollen, dann kommt es beim nächsten etwas lauter.

Dann wird Ihnen die Eigenschaft oder Reaktion, die Ihnen der oder die Andere wie in einem Spiegelbild zeigen möchte, immer deutlicher vor Augen gehalten. So lange, bis Sie sie kaum mehr übersehen können.

Und wenn Sie dann immer noch meinen, all das hätte nichts mit Ihnen zu tun – nun, dann kommt die Spiegelung eben noch eine Spur deutlicher auf Sie zu, nicht selten auch als Krankheit.

Ist Ihnen so etwas auch schon einmal passiert?

In der Medizin nennt man dies Symptomverschiebung. Da wandelt sich die behandelte Neurodermitis in Asthma, das nach einer Weile das Zepter wieder an die Haut weitergibt. Eine solche Eskalation erleben wir auch oft in unseren Beziehungen.

Da zeigt der erste Partner das entsprechende Verhalten in sanfter Form.

Und wenn wir diesen Hinweis nicht erkennen, kommt es in der nächsten Beziehung dicker – dann ist dieses Verhalten kaum mehr zu übersehen.

Aber wenn wir es auch dann noch nicht wahrhaben wollen, steigert es sich in der nächsten Begegnung bis zur Unerträglichkeit.

Haben Sie eine solche Steigerung von einer Beziehung zur nächsten auch schon erlebt?

Ich habe diese Erfahrung gemacht, die mir allerdings erst im Nachhinein klar wurde. Erst in der Aufarbeitung meiner letzten Ehe mit einem Narzissten wurde mir klar, dass auch meine bisherigen Partner bereits ähnliche Züge an sich hatten – lange nicht so ausgeprägt, aber im Nachhinein durchaus schon erkennbar.

Haben Sie Lust, einmal Ihre bisherigen Partnerschaften nach einer solchen Steigerung zu untersuchen?

~ Setzen Sie eine Quantenwelle mit der Absicht, diese Nuggets zu erkennen, damit Sie diese Erfahrungen in Zukunft nicht mehr brauchen!

Tatsache ist, dass die Art, wie andere uns begegnen, eine Reflexion unserer bewussten und unbewussten Gedankenprojektionen ist.

Daher heißt es ja auch:

„Wie man in den Wald hineinruft, so tönt es zurück!“.

Allerdings mache ich immer wieder die Erfahrung, dass andere uns gar nicht so sehr unser Verhalten anderen gegenüber spiegeln, sondern vor allem unser Verhalten uns selbst gegenüber.

Ist Ihnen schon einmal aufgefallen, dass andere Sie umso weniger ernst nehmen, je weniger Sie sich und Ihre Ansprüche ernst nehmen?

Dass andere Ihnen umso weniger Aufmerksamkeit schenken, je weniger Aufmerksamkeit Sie sich selbst zukommen lassen?

Dass andere Sie umso mehr warten lassen, je mehr Sie sich selbst immer zurückstellen?

Dass andere Sie umso mehr kritisieren, je gnadenloser Sie sich selbst heruntermachen?

Dass andere Sie umso mehr belügen, je mehr Sie sich selbst etwas vormachen?

Dass andere Sie umso mehr betrügen, je weniger Sie zu sich stehen?

Dass andere Ihnen umso weniger Zeit widmen, je weniger Zeit Sie sich für sich selbst nehmen?

Dass andere Ihnen umso weniger zuhören, je weniger Sie auf sich selbst und Ihre Innere Stimme hören?

Dass andere Sie umso weniger wertschätzen, je weniger Wertschätzung Sie sich selbst entgegenbringen?

Was fällt Ihnen noch alles ein?

~ Die zwei Punkte werden Ihnen auch bei dieser Erkundung helfen.

In dem Augenblick, wo Sie das erkennen, sind Sie frei, das, was Ihnen nicht schmeckt, durch Erfreulicheres zu ersetzen.

Dann gehen Sie zukünftig genauso liebevoll mit sich selbst um, wie Sie es sich von anderen wünschen.

Und dann werden sich – nach dem Gesetz der Resonanz – auch die jeweiligen Spiegelungen verändern. Einfach weil Sie sie nicht mehr brauchen.

Diesbezüglich Klarheit zu finden, hat mir „The Work“ von Byron Katie ungemein geholfen.

Sie nennt ihr Hauptbuch übrigens „Lieben was ist“ – und das entspricht ja genau meinem Seelen-Ja, also meinem „Im-Ja-Sein“.

Daher sollten wir anderen eigentlich dankbar sein, wenn sie ihren Finger auf unsere Wunden legen.

Denn erst dann wissen wir, wo diese liegen und können unseren Heilungsprozess in Gang setzen, auch wenn sich das anfangs oft nicht gerade heilsam anfühlt.

Es ist ähnlich wie das Ziehen eines eitrigen Zahnes – das ist alles andere als angenehm, aber wichtig, ja, notwendig für die Heilung.

Tatsächlich erweist sich unser Leben bei genauerem Hinsehen keineswegs als zufällige Ansammlung von völlig unabhängigen Erfahrungen. Im Gegenteil, es zeigt sich als wohlstrukturierte Aufeinanderfolge von zusammenhängenden Wegetappen.

Und dies in einer faszinierend logischen Abfolge, in der jeder Schritt den nächsten vorbereitet. Aber auch das erkennen wir meist erst im Rückblick.

Und diese Spiegelungen helfen uns, diese wunderbare Logik – eine andere Logik als das, was wir üblicher Weise so bezeichnen – zu erkennen.

Umso klarer, je mehr wir bereit sind, sie als solche wahr- und anzunehmen.

Meiner Erfahrung nach verbirgt sich hinter allem, was unsere Aufmerksamkeit erregt – ob positiv oder negativ – ein Geschenk!

Wie sehen Sie generell Ihr Leben?

Sehen Sie es als Geschenk?

Oder als Straflager und Erziehungsanstalt, wo Ihnen nichts geschenkt wird?

Wenn es Ihnen gelingt, die Spiegelungen Ihres Lebens als Geschenke zu sehen, dann brauchen Sie sie nur noch abzuholen und anzunehmen.

Dazu braucht es einen wachen Geist und die Bereitschaft, nachzufragen:

Was möchte mir dies und das über mich sagen?

Um da mehr in die Tiefe zu tauchen, eignet sich übrigens auch der „Dialog der Hände“ hervorragend.

Wie ich an anderer Stelle bereits erwähnt habe, sind Fragen höchst wertvoll für unsere Bewusstseinserweiterung, weil sie unser Gehirn aktivieren – besonders unsere höheren geistigen Zentren.

Vielleicht haben Sie Lust, an dieser Stelle mit einigen prozess-orientierten Fragen zu spielen.

Sie mögen Ihnen helfen, die in Ihrem Leben aktuell wirksamen Spiegelungen zu erkennen.

~ Stimmen Sie sich im Spiel mit der Quantenwelle darauf ein!

Was fällt mir in meinem derzeitigen Leben besonders auf?

Was gefällt mir gar nicht?

Welche Tatsache ist so gar nicht nach meinem Geschmack?

Was passiert mir immer wieder?

Wer geht mir gerade besonders gegen den Strich?

Was blockiert mich gerade besonders?

Was macht mich krank?

Welches Organ funktioniert nicht so, wie es sollte?

Wer kränkt mich?

Worauf reagiere ich übertrieben?

Wen finde ich besonders abstoßend?

Wen kritisiere ich?

Wo geschieht mir scheinbar Unrecht?

Welche weltlichen Ereignisse ärgern mich ganz besonders?

Welche Geschenke könnten hinter all dem verborgen sein?

Bei all dem sollten Sie übrigens in Ihrem Seelen-Ja sein.

Seien Sie sich für all das, was Sie bei diesen Fragen an destruktivem Umgang mit sich selbst erkennen, nicht böse! Sondern im Gegenteil: freuen Sie sich, dass Sie es erkannt haben!

Denn erst dann können Sie es ändern.

„The Work" kann zu einer Keule werden, wenn Sie sich davon in die Schuldgefühle katapultieren lassen und sich für etwas verurteilen, was Ihre Seele Ihnen bloß klarmachen möchte.

~ Daher sollten Sie jeglichen Stress, der dabei entsteht, mit Ihren zwei Punkten lösen. Sie können das.

Ich habe Beispiele für dieses Spiel auch in den anderen Büchern dieser Reihe erwähnt, daher möchte ich es hier bei einem Seelen-Thema belassen.

Wenn Sie Appetit auf mehr haben, lesen Sie bitte auch bei Byron Katie nach oder sehen Sie sich die zahlreichen Videos an, die Sie im Netz von ihr finden.

Da es uns hier um Seelen-Resonanz geht, möchte ich eine Überzeugung bespielen, die uns genau dorthin führt.

Haben Sie den Eindruck, Ihr Mann würde Ihnen zu wenig zuhören?

Oder umgekehrt Ihre Frau?

Ich möchte es der Einfachheit halber aus Sicht einer weiblichen Person in der weiblichen Form bespielen.

Formulieren Sie meine Sätze einfach um, wenn Sie ein Mann sind, dem seine Frau zu wenig zuhört.

Die Überzeugung lautet:

„Mein Mann sollte mehr auf mich hören!"

~ Setzen Sie eine Welle und gehen Sie zuerst in Ihr Ja dazu. Sie haben nun einmal diese Überzeugung und es macht wenig Sinn, sich dagegen zu wehren.

Die Realität sieht anders aus und auch dazu gehen Sie in Ihr Ja.

„Ja, ich habe eine Überzeugung, aber die Realität sieht anders aus. Jetzt ist es so; aber das heißt nicht, dass es so bleiben muss, denn das kann sich auch ändern."

Dann fragen Sie sich, wie Sie mit dieser nicht befolgten Überzeugung reagieren – und zwar sowohl ihrem Mann als auch sich selbst gegenüber!

Ihrem Mann gegenüber werden Sie vermutlich immer wieder darauf beharren, dass er Ihnen doch mehr zuhören soll. Was ihn vermutlich noch mehr in die Defensive und die innere Emigration treibt.

Und sich selbst tun Sie damit auch nichts Gutes, denn Sie ärgern und kränken sich jedes Mal, wenn Sie das Gefühl haben, er würde Ihnen nicht zuhören.

~ Befrieden Sie diese Ambivalenz mit Ihren zwei Punkten!

Im nächsten Schritt fragen Sie sich, wie es Ihnen gehen würde, wenn Sie eines Tages ohne diese Überzeugung aufwachen würden. Einfach so – ohne viel daran arbeiten zu müssen.

Versuchen Sie bitte nicht, Ihre Überzeugung zu verändern, sondern lassen Sie diese prozess-orientierten Frage einfach in sich wirken!

Dann können Sie mit den Umkehrungen spielen, die ich zum Erkennen der Botschaft hinter den Spiegelungen besonders wertvoll finde.

Aus *„Mein Mann sollte mehr auf mich hören!“*

Wird in der ersten Umkehrung:

„Mein Mann sollte weniger auf mich hören!“

Diese Wendung hat praktisch immer ihre Bedeutung, weil es ja um eine Spiegelung geht.

Ein Spiegel kann Ihnen doch immer nur das reflektieren, was Sie hineinprojizieren.

Die nächste Wendung wäre:

„Ich sollte mehr auf meinen Mann hören!“

Wer weiß, vielleicht denkt Ihr Mann so?

Tatsächlich könnte also auch dieser Gedanke seine Berechtigung haben.

Und ich möchte hier betonen, dass es bei diesen Umkehrungen nicht um richtig oder falsch geht.

Sondern es geht einzig und allein darum, Ihren Standpunkt zu relativieren, der Ihnen offenbar Stress verursacht.

Weiter geht es mit:

„Ich sollte weniger auf meinen Mann hören!“

Nun, vielleicht richten Sie sich viel zu sehr nach Ihrem Mann. Vielleicht haben Sie aus lauter Rücksicht auf ihn gar keine eigene Meinung mehr und treffen keine eigenen Entscheidungen.

~ Wenn Ihnen diese Erkenntnis Stress verursacht, dann lösen Sie diesen mit der Quantenwelle!

Aber nun sehen wir uns die wichtigste Umkehrung an. Bei dieser beziehen Sie das, was Sie am Verhalten Ihres Mannes stört, auf sich selbst:

„Ich sollte mehr auf mich hören!"

Heureka! Genau darum geht es letztlich!

~ Integrieren Sie diese wichtige Einsicht mit einem Two-Pointing in Ihrem System!

Denn genau darum geht es. Vermutlich sollten Sie mehr auf sich selbst hören und sich mehr auf Ihr eigenes Urteil verlassen.

Aber vor allem nehme ich an, dass es gut wäre, mehr auf Ihre Innere Stimme zu hören – also auf Ihre Seele.

Der Ich-mit-mir-Satz ist aus meiner Sicht immer der allerwichtigste. Allerdings gibt es noch eine wertvolle Wendung:

„Mein Kopf sollte mehr auf mein Herz hören!"

Interessanterweise trifft diese Wendung vor allem auf hochsensible und hochsensitive Menschen zu.

Und ganz besonders auf alleingeborene Zwillinge, was man auf den ersten Blick bei dieser Anlage eigentlich nicht erwarten würde.

Aber Menschen, die so feinfühlig und so emotional sind, haben oft die Tendenz, sich zu schützen.

Dann unterdrücken sie die Stimme ihres Herzens und verschanzen sich gern hinter ihrer Vernunft.

Ist es nicht interessant, was alles aus einem einzigen Glaubenssatz zu erkennen ist?

Natürlich können Sie alles, was Sie an anderen stört, gleich in Sollte-Sätze packen und dann gleich zur Ich-mit-mir-Wendung übergehen.

Aber das fände ich schade, weil Sie bereits auf dem Weg dahin einige interessante Impulse bekommen.

Abgesehen davon relativieren Sie Ihre stressauslösende Überzeugung durch die prozess-orientierten Fragen und die verschiedenen Sichtweisen und senken damit Ihr Stresslevel.

~ Und die Quantenwelle wird Sie dabei maßgeblich unterstützen.

Ich würde mich jedenfalls freuen, wenn dieser kleine Appetitmacher Sie dazu motiviert, tiefer in „The Work“ einzusteigen.

Seelen-Begleitung im Rückblick erkennen

Um uns der Leitung und Begleitung durch unsere Seele hingeben zu können, braucht es zu allererst Vertrauen.

~ Sicher können (und sollten) Sie sich auch immer wieder mit Vertrauen stärkenden Quantenwellen verwöhnen. Dabei gibt es keine Überdosierung!

Ein weiteres Spiel, das Ihnen hilft, Ihr Vertrauen zu stärken, ist der bewusste Lebensrückblick – und zwar speziell mit der selektiven Wahrnehmung auf all die Zeichen für Ihre Seelen-Führung.

Abhängig von Ihrem Alter werden Sie natürlich mehr oder weniger Lebenszeit zu überblicken haben.

Dennoch denke ich, dass Sie auch in jungen Jahren zahlreiche solcher Zeichen erkennen werden, wenn Sie genau hinsehen.

Versetzen Sie sich in die Position eines Beobachters und wandern Sie in der Richtung, die Ihnen angenehm ist, durch Ihr Leben.

Entweder beginnen Sie bei Ihrer Geburt und beziehen in den ersten Jahren auch Erzählungen anderer mit in Ihre Betrachtungen mit ein.

Und dann wandern Sie chronologisch durch Ihr bisheriges Leben, bis Sie bei Ihrem Heute angelangt sind.

Oder Sie nehmen die andere Richtung und beginnen hier und jetzt, um immer weiter in Richtung Ihrer Geburt durch Ihr Leben zu wandern.

Und achten Sie dabei besonders auf jene Ereignisse und Zwischenfälle, in denen Sie das Eingreifen Ihrer Seele klar erkennen können.

Sei es, um Sie aus einer gefährlichen Situation zu retten; oder auch um Sie in eine neue Richtung zu lenken.

Diese Betrachtungen werden Ihnen zu einer ganz speziellen Bewusstseins-Erweiterung verhelfen und Ihnen helfen, die geradezu phantastische Regie hinter Ihren Entwicklungslinien zu erkennen.

Und daraus werden Sie ein neues Vertrauen in Ihre Seelen-Begleitung und damit in Ihre Zukunft gewinnen.

Wie oft haben Sie den roten Faden erst nachträglich erkannt?

Auch und gerade dann, wenn Ihr Lebensweg gerade holprig war?

Meine Erfahrung zeigt, dass wir im Augenblick selbst die Begleitung unserer Seele vor allem dann nicht erkennen, wenn wir unter Stress stehen, weil dann unsere höheren Hirnzentren durch Minderdurchblutung ausgeschaltet sind.

Und vor allem weil wir dann keinen Zugang zu unserer Intuition haben.

Daher erkennen wir viele Botschaften unserer Seele tatsächlich oft erst im Nachhinein.

Und können die roten Fäden, die sich auch und gerade durch die anspruchsvollen Phasen unseres Lebens ziehen, erst im Rückblick deuten.

Dann fällt es uns wie Schuppen von den Augen und wir erkennen oft sogar mehrere miteinander verwobene rote Fäden. Einerseits in Bezug auf unterschiedliche Lebensbereiche, andererseits aber was verschiedene Lebensaufgaben betrifft.

Und weil sich diese teilweise überschneiden, verknüpfen sie sich zu einem dicht verwobenen Netz – ich nenne das unser Seelen-Netz als bildlichen Ausdruck unseres Seelen-Weges.

Wenn Sie Lust haben, können Sie diesen Lebensrückblick mit selektiver Wahrnehmung auf die roten Fäden auch in Form eines Bildes gestalten.

Vielleicht in der Art einer Mindmap oder Heartmap; denn damit beziehen Sie Ihre rechte Gehirnhälfte stärker in den Wahr-Nehmungs-Prozess mit ein.

~ Und vergessen Sie dabei nicht, Ihr Spiel mit der Quantenwelle miteinzubeziehen! Um sich Erleichterung zu verschaffen, aber auch um Ihre Kreativität anzuregen und Ihre Sicht zu klären. Vor allem aber um immer wieder Ihre Seelen-Resonanz zu verstärken.

Ein solcher Lebensrückblick ist natürlich jederzeit möglich und sinnvoll; aber aus meiner Sicht bietet er sich vor allem zu wichtigen Wendepunkten an.

Ihr Geburtstag wäre eine gute Gelegenheit dazu, weil dieser ja immer einen neuen Lebensabschnitt einleitet.

Erinnern Sie sich an das Kapitel zur Astrologie, in dem ich Sie auf die Möglichkeit eines Solar-Horoskopes hingewiesen habe!

Dieses wirkt ja immer von einem Geburtstag zum nächsten und lässt Sie die in diesem Lebensjahr aktuellen Themen, Chancen und Herausforderungen erkennen.

Somit ist jeder Geburtstag eine Art Wendepunkt, an dem ein solcher Lebensrückblick höchst wertvoll ist.

Ein weiterer guter Zeitpunkt ist Silvester – da baut sich weltweit ein starkes morphogenetisches Bilanz- und Reflexionsfeld auf, in das Sie sich für Ihre persönliche Lebensrückschau einklinken können.

Damit bekommen Sie so etwas wie energetischen Rückenwind, weil Millionen anderer Menschen zurückblicken und einen Blick nach vorne wagen, auch wenn dies oft recht oberflächlich passiert.

Ihre Lebensrückschau wird Ihnen also helfen, Vertrauen in Ihre Seelen-Führung zu gewinnen – allerdings nicht nur. Mir schenkt sie auch immer wieder wertvolle Hinweise auf meine Lebensaufgabe.

Aus meiner Sicht geht es doch darum, alles Erlebte und Erfahrene in unserer Persönlichkeit zu integrieren, es uns also zu eigen zu machen.

Und je bewusster dies geschieht, umso mehr werden wir an unseren Erfahrungen wachsen.

Ich habe das bereits in meiner Ergänzung zu Goethes Gedanken erwähnt:

„Was du ererbt von deinen Vätern, erwirb es, um es zu besitzen."

„Was du erlebt, erlitten und genossen, nimm es bewusst wahr, um es zu Deinem zu machen!"

Und genau dazu dient Ihre bewusste Lebensrückschau mit gezieltem Blick auf Ihre Seelen-Begleitung.

Denn Ihre Seele wird Sie nicht nur retten, wenn es nötig ist, sondern Sie auch in die richtige Richtung lenken – jene Richtung, die am besten zu Ihrem Seelen-Plan passt.

Ich glaube, dass wir jede Entscheidung, die wir treffen können, auch treffen dürfen.

Aber vermutlich gibt es in jeder Situation seelenresonantere Optionen und solche, die uns eher auf Umwege bringen.

Und diese mögen aus Sicht unserer Seele zwar zuweilen erlaubt sein, sind aber oft nicht besonders ideal.

Daher habe ich in Bezug auf Ihre bisher getroffenen großen Lebensentscheidungen hier noch eine weitere Empfehlung für Sie. Für deren Umsetzen sollten Sie allerdings Ihren Geist etwas weiten.

Jede Entscheidung, die wir treffen – ob in Resonanz mit unserer Seele oder auch nicht – eröffnet uns einen neuen Erfahrungsraum. Zugleich verschließen wir uns damit aber all den anderen aktuell möglichen.

Allerdings bleiben diese nicht gewählten Erfahrungsräume als Potenzial bestehen und wir können sie in unserer Vorstellung mit Leben erfüllen. Manche Quantenphysiker gehen von mehreren parallelen Welten aus.

Wie wäre es, wenn wir diese Theorie in Betracht ziehen und uns vorstellen würden, dass diese parallelen Zeitlinien nach wie vor als Potenzial zugänglich sind.

Dann könnten Sie mit diesen möglichen Realitäts-Ebenen spielen und die verschiedenen Entwicklungen weiterspinnen, die auch möglich und interessant gewesen wären.

Damit zu spielen ist für mich auch ein wertvoller Akt der Bewusstseins-Erweiterung, der uns erfahrener, reifer und weiser macht.

Lassen Sie sich dabei von all den Fügungen inspirieren, die in Ihrem Leben wichtige Entwicklungen in Gang gesetzt haben; die Sie zu einer Kurskorrektur angeregt oder Ihnen neue Türen geöffnet haben!

Und versuchen Sie auf diese Weise, selbst Regie zu führen und solche Fügungen bewusst zu kreieren, sich also solche komplexen, ineinander verwobenen Fügungen auszudenken!

So ähnlich macht es ja ein Drehbuchautor.

Dann wird Ihnen rasch klar, dass das gar nicht so einfach ist; denn die Regie, die Ihre Seele führt, ist tatsächlich sehr komplex, weise und ausgewogen.

Und sich dessen immer wieder einmal bewusst zu werden, scheint mir enorm wichtig zu sein; denn damit bekommen Sie einerseits mehr Respekt vor der Großartigkeit Ihrer Seele und ihrem wunderbaren Wirken – und andererseits mehr Vertrauen in ihre Begleitung.

Aber dieses Spiel kann noch mehr. Sie können damit Wunschrealitäten bahnen, wenn Sie Ihrer Phantasie freien Lauf lassen.

Für mich sind diese bewussten Spaziergänge durch meine diversen Leben – mein „tatsächlich Erlebtes" und meine „bloß vorgestellten Varianten" – faszinierend.

Vor allem in der Einsicht in die kaum fassbare Komplexität all der Handlungs- und Beziehungs-Geflechte.

Ich bewundere es immer wieder, wie organisch sich da eines zum anderen fügt. Und welche Zusammen- oder Auseinander-Führungen notwendig sind, um mir genau die Erfahrungen zu servieren, die nötig sind, damit ich die nächsten Schritte machen kann.

Gönnen Sie sich dieses Spiel und halten Sie vor allem Ausschau nach den großen Knotenpunkten!

Also jenen Situationen, Begegnungen, Ereignissen, an denen Ihre bisherige Entwicklung zu kulminieren schien und sich Ihnen dank einer Kurskorrektur völlig neue Richtungen eröffnet haben.

Weil Sie gezwungen waren, den eingeschlagenen und zuweilen etwas stur und träge aufrechterhaltenen Lebensweg im „richtigen“ Zeitfenster, im „richtigen“ Tempo, in die „richtige“ Richtung zu verlassen.

Ich habe diese Kurskorrekturen bereits an früherer Stelle erwähnt und möchte sie hier noch einmal aufgreifen.

Denn es könnte sein, dass Sie sich in Ihr eigenes Leben verlieben, wenn Sie dieses faszinierende Netzwerk aus der Perspektive eines Beobachters – also aus der Sicht Ihrer Seele – betrachten ☺.

Weil Sie mit der entsprechenden selektiven Wahrnehmung all der phantastischen Fügungen und Wendungen gewahr werden.

Wie kann es Ihnen nach all diesen verblüffenden Einsichten, Aha- und Ah-ja-Erlebnissen noch an Vertrauen mangeln?

Auch wenn Ihr Leben gerade außer Kontrolle zu geraten scheint?

Ich trachte danach, gerade dann, wenn es holprig wird und Chaos zu herrschen scheint, die Kontrolle abzugeben und mich vertrauensvoll der Führung meiner Seele hinzugeben.

Und glauben Sie mir! Ich weiß, wie schwierig das ist. Besonders dann, wenn mein Ego gerade wieder unbedingt seinen Willen durchsetzen und die Kontrolle behalten (oder wiedergewinnen) will, weil es den Eindruck hat, es würde ihm das Ruder aus der Hand gleiten.

Was ja kaum je der Fall ist; denn in Wahrheit hat unser Ego weit weniger Kontrolle, als es glaubt.

Und das ist gut so, weil sein Horizont, und damit seine Weisheit, ziemlich eingeschränkt ist.

Also sollten wir besonders in turbulenten Zeiten unseren Blick vor allem dorthin richten, wo wir unser mehr oder weniger sanftes Geführt-Werden erkennen können.

Wo wir uns all der wunderbaren Synchronizitäten und Fügungen, die uns auf Schritt und Tritt entgegenkommen, gewahr werden.

Synchronizitäten erleben wir ja immer dann, wenn das Unerwartete uns erwartet...

Haben Sie gerade das Gefühl, Ihr Leben sei aus den Fugen geraten?

Dann stärken Sie Ihr Vertrauen in die Führung Ihrer Seele, indem Sie sich an Ihren Lebensrückblick erinnern! In Wahrheit gerät Ihr Leben niemals aus den Fugen, es macht nur zuweilen den Anschein.

Aber wenn Sie es sich erlauben, vollstes Vertrauen in Ihre Seele zu haben, meistern Sie auch anspruchsvolle Zeiten.

Erinnern Sie sich immer wieder an die wohltuende Einsicht, dass Ihre Seele Sie bisher immer liebevoll begleitet und geführt hat, auch wenn Ihnen das im Augenblick selbst nicht klar war – und dass sie das bis zu Ihrem Lebensende machen wird.

Wir leben unser Leben in der Gegenwart, aber wir verstehen es meist erst in der Vergangenheit.

Dennoch können wir lernen, auch die Bedeutung rezenter und hoch aktueller Hinweise und Botschaften unserer Seele zu erkennen.

Vielleicht wollen Sie sich an dieser Stelle fragen:

Wie haben sich die bisherigen Fügungen meines Lebens angekündigt?

Meiner Erfahrung nach kommen solche Fügungen vor allem im Zusammenhang mit einem Scheitern, einem Verlust, einem vergeblichen Mich-nach-etwas-Strecken oder einem Rückschlag in irgendeinem Lebensbereich.

Wie sieht das bei Ihnen aus?

Können Sie dies im Rückblick auf Ihr bisheriges Leben auch erkennen?

Und könnte dies nicht ein Hinweis sein?

Der nächste Schritt wäre, auch in der Gegenwart Ausschau nach solchen Seelen-Botschaften zu halten.

~ Fragen Sie sich daher nach einer Einstimmung mit den zwei Punkten!

Wo kann ich in meinem aktuellen Leben solche Ereignisse erkennen?

Was wird mir scheinbar verwehrt?

Werde ich gerade über eine Umleitung von einem nicht idealen Weg, den ich irrtümlich einschlagen wollte, abgebracht?

Wo wurde etwas, worin ich es mir allzu gemütlich gemacht habe, von außen beendet?

Vielleicht weil ich auch nach mehreren äußeren und inneren Zeichen nicht bereit gewesen wäre, das, was offenbar ein natürliches Ende gefunden hat, auch tatsächlich zu beenden und freiwillig loszulassen?

Und lassen Sie diese prozessorientierten Frage in sich wirken!

Die Zeichen können uns übrigens im Außen oder im Innen zukommen – oder sowohl als auch, wenn das Thema besonders wichtig ist.

Welche äußeren Zeichen sind Ihnen schon aufgefallen?

Bei mir sind es Begegnungen, gehörte oder gelesene Sätze und Gedanken, die mich berühren und bewegen, Absagen, Zurückweisungen, das Verschwinden von Dingen oder Menschen, Abschiede, Verluste, Tode...

Und welcher inneren Zeichen sind Sie sich schon klargeworden?

Bei mir sind das Krankheiten oder Funktionsstörungen ebenso wie erhellende Gedankenblitze, immer wiederkehrende innere Dialoge, Träume oder Trigger, also intensive, aus der aktuellen Situation aufs Erste nicht erklärliche Gefühle...

Besonders achte ich auf Unlustgefühle in bestimmten Situationen oder in der Begegnung oder dem Zusammensein mit bestimmten Menschen, denn das können wertvolle Hinweise meiner Seele sein.

Aber auch ganz besondere Wohlgefühle, die scheinbar aus heiterem Himmel kommen, habe ich schon als Seelen-Hinweise erkannt.

Denn aus meiner Sicht gibt es durchaus auch positive Trigger.

Wie aufmerksam achten Sie auf Ihre Emotionen?

Ich habe ja bereits erwähnt, dass diese wie eine Art inneres Navigationssystem wertvolle Hinweise Ihrer Seele sind.

Wann immer Ihnen ein solches Zeichen auffällt, fragen Sie sich möglichst spontan, welcher Hinweis Ihnen hier gegeben werden sollte.

Dazu fragen Sie sich:

Wo in meinem Leben ruft etwas danach, gesehen, gehört, gefühlt, gerochen, geschmeckt und wahrgenommen zu werden?

Ist es nun ein Zeichen der Warnung oder ein Zeichen der Bestätigung?

Was zeigt sich mir immer wieder?

Was schreit laut oder flüstert ganz leise aber eindringlich nach meiner Aufmerksamkeit?

Wenn Sie sich diese und ähnliche Fragen immer wieder gewissenhaft und ehrlich stellen, werden Sie vor allem in anspruchsvollen Zeiten all die Botschaften Ihrer Seele rechtzeitig erkennen. Zu einem Zeitpunkt also, wo Sie noch keinen Schmerz brauchen, um die von Ihrer Seele gewünschte und angeregte Lebenswende zu leben.

Schmerz deute ich praktisch immer als eine Art Kurskorrektur: meine Seele bereitet mir nie grundlos Schmerz.

Wie gesagt, glaube ich nicht, dass es falsche Entscheidungen gibt; sonst stünden sie uns ja nicht offen.

Aber es gibt Varianten, die aus Sicht unserer Seele sinnvoller und daher zu bevorzugen sind.

Daher versucht sie, uns darauf hinzuweisen, indem sie uns die entsprechenden Optionen in Träumen, Tagträumen oder Herzenswünschen ans Herz legt, also unsere Aufmerksamkeit darauf richtet.

Das wäre doch eine gute Gelegenheit, Ihre Lektüre für eine Weile zu unterbrechen und noch einmal gezielt Ausschau zu halten nach solchen Umleitungen oder Wendepunkten, die Ihren Lebensweg oft völlig unerwartet in eine neue Richtung gelenkt haben. Nehmen Sie sich Zeit, hinzuschauen…

~ Und lassen Sie sich von Ihrer Quantenwelle dafür empfänglich machen!

Potenzial-Entfaltung in Seelen-Resonanz

Worin sehen Sie Ihre Lebensaufgabe?

Warum glauben Sie, auf diesem Planeten zur Welt gekommen zu sein?

Ich habe bereits erwähnt, dass ich glaube, dass wir da sind, um unser Potenzial zu entfalten – also das einzigartige Geschenk, das in uns schlummert, zu erkennen, auszupacken und der Welt (und uns selbst) darzubringen – und unsere Seele hat dabei die Aufgabe, uns auf diesem Weg zu begleiten und zu unterstützen.

Dazu initiiert sie die eine oder andere Kurskorrektur, wenn sie es als nötig empfindet, uns wieder unserem Seelen-Plan anzunähern.

Ist das eine Sichtweise, die mit Ihrer Lebensphilosophie in Resonanz schwingt?

Nach über 70 Jahren auf der Erde kann ich Folgendes zusammenfassen:

- *Meine Seele motiviert mich, wenn mich der Mut verlässt.*
- *Sie hilft mir wieder auf die Beine, wenn ich gefallen bin.*
- *Sie bestätigt mich, wenn ich auf einem guten Weg bin.*
- *Sie richtet mich auf, wenn ich mich habe enttäuschen lassen.*
- *Sie schenkt mir Klarheit, wenn sich meine Sicht vernebelt.*
- *Sie beantwortet mir die wesentlichen Fragen, die mir im Kopf herumschwirren.*

- *Sie ermutigt mich, meine Angst zu überwinden.*
- *Sie lacht mit mir, wenn ich lache.*
- *Sie tröstet mich, wenn ich weine.*
- *Sie freut sich mit mir.*
- *Sie stärkt mein Vertrauen, wenn Zweifel mich zu übermannen drohen.*
- *Sie ist stolz auf mich, wenn ich eine Herausforderung gemeistert habe.*
- *Vor allem aber weist sie mich auf jenes Potenzial hin, das gerade bereit ist, in die Entfaltung zu gehen.*
- *Und sie tut alles, um mir dabei zu helfen.*

~ Und dazu erinnert sie mich immer wieder an meine zwei Punkte – daher mache ich das in diesem Buch auch mit Ihnen.

Empfinden Sie das ähnlich?

Dabei mache ich immer wieder die Erfahrung, dass ich ihre Signale rascher und leichter erkenne, wenn ich stressfrei in meinem Ja schwinge.

Denn je entspannter ich bin, umso klarer höre ich die Stimme meines Herzens; und erkenne sie auch als solche.

Eben fällt mir auch dazu ein Bild ein. Wenn Ihr Radiogerät ruhig an seinem Platz steht, eingeschaltet und auf die richtige Frequenz eingestellt ist, werden Sie einen guten Empfang haben und Ihre Lieblingssendung klar und ungestört hören können.

Aber nun stellen Sie sich vor, ein Erdbeben erschüttert Ihr Haus.

Dann mag Ihr Radio eingeschaltet und auf die richtige Frequenz eingestimmt sein. Sie werden dennoch Ihre Sendung nicht gut hören können, weil die Erschütterungen den Empfang stören – ähnlich ist es, wenn wir unter Alltagsstress stehen, auch dann ist unser Empfang gestört und wir nehmen die Signale unserer Seele nicht so wahr wie in entspannter Ruhe.

Tatsächlich ist die Stimme meiner Seele meist leiser und zarter als die anderen Stimmen, die sich in mir zu Wort melden und nach meiner Aufmerksamkeit verlangen. Aber es gibt einige sehr hilfreiche Erkennungszeichen für meine Seelen-Stimme.

Meine Seele spricht niemals im Befehlston mit mir, sie ist niemals kritisierend, ungeduldig oder strafend; und sie käme nie auf die Idee, mich zu beschimpfen, zurückzuweisen oder klein zu machen.

Wenn sich eine solche Stimme meldet, dann weiß ich, dass es garantiert nicht die meiner Seele ist; sondern dann hat sich irgendein frustrierter Persönlichkeitsanteil eingemischt.

Diesem schenke ich dann durchaus meine Aufmerksamkeit, um mich aber dann möglichst rasch wieder meiner Seele zuzuwenden.

Erkennen Sie in meiner Beschreibung auch die Stimme Ihrer Seele wieder?

Die Stimme meiner Seele ist immer friedfertig und liebevoll und trachtet danach, mich aufzurichten; auch wenn ich gerade etwas von meinem Weg abgekommen bin. Und vor allem ist sie stets im annehmenden und bestätigenden Ja.

Ja, sie bestätigt mich auch dann, wenn ich gerade auf Abwege gerate: dann nimmt sie mich genau darin an, gibt mir ein liebevolles Ja und trachtet danach, mich behutsam in die richtige Richtung – die Richtung meines Seelen-Plans – zurück zu lotsen.

Haben Sie das auch schon erlebt?

Wenn ich meiner Inneren Stimme, die über mein Herz mit mir spricht, folge, fühle ich Frieden, Freude und Vertrauen.

Dann fühle ich mich liebevoll angenommen in einer weichen Wärme; und weiß mich wohltuend geborgen in einer offenen Weite. Und ich fühle, dass ich genau da bin, wo ich hingehöre.

Kennen Sie dieses Gefühl?

Allerdings ist es oft notwendig – die Not wendend –, die sich immer wieder vordrängenden Einflüsterungen meiner anderen Stimmen als solche zu erkennen und durch mich hindurch fließen zu lassen. Möglichst ohne Widerstand zu leisten, also auch dazu im Ja.

Denn damit schaffe ich in meinem Geist einen Raum der Offenheit, in dem ich die Stimme meines Herzens klar und sicher wahrnehmen kann.

Kennen Sie auch diese zahlreichen anderen Einflüsterungen?

Die Sie klein machen und kritisieren?

Die Sie in Ihren Zweifeln bestärken?

Die Ihnen den Boden unter den Füßen wegziehen?

Die Ihnen das Leben noch schwerer machen, wenn es ohnehin schon anspruchsvoll ist?

Und die ganz und gar nicht an Potenzial-Entfaltung und Selbstverwirklichung interessiert sind?

Wenn Sie beginnen, bewusst auf Ihre diversen Inneren Stimmen zu hören, ist es anfangs gar nicht einfach, diese zu unterscheiden.

Aber wenn Sie die Stimme Ihrer Seele einige Male bewusst wahrgenommen haben, prägt sie sich tief in Ihr Bewusstsein ein; und wird mit jedem Mal, wo Sie sie wieder hören und als solche erkennen, vertrauter und immer leichter erkennbar.

Nicht zuletzt, weil die entsprechenden Vernetzungen in Ihrem Gehirn jedes Mal dichter werden und Sie klarer auf Empfang programmieren.

Lassen Sie im Dialog mit Ihrer Seele einfach all Ihre Gedanken durch sich hindurchfließen und erlauben Sie ihnen, ohne sie zu filtern, in Ihr Bewusstsein zu treten!

Und vertrauen Sie darauf, dass jene, die zu Ihnen finden sollen und Ihnen zuträglich sind, bleiben und in Ihrem Bewusstsein wachsen werden.

Während all jene, die fehl am Platz sind, weil sie nicht mit Ihrer Seele in Resonanz schwingen, wieder aus Ihnen herausfließen.

~ Speziell wenn Sie sich immer wieder im Spiel mit der Quantenwelle darauf einstimmen.

Dies wird gelingt umso leichter, je entspannter und zufriedener Sie sich fühlen – also je sicherer Sie in Ihrem Ja geborgen sind. Und je weniger Sie irgendetwas vermeiden wollen; sondern ganz und gar in Ihrer widerstandslosen Akzeptanz schwingen.

Wie erkennen Sie die Stimme Ihrer Seele?

Wie wissen Sie, dass sie gerade zu Ihnen spricht?

Für mich ist dieses weichwarme Gefühl, das meinen ganzen Körper wie ein wohliger Schauer durchpulst, ein sicheres Zeichen für meine Seelen-Resonanz. Ich fühle eine Art körperlich wahrgenommenes und durch und durch befriedendes „Jaaaaa".

Dieses umfassende Ja kann ich wirklich fühlen. Aber ich erlebe auch das erleichternde Gefühl, die Dinge wären jetzt zurechtgerückt und in Ordnung.

Ein gutes Zeichen ist für mich auch immer, wenn mir plötzlich Zusammenhänge klarwerden, die ich bisher nicht gesehen habe. Das kann ein kleines Aha-Erlebnis sein oder auch ein großes.

Lieben Sie Aha-Erlebnisse auch so sehr wie ich?

Für mich gehören Aha-Erlebnisse zu meinen stärksten Endorphin-Ausschüttern. Und interessanterweise läuten sie meist eine Lebensphase ein, in der ich dann auch Bestätigung, Unterstützung und Liebe von außen bekomme.

Und zwar von den unterschiedlichsten Seiten – auch von solchen, von denen ich es eigentlich gar nicht erwartet hätte. Dann kommt wohl durch meine Seelen-Resonanz auch im Außen alles ins Fließen.

Wenn ich ganz und gar im Flow bin, signalisiert mir dieses wohltuende Fließen, dass ich auf dem richtigen Weg bin.

Kennen Sie dieses Flow-Gefühl?

Mihály Csíkszentmihályi hat 1975 erstmals dieses Flow-Erleben beschrieben, und für mich ist dieses ganz eng mit Seelen-Resonanz verbunden.

Annehmen ist meinem Gefühl nach so, wie zu einem Fluss zu werden. Nicht der Staudamm, der Widerstand bietet, Druck aufbaut und das Fließen stoppt.

„Kein Widerstand!“ Das ist auch die Devise von Thaddeus Golas. Sein kleines Büchlein „Der Erleuchtung ist es egal, wie du sie erlangst“ ist für mich auch immer wieder eine Fundgrube kluger Anregungen.

Während ich in meinem annehmenden Ja bin und in Seelen-Resonanz schwinge, darf ich durchaus auch einmal scheitern.

„Ein Gescheiterter ist ein Gescheiterer“, so bestätigt mir meine Seele und meint, nach einem Scheitern sei ich einfach um eine Erfahrung reicher und vielleicht sogar eine Spur weiser.

Allerdings nur, wenn ich bereit bin, dieses Scheitern bewusst als solches wahr- und anzunehmen.

Wie geht es Ihnen mit Ihrem Scheitern?

Erlauben Sie es sich auch ab und zu?

Was uns fordert, fördert uns auch.

Und so loten wir, begleitet und geleitet von unserer Seele, nach und nach unser menschliches Potenzial aus, entwickeln unsere Anlagen, Fähigkeiten und Talente und werden mehr und mehr wir selbst. Wachsen in uns hinein und nehmen unsere wahre Größe von Tag zu Tag mehr ein.

Ich habe dazu das Bild eines jungen Dackels vor Augen, dem die Haut noch zu groß ist und daher überall Falten schlägt. Aber nur so lange, bis er in sie (und damit in seine wahre Größe) hineingewachsen ist und sie – faltenfrei – erfüllt.

Und sehen Sie es nicht als wichtiges Ziel in Ihrem Leben, das, was Sie sind, auch tatsächlich zu leben?

Also authentisch Sie selbst zu sein und Ihr wahres Wesen zu leben?

Abraham Maslow nennt es Selbstverwirklichung.

Nicht jeder von uns kann alles. Aber wir alle haben unser ureigenstes Potenzial; und innerhalb dessen können wir alles.

Und dieses einzigartige Potenzial gilt es, zuerst zu erkennen und dann nach und nach auszuschöpfen – möglichst organisch und weitgehend in Eintracht mit unserer Seele.

An dieser Stelle habe ich wieder einige prozessorientierte Fragen für Sie. Nehmen Sie sich ausreichend Zeit, um damit zu spielen.

~ Stimmen Sie sich mit Ihren zwei Punkten darauf ein und lassen Sie sie in sich wirken!

Welches Potenzial habe ich in meinem bisherigen Leben bereits entfaltet?

Welche Gaben, Fähigkeiten, Stärken und Talente habe ich schon alle verwirklicht?

Welches Potenzial verlangt in meiner aktuellen Lebensphase nach Entfaltung und Verwirklichung?

Welches Talent möchte hier und jetzt verwirklicht werden?

Welche Stärke möchte jetzt an den Tag gelegt werden?

Welche Fähigkeit möchte als Geschenk an die Welt dargebracht werden?

Dazu stelle ich Ihnen im nächsten Kapitel ein interessantes Spiel vor: das Lebenshaus.

Mein Lebenshaus

Ich arbeite immer gern mit Bildern, weil diese unsere rechte Gehirnhälfte ansprechen.

Stellen Sie sich also vor, Sie hätten zur Geburt einen Schlüssel in die Hand bekommen – den Schlüssel zu Ihrem Lebenshaus. Dieses Haus symbolisiert Ihr gesamtes menschliches Potenzial – repräsentiert durch die verschiedenen Räume, die allerdings erst nach und nach realisiert werden...

Nun ist es Ihre Lebensaufgabe, Ihr Lebenshaus nach und nach zu manifestieren, in Besitz zu nehmen und mit Leben zu erfüllen.

Überlegen Sie sich, wie Ihr Lebenshaus gestaltet sein könnte, wie die verschiedenen Räume zueinander in Beziehung stehen, wie sie gebaut und eingerichtet sind, in welchen Farben und mit welchen Accessoires, und was es da alles zu entdecken gibt...

Aber überlegen Sie sich parallel dazu auch all das, was Sie sich für Ihr Leben wünschen.

Welche Lebensbereiche sind Ihnen besonders wesentlich?

Und mit welchen Räumlichkeiten korrelieren diese?

Was möchten Sie aktiver gestalten und weiter ausbauen?

Und wie wirkt sich das auf die Aufteilung und Gestaltung Ihrer Räume aus?

Welchen Themen möchten Sie in Ihrem Alltag mehr Raum geben?

Was braucht es dazu in Ihrem Lebenshaus?

Welchen Lebensbereichen wollen Sie mehr Bewusstheit schenken?

Was bedeutet das für Ihre Lebensräume?

Wenn Sie diese Einsichten in die Gestaltung Ihres Lebenshauses übertragen, mag Ihnen dies manch wertvolles Aha-Erlebnis schenken.

Wollen Sie den einen oder anderen Raum erweitern, verkleinern oder umgestalten?

Wertvoll ist es sicher auch, eine Zeichnung oder ein Modell Ihres Lebenshauses anzufertigen. So wie der Architekt einen Plan zeichnet, nach dem ein Haus gebaut wird.

Und dann spielen Sie immer wieder aufs Neue damit, um Ihre Ideen eventuell immer wieder zu verändern und zu erweitern...

Diese Beispiele mögen Sie inspirieren, aber hoffentlich nicht in Ihrer Kreativität einschränken; denn wichtig sind Ihre eigenen Ideen und Assoziationen. Aber lassen Sie sich von meinen anregen.

Was könnten Ihr Eingangsbereich und Ihr Vorraum symbolisieren?

Vielleicht die Art, wie Sie sich anderen präsentieren und wie Sie sie in Ihrem Leben empfangen?

Und wofür würde die Küche stehen?

Vielleicht für die Art, wie Sie rohe Energien in Bekömmliches, Verwertbares umwandeln, wie Sie also Fremdes zu Eigenem machen?

Wenn Essen und Kochen für Sie wesentlich sind, dann wird in Ihrem Lebenshaus der Koch- und Essbereich vermutlich einen besonderen Platz bekommen und eher großzügig dimensioniert sein.

Was würde Ihr Wohnbereich versinnbildlichen?

Vielleicht die Art und Weise, wie Sie leben möchten und was Ihnen dabei alles wichtig ist?

Und was verbinden Sie mit Ihrem Schlafbereich?

Vielleicht das, was Sie mit Ruhe und Regeneration verbinden?

Aber vielleicht auch mit Liebe?

Wünschen Sie sich als Symbol eine kuschelige Schlafoase oder ein anregendes Boudoir?

Und wie wäre es mit einem karibischen Wellness-Bereich?

Wo Sie nach Herzenslust regenerieren können?

Wenn Lesen für Sie wesentlich ist, dann werden Sie wohl nicht ohne Bibliothek zufrieden sein.

Was soll Ihre Bibliothek darstellen?

Wie gestalten Sie diese in Ihrer Vorstellung?

Und was symbolisiert sie?

Vielleicht Ihren Umgang mit Wissen und Weiterbildung?

Hat spielen eine wichtige Rolle in Ihrem Leben?

Dann könnten Sie in Ihrem Lebenshaus auch ein eigenes Spielzimmer einplanen.

Wie ist dieses gestaltet?

Was findet darin alles Platz?

Hätten Sie gern einen Flipper?

Tischfußball?

Einen Billardtisch?

Oder wünschen Sie sich eine Modelleisenbahn?

Oder sind Sie eher ein hochgeistiger Schach-Liebhaber?

Und welche Spielgefährten haben Sie gerne dabei?

Ist Kreativität ein wichtiger Lebensbereich für Sie?

Dann brauchen Sie sicher ein wie auch immer geartetes Atelier.

Und wie sieht es mit Ihren Sanitärräumen aus?

Vielleicht stehen diese für Reinigung, Läuterung und Befreiung von Schlacken?

Aber vielleicht verbringen Sie auch gerne viel Zeit in der Badewanne, lesend, meditierend, telefonierend oder mit Ihrem geliebten Du ein Glas Sekt trinkend. Dann werden Sie sich vermutlich einen ganz besonders gestalteten Badebereich genehmigen.

Und wofür steht Ihr WC?

Vielleicht für das Thema Loslassen?

Wie wichtig ist Ihnen dies?

Und brauchen Sie einen Abstellraum?

Was symbolisiert dieser?

Und haben Sie einen Dachboden eingeplant?

Wofür soll dieser stehen?

Brauchen Sie einen Fitness-Raum?

Und wofür steht dieser?

Vielleicht für körperliche Ertüchtigung und für die Art, wie Sie sich um die Einsatz- und Widerstandsfähigkeit Ihres Körpers kümmern?

Planen Sie einen Keller ein?

Vielleicht als Ort, an dem Sie noch schlummernde Potenziale aufbewahren können?

Aber auch Unbewusstes?

Das auf Entdeckung wartet?

Haben Sie sich auch für eine Dachterrasse entschieden?

Vielleicht mit einer Pergola und fruchtbaren Weinstöcken, von denen Sie im Herbst Ihre eigenen Trauben pflücken können?

Oder für einen Wintergarten?

Wofür könnte dieser stehen?

Aber vielleicht wünschen Sie sich auch einen eigenen Garten?

Als Symbol wofür?

Und was planen Sie noch alles ein?

Lassen Sie Ihrer Phantasie freien Lauf, spielen Sie mit Ihrem Lebenshaus und gestalten Sie es so lange um, bis Sie ganz und gar zufrieden sind damit – und dann nehmen Sie Raum für Raum in Besitz!

Dieses Lebenshaus soll und wird mit Ihnen mitwachsen, sich weiterentwickeln und sich immer wieder möglichst flexibel an Ihre neuen Anforderungen anpassen. Dazu möchte ich Ihnen ans Herz legen, immer wieder einmal inne zu halten und einen Blick auf Ihre Zeichnung oder Ihr Modell zu werfen.

Betrachten Sie Ihr Elaborat, fühlen Sie sich hinein und prüfen Sie nach, ob sich noch alles stimmig anfühlt – und in Resonanz mit Ihrer Seele. Und trachten Sie danach, jeweils zufrieden zu sein mit dem aktuellen Stand Ihrer Entfaltung und überlegen Sie, welche weiteren

„Umbaumaßnahmen“ wichtig wären, um sich für den nächsten Schritt in Richtung Ihrer Selbstverwirklichung zu öffnen.

Ich kenne kaum Menschen, die ihr gesamtes Potenzials nützen – und das finde ich schade. Und leider kann ich mich da nicht ausnehmen. Denn die längste Zeit meines Lebens war ich in meiner höchst effektiven Selbstsabotage gefangen.

Woran das lag, können Sie in meinem Buch „Alleingeborener Zwilling“ nachlesen. Denn wer weiß, vielleicht sind auch Sie von diesem Phänomen betroffen.

Wenn dies der Fall ist, sollten sie rasch nach Heilung dieses Ur-Traumas streben. Denn Ihre Seele möchte, dass Sie Ihr Potenzial leben.

Daher war auch meine Seele erleichtert, als ich offen war für meine große Offenbarung.

Seit ich weiß, dass ich ein alleingeborener Zwilling bin und meine Selbstsabotage daher rührt, befinde ich mich auf einem erstaunlichen Befreiungsweg. Und dieser wird auch für Sie möglich, wenn Sie bereit sind, bewusst hinzuschauen.

Mir war immer klar, dass wir mit unseren Talenten und Fähigkeiten doch eigentlich auch eine große Verantwortung mitbekommen haben. Die Verantwortung, diese auch tatsächlich zu entfalten und praktisch umzusetzen – aber mein mangelndes Selbstwertgefühl hat mir dies die längste Zeit nicht erlaubt.

Bereits das intensive Spiel mit der Quantenwelle hat mir hier eine gewisse Erleichterung gebracht. Aber der Durchbruch kam erst mit der großen Offenbarung meiner Alleingeburt und all den Aha-Erlebnissen, die mir mitgeliefert wurden – wobei mich aus heutiger Sicht die Welle erst bereitgemacht hat für diese große Aha-Erlebnis.

Noch etwas ist mir klargeworden. Unser Potenzial ist nichts Statisches, fertig Abgeschlossenes, sondern es wächst mit seiner Entfaltung mit. Je mehr Sie von Ihrem derzeit bereiten Potenzial entfalten, umso mehr neues Potenzial kommt hinzu – ganz so, als würde unser Lebenshaus mit seiner sukzessiven In-Besitz-Nahme ganz von selbst weiterwachsen und neue Räume entstehen lassen.

Die zu entdecken und nach und nach in Besitz zu nehmen ist unsere Aufgabe. Auch unser Gehirn funktioniert so, denn je mehr neues Wissen und neue Erfahrungen wir einspeisen, umso leichter fällt es uns, noch weiteres Neues einzuprogrammieren – einfach weil mehr Synapsen zur Verfügung stehen.

Daher lernen Sie die zweite Fremdsprache auch viel leichter als die erste; und noch leichter werden Sie die dritte oder gar vierte lernen. Einfach weil die neuen Informationen mehr Anknüpfungspunkte haben.

Lernen funktioniert ja so, dass verschiedene Hirnareale miteinander verknüpft werden. Also wird die Vernetzung immer dichter, je mehr wir lernen – und je dichter unser Netz aus miteinander verwobenen Hirnbahnen ist, umso leichter findet neues Wissen Anschluss...

Wenn Sie beispielsweise an den Begriff Baum denken, dann assoziieren Sie dazu vermutlich das Bild eines Baumes oder verschiedener Baumarten. Dann kommt vielleicht noch die Abenteuerlust hinzu, die Sie erfüllt hat, als Sie als kleiner Knirps auf jeden halbwegs geeigneten Baum geklettert sind.

Aber auch der Geruch eines Nadelwaldes und der Pilze, die Sie so gern sammeln. Und dazu noch die schräg einfallenden Sonnenstrahlen durch die hohen Tannen und Fichten. Sowie vielleicht auch das Tastgefühl, wenn Ihre Finger über die Rinde Ihres Lieblingsbaumes gleiten – und das Gefühl, das Sie haben, wenn Sie sich an seinen Stamm lehnen; oder ihn umarmen.

Und wer weiß, vielleicht ist in Ihren Hirnwindungen eine uralte Erinnerung versteckt... an eine zauberhafte Liebesgeschichte, in der Sie gemeinsam mit Ihrem Idol zwei Herzen in eine Baumrinde eingeritzt haben.

Oder auch die Assoziation zu jenem Tag, an dem Sie selbst Ihren ersten Baum gepflanzt haben.

Aber auch an den Tag, als der Baum, der Ihnen so ans Herz gewachsen war, gefällt wurde...

Wenn Sie so viele unterschiedliche Assoziationen zu einem Begriff haben und dann auch noch Begriffe wie „arbre“, „tree“, „dendron“ einprogrammiert haben, dann wird es Ihnen um vieles leichter fallen, Ihr Wissen zu erweitern.

Dann können Sie den neuen Begriff „élöfa“ viel rascher und nachhaltiger in Ihr „vibrierendes Netz“ (ein Begriff aus der modernen Hirnphysiologie) einprogrammieren, also lernen.

Ganz anders als wenn Sie bloß der deutschen Sprache mächtig sind und noch nicht viel Kontakt mit Bäumen hatten, weil Sie in einer baumarmen Stadt aufgewachsen sind.

Je mehr Assoziationen Sie zu einem Thema haben, umso leichter werden Sie Ihr diesbezügliches Wissen erweitern können – aber umso mehr Spaß wird es Ihnen vermutlich auch machen. Denn je dichter das „vibrierende Netz“ Ihres Gehirns ist, umso aufnahmefähiger wird es. Aber zugleich sind Sie in späteren Jahren nicht so sehr dem geistigen Abbau ausgeliefert, der mit fortschreitendem Alter meist verbunden ist.

Kehren wir nun zu unserem Potenzial zurück!

Denn genau so wie Ihr Gehirn immer leistungsfähiger wird, je mehr Nahrung Sie ihm anbieten, wird auch Ihr Lebenshaus mit Ihrer Persönlichkeitsentfaltung weiterwachsen und sich mit seiner In-Besitz-Nahme immer noch weiterentwickeln. Und glauben Sie mir, dieses In-sich-selbst-hinein-Wachsen ist eine sehr erfüllende Erfahrung!

Mich zumindest beglückt es immer wieder aufs Neue, meine eigenen Möglichkeiten zu erfühlen und dann zu erfüllen – das ist die gute Nachricht.

Aber leider gibt es auch eine nicht ganz so gute Nachricht – dass nämlich unser innerer Saboteur dies ganz und gar nicht schätzt. Daher wird er sich vermutlich sofort mit seinen bremsenden Einwänden melden, wenn Sie sich auf Ihren Weg in die Selbstbefreiung machen.

Glücklicherweise habe ich auch dazu wieder eine gute Nachricht.

~ Denn wann immer Sie sich bei Ihrer Selbstsabotage ertappen, können Sie die Quantenwelle anwenden, um dieser Blockade die Erlaubnis zu geben, sich aufzulösen.

Unsere Seele möchte, dass unser Weg in die Entfaltung unseres Potenzials ein kontinuierlicher ist. Natürlich gibt es Phasen, in denen wir langsamer erblühen und solche, in denen wir geradezu explodieren. Aber im Grunde hört Entwicklung das ganze Leben lang nicht auf – Leben ist Bewegung.

Erlauben Sie sich, nach und nach all die Hindernisse aus dem Weg zu räumen, die Sie sich meist selbst aufgebaut haben – oder die Sie anderen erlaubt haben, Ihnen in den Weg zu stellen. Dann werden Sie ein ganz neues Gefühl von Lebendigkeit erfahren.

Ich habe einmal gehört:

„Der Weg zu sich selbst führt durch einen selbstgebauten Irrgarten!“

Ja, es wird immer wieder Hindernisse geben, so lange wir auf diesem Planeten leben. Und ich denke, das ist nicht wirklich ein Problem. Denn in dem Augenblick, wo wir die Möglichkeit haben, solche Hindernisse zu umgehen, zu überspringen oder aufzulösen, sind wir tatsächlich der Homo Sapiens Sapiens, als der wir angelegt sind.

~ Und zu all dem befähigt uns das Spiel mit der Quantenwelle.

Daher möchte ich Ihnen dieses Spiel wirklich ans Herz legen, nicht zuletzt auch im Spiel mit Ihrem virtuellen Lebenshaus.

~ Denn wo auch immer Sie dabei Blockladen erkennen, wird die Welle Ihnen helfen, sich davon zu befreien und Ihnen den Weg frei machen.

Vielleicht nicht unbedingt im selben Augenblick. Manches braucht eine Weile, um von der geistigen Ebene in die Manifestation zu gehen. Ihr innerer Saboteur hat keine Freude mit einem wachsenden und sich weiter entfaltenden Potenzial; denn ihm ist alles Neue suspekt. Also wird er alle Hebel in Bewegung setzen, um Ihnen Hindernisse in den Weg zu legen.

Teils mit einengenden Glaubenssätzen, die Sie irgendwann verinnerlicht haben und von denen Sie vielleicht gar nicht mehr wissen, dass sie in Ihnen wirken. Teils auch mit Zweifeln, Ängsten und Erwartungen, die Sie kleiner machen, als Sie in Wahrheit sind.

Gönnen Sie sich daher einige Augenblicke des Innehaltens und ergänzen Sie möglichst spontan die folgenden Sätze.

~ Nicht ohne sich davor mit den 2 Punkten darauf eingestimmt zu haben!

Wenn ich an mich glauben könnte, würde ich ...

Wenn ich keine Angst davor hätte, würde ich ...

Wenn es mir nicht wichtig wäre, was andere über mich denken, würde ich ...

Wenn ich mich frei genug fühlen würde, würde ich ...

Könnte ich sicher sein, dass es funktioniert, würde ich ...

Dann gönnen Sie sich das eine oder andere – tun Sie es dennoch!

Sei es in Ihrer Vorstellung, oder auch, wenn es möglich ist, real. Und achten Sie darauf, wie Ihre Seele dabei schwelgt.

Wissenschaftler gehen davon aus, dass wir nur 2% unseres Hirnpotenzial nutzen.

Was macht diese Einsicht mit Ihnen?

Tut es Ihnen leid, dass es nur 2% sind?

Oder freuen Sie sich, dass Ihnen immerhin noch 98% freistehen?

Stellen Sie sich bloß vor, was alles möglich wird, wenn Ihnen nun das Doppelte oder Dreifache Ihrer derzeit aktiven mentalen Kräfte zur Verfügung steht!

Oder gar das Zehnfache!

Und das wäre immer noch ein verschwindend geringer Teil Ihres enormen Potenzials.

Edison hat gemeint:

„Wenn wir alles täten, wozu wir imstande sind, würden wir uns wahrscheinlich in Erstaunen versetzen!"

Wie wäre es, wenn Sie es darauf anlegen würden, sich selbst zu erstaunen?

Ich liebe es, wenn ich mich über mich selbst wundern kann. Nicht, weil ich mich wiedermal hochprofessionell sabotiert habe. Sondern weil ich meine eigenen, oft zu hohen Erwartungen übertroffen habe.

Wollen Sie dieses fast unendliche Potenzial nicht nutzen?

98% Ihres Potenzials warten noch darauf, genutzt zu werden.

Was außer Ihrem inneren Saboteur spricht dagegen, es zu entfalten?

Erlauben Sie sich, täglich ein Stück weiter in Ihr Potenzial hineinzuwachsen und dabei auch noch Freude zu haben!

Genießen Sie Ihre Reise in die Freiheit!

Ihr inneres Kind und Ihre Seele werden es Ihnen danken.

~ Und nutzen Sie dazu das Spiel mit der Quantenwelle, denn es wird Sie trefflich dabei unterstützen.

Wie wird Ihr Leben aussehen und sich anfühlen, wenn Sie sich freie Bahn gewähren?

Erlauben Sie sich zu träumen – und träumen Sie groß!

Scanner Persönlichkeit

Ich weiß nicht, ob Ihnen der Begriff Scanner Persönlichkeit bekannt ist. Er ist noch relativ jung und stammt ursprünglich von Barbara Sher.

Aber wenn Sie eine Scanner Persönlichkeiten sind, dann werden Sie dieses Phänomen in meiner Beschreibung wiedererkennen.

Und vielleicht haben Sie auch schon von dem Begriff „Renaissance-Mensch“ gehört.

Ich erinnere mich mit Wohlgefallen an die Eröffnungsrede zu einer meiner Vernissagen.

Da nannte mich mein Laudator einen Renaissance-Menschen, was mir damals in meinem mangelnden Selbstwertgefühl höchst merkwürdig vorkam.

Denn für mich war meine extreme Vielseitigkeit nicht außergewöhnlich. Aber natürlich hat es mich gefreut.

Erst viele Jahre später kam dieser Begriff wieder auf mich zu. Und seit ich weiß, dass ich ein alleingeborener Zwilling bin, ist mir auch die Ursache dafür klar.

Wie die meisten Alleingeborenen habe ich immer danach getrachtet, das nicht gelebte Leben meines verlorenen Zwillingsbruders für diesen mit zu leben.

Daher bin ich immer besonders vielen Interessen und zahlreichen Berufen nachgegangen – die längste Zeit, ohne mir klar zu sein, woher diese Tendenz stammt.

Und im Zuge meiner Arbeit an diesem Thema ist mir auch der Begriff der „Scanner Persönlichkeit“ zugekommen.

Die Bezeichnung „Renaissance-Mensch“ bezieht sich auf Leonardo da Vinci, der wohl eines der bekanntesten

Universalgenies war. Aber er war mit dieser Besonderheit natürlich nicht der einzige – damals wie heute.

Tatsächlich habe ich den Eindruck, wir würden mit der Zeit immer mehr.

Daher scheint es mir auch wichtig, dieses Thema hier kurz zu streifen.

Denn Scanner Seelen haben offenbar einen komplexeren Lebens-Plan im Visier. Und wir können unser Potenzial erst dann zur vollen Entfaltung bringen, wenn wir es kennen.

Also fühlen Sie bei meiner Beschreibung tief in sich hinein und nehmen Sie wahr, ob Sie Resonanz empfinden!

Meiner Erfahrung nach gibt es auch bei dieser Anlage verschiedene Ausprägungen. Genau wie bei der Hochsensibilität und der Hochsensitivität, die ja beileibe nicht immer gleich stark ausgeprägt sind.

Da gibt es die extremen Multitalente, für die es kaum ein Gebiet gibt, auf dem sie nicht punkten können.

Aber es gibt auch Menschen, die einfach vielseitig sind und sich für mehrere Gebiete interessieren – teils parallel, teils auch nacheinander oder phasenweise.

Und wenn etwas die Scanner Persönlichkeit fördert, dann ist es unsere Kultur und unsere Zeitepoche.

All die unendlich vielen Möglichkeiten, die zumindest den meisten von uns offenstehen, fördern die Anlage zur Vielbegabung.

Andererseits überfordert die enorme Wissensflut, der wir ständig ausgesetzt sind, Universalisten ganz besonders, weil es im Grunde kaum etwas gibt, was nicht interessant ist.

Es gibt aber noch einen weiteren Grund, warum wir immer mehr werden. Nämlich die Tatsache, dass auch der Verlust eines Zwillings oder mehrerer Mehrlinge immer häufiger wird – warum das so ist, lesen Sie bitte in meinem bereits erwähnten „Alleingeborener Zwilling“-Buch nach.

Schon als junges Mädchen habe ich die Biographien in der Taschenbuchreihe rororo verschlungen, unter denen es mir vor allem die vielseitigen und vielbegabten Persönlichkeiten angetan hatten.

Heute weiß ich warum. Einfach weil wir oft das an anderen bewundern, was wir selbst als – oft noch schlummernde – Anlage in uns tragen. Nach sieben Jahrzehnten ist mir klar, dass ich eine hochsensible, hochsensitive, alleingeborene Scanner Persönlichkeit bin.

Aber was mache ich mit diesem Label?

Lassen Sie mich meine Einsichten mit Ihnen teilen – wer weiß, vielleicht können Sie sich ja auch damit identifizieren. Was mich nicht wundern würde, denn das Gesetz der Resonanz bringt oft auch Autoren und ihre Leser zusammen.

Mittlerweile gibt es unterschiedliche Publikationen zum Thema Scanner Persönlichkeit – hier möchte ich Ihnen meine persönliche Sichtweise darstellen.

Für mich beruht das Phänomen der „Scanner Persönlichkeit“ vor allem darauf, dass wir Alleingeborenen unwillkürlich mehrere Leben gleichzeitig leben.

Daher sind wir wie die sprichwörtlichen Kerzen, die an mehreren Enden brennen.

Kennen Sie dieses Phänomen von sich?

Haben Sie auch oft das Gefühl, ein Leben würde Ihnen nicht reichen?

Würden Sie sich gern klonen können, um all das zu schaffen, was Sie sich für dieses Leben vorgenommen haben?

Als Alleingeborene haben wir unwillkürlich die Tendenz, die versäumten Leben unserer ungeborenen Geschwister für diese mit zu leben. Unwillkürlich zumindest so lange, bis wir uns dieser Anlage bewusst werden.

Ab diesem Augenblick leiden wir nicht mehr unter unserer stressigen Zersplitterung, sondern freuen uns an unserer wertvollen Vielseitigkeit.

Diese Bewusstwerdung ist heute leichter als früher, denn immerhin gibt es bereits einige Bücher und Webseiten dazu.

Dennoch haben wir es heute immer noch mit einem Geheimtipp zu tun. Und es erstaunt mich immer wieder, wie wenige Therapeuten, Coaches und Lebensberater über dieses Ur-Trauma Bescheid wissen.

Obwohl sie meist selbst von dieser Anlage betroffen sind.

Ich weiß das deshalb so genau, weil ich selbst die enormen, großteils fatalen Auswirkungen auf alle Bereiche meines Lebens kosten durfte, so lange ich deren Ursache noch nicht kannte.

Denn so lange wir diese Ursache nicht erkannt haben, kann keine Heilung geschehen.

Heute bin ich gewissermaßen Expertin aus eigenem Erleben – und sehe mich nun in der Verantwortung, mein Wissen, meine Einsichten und Erfahrungen anderen Menschen mit dieser Anlage weiterzugeben.

Meiner Erfahrung nach gibt es zwei verschiedene Ausprägungen der „Scanner Persönlichkeit"; und diese können innerhalb eines Lebens durchaus ineinander übergehen.

Einerseits ist da die vor Begeisterung brennende „Scanner Persönlichkeit", die ihre helle Freude hat an all ihren unterschiedlichen Interessen.

Die lustvoll darin schwelgt und kein Problem hat mit ihrer enormen Vielseitigkeit. Im Gegenteil. Sie LIEBT und LEBT sie.

Diese erlöste „Scanner Persönlichkeit" weiß in der Abwechslung zu schwelgen und lässt sich von ihrer stets brennenden Neugier durch das Leben tragen. Von einer Faszination zur nächsten und von einem lodernden Feuer zum nächsten. So lotet sie all die Höhen, Tiefen und Weiten ihres So-Seins aus – mit Enthusiasmus, Lebensfreude und Bewunderung für das Leben.

Menschen dieser Prägung sind enorm kreativ und sprühen vor Ideen. Allerdings sind diese meist nur so lange interessant, als sie wirklich interessant sind – nein, das ist kein Tippfehler; denn das Interesse des Scanners hält nur so lange an, bis es befriedigt ist; dann lockt schon wieder das nächste extrem Interessante…

Unvollendete…

Und dann wird die Ausfertigung und Verwirklichung des begonnenen Projektes gern anderen, eindimensionaleren Menschen überlassen.

Oder aber ad acta gelegt, um vielleicht später wiederaufgegriffen zu werden.

Aber vielleicht auch nicht; denn manche begonnenen Dinge bleiben tatsächlich unvollendet – ja, das gibt es nicht nur bei Symphonien…

Früher hat es mich gestresst, wenn ich etwas Begonnenes nicht abgeschlossen habe, also nicht zur Blüte bringen konnte. Aber mittlerweile hilft mir ein wundervoller Gedanke, der mir eines Tages zugekommen ist; und der mich ungemein befriedet hat.

Jene Saat, die nicht aufgeht, ist nicht verloren, sondern sie hat eine wertvolle Funktion – nämlich als Nahrung zu dienen für jene Samenkörper, die aufgehen und erblühen.

Ist das nicht ein wunderschöner Gedanke?

Ich führe ihn mir immer wieder vor Augen, wenn meine Projekte unvollendet bleiben; und wenn mein innerer Kritiker mich deshalb geißelt.

In meinem Fall gibt es begonnene Bilder, Drehbücher, Ausbildungen, Karrieren, Bücher, Freundschaften, Seminarideen… und tatsächlich kann ich mit dieser entspannenden Sichtweise erkennen, dass nichts, absolut nichts je vergeblich war.

Diese Idee hat mich vor allem deshalb so erleichtert, weil ich bis dahin immer das Gefühl der Versäumnis hatte.

Aber Versäumnis gibt es nicht.

Diese Einsicht wird auch Ihnen wohltun, wenn Sie als Scanner Persönlichkeit immer wieder das Gefühl haben, es würde sich nicht alles ausgehen, was Sie sich vorgenommen haben; und Sie müssten unbedingt etwas zu Ende bringen, obwohl Sie längst erkannt haben, dass es nicht das Richtige ist für Sie.

Scanner dieser Ausprägung sind entweder von vorneherein mit einem gesunden Selbstwertgefühl gesegnet oder sie haben es sich bewusst erarbeitet.

Vielleicht hatten sie das Glück, in ein wertschätzendes und ermutigendes familiäres Umfeld geboren zu werden, in dem Ihre Eltern das in ihnen angelegte Multitalent schon früh erkannt und gewürdigt haben – so konnte sich dieses leicht und ungehindert entfalten.

Vermutlich war ihnen auch ihr unangepasstes Wesen erlaubt und wurde sogar unterstützt.

So konnte sich auch ihre ausgeprägte Individualität frei entfalten; und der bunte Schmetterling durfte zu seiner vollen Schönheit erblühen, um die Welt zu einem schöneren Ort zu machen.

Andere freudvolle Scanner Persönlichkeiten mussten sich ihr Selbstwertgefühl erst mühsam und gegen massive innere und äußere Widerstände erarbeiten. Ihnen wurde die Erlösung also nicht in die Wiege gelegt, sondern für sie galt es, sie als Holschuld zu erwerben.

Eine solche „Scanner Persönlichkeit" hat meist lang unter ihrer extremen Vielseitigkeit gelitten, weil sie von ihrem Umfeld nicht in ihrem So-Sein angenommen wurde.

Besonders, wenn es darum ging, sich auf einen Beruf festzulegen und sich an gesellschaftliche Normen anzupassen.

Und so hat sie massive Selbstzweifel entwickelt und ihr von vorneherein schwaches Selbstwertgefühl wurde immer noch weiter untergraben. Immer wieder sah sie sich mit Vorwürfen anderer konfrontiert.

„Fang doch nicht schon wieder etwas Neues an!"

„Du bist ein Hans Dampf in allen Gassen!"

„Mach doch endlich mal was fertig!"

„Du bist flatterhaft!"

„Auf dich kann man sich nicht verlassen!“

„Du fängst tausend Dinge an und bei nichts bleibst du!“

„Kannst du dich nicht endlich mal entscheiden?“

„Du zersplitterst dich schon wieder!“

„Was bist du für ein Versager!“

oder gar *„Du bist eine verkrachte Existenz!“*

Da ist es doch unschwer nachzufühlen, wie es dem inneren Kind unter diesem Bombardement geht…

Kennen Sie solche oder ähnliche Vorwürfe?

Mussten Sie sich diese auch immer wieder anhören?

Und haben Sie sich vielleicht sogar damit identifiziert?

Dann weiß ich aus jahrelanger leidvoller Erfahrung, wie es Ihnen geht.

Aber ich weiß auch, wie es sich anfühlt, wenn diese Tortur ein Ende hat. Weil wir endlich lernen, uns selbst in unserem So-Sein anzunehmen, zu achten und wertzuschätzen.

Und in manchen Momenten sogar für unser reiches Potenzial zu bewundern.

Warum nicht?

Nehmen wir irgendjemandem etwas weg, wenn wir uns Bewunderung zukommen lassen?

Nein, ganz im Gegenteil – unsere Ausstrahlung wird in der wertschätzenden Selbstannahme auch für andere angenehmer und wohltuender.

Ist Ihnen das schon einmal bewusst aufgefallen?

Wie ungut sich die Gegenwart eines gestressten, ständig mit sich unzufriedenen Menschen anfühlt?

Und im Vergleich dazu die einer mit sich zufriedenen und in sich ruhenden Person?

Abgesehen davon freut sich Ihr inneres Kind, wenn Sie sich – und damit ihm – neben Liebe und Anerkennung auch Bewunderung zukommen lassen.

Scanner Persönlichkeiten dieser Ausprägung leben oft viele Jahre in einem recht zermürbenden Trotzdem-Leben.

Sie glauben ständig, sich für ihr So-Sein rechtfertigen zu müssen und haben den Eindruck, sie müssten sich ihre Lebensberechtigung erst verdienen – sich ihres Überlebt-Habens erst als wert erweisen.

Diese Menschen fahren ihr Leben lang mit angezogener Handbremse Vollgas und bringen sich zu 150% ein, stehen sich selbst aber konsequent im Weg. Sie wünschen sich Erfolg, um ihren Selbstwert aufzubauen und ihrem verlorenen Zwilling ein würdiges Leben zu bieten.

Versagen sich diesen Erfolg aber konsequent, weil sie sich dessen nicht als wert erachten.

Ich selbst habe Jahrzehnte gebraucht, um meinen Wert zu erkennen. Und um meine Besonderheit wertschätzen zu lernen. Meine Einzigartigkeit auch.

Für mich ist jeder Mensch einzigartig, wenn er sich und seine Anlage tatsächlich LEBT.

Wenn er das Geschenk, das in ihm schlummert, erkannt und ausgepackt hat. Und wenn er sich dann aufgemacht hat, nach und nach dieses Geschenk der Welt darzubringen.

Und genau darum geht es unserer Seele. Nur leider tun wir uns besonders als Scanner Persönlichkeiten oft schwer, dieses Geschenk – unser ungemein komplexes Potenzial – zu erkennen.

Kennen Sie schon das Geschenk, das in Ihnen schlummert?

Sind Sie sich Ihres latenten Potenzials bewusst?

Wissen Sie, welch einzigartige Kombination an Gaben, Talenten und Fähigkeiten in Ihnen auf Verwirklichung wartet?

Was von all dem leben Sie schon?

Und welche Ressourcen warten noch auf Entdeckung?

Ursache für diese Selbstsabotage ist vor allem unser mangelndes Selbstwertgefühl.

Und dieses ist primär auf die Schuldgefühle zurückzuführen, die wir als Alleingeborene haben, weil wir glauben, am Tod unseres Zwillings (oder der anderen Mehrlinge) schuld zu sein.

Fühlen Sie Resonanz zu diesem Thema?

Dann lernen Sie sich noch etwas besser kennen – und schätzen! Und befassen Sie sich intensiver mit diesem Thema! Denn ich glaube, das hängt zusammen.

Je besser Sie sich kennenlernen, umso eher werden Sie sich wertschätzen können.

Einfach weil Sie damit einen umfassenden Eindruck Ihrer Besonderheit, ja Ihrer Einzigartigkeit gewinnen. Vor allem wenn auch Sie eine „Scanner Persönlichkeit“ sind.

~ Und auch hier denken Sie an die Quantenwelle!

Selbstwertgefühl heilen

Da es dazu ein eigenes Buch, möchte ich hier nur kurz auf dieses Thema eingehen.

Wie äußert sich ein gesundes Selbstwertgefühl?

Und wie äußert sich Ihr Selbstwertgefühl?

Wenn Ihr Gefühl für Ihren Wert eine kleine Auffrischung vertragen könnte, hoffe ich, dass Sie diese Frage nicht als provokant empfinden.

Vielleicht sollte ich lieber fragen:

Wie wird es sich anfühlen, wenn Ihr Selbstwertgefühl ganz und gar geheilt sein wird?

Oder wie hat es sich angefühlt, als es noch heil war?

Erinnern Sie sich an eine Zeit, in der Ihr Selbstwertgefühl noch nicht angeknackst war – oder, wenn Sie keine solche Erinnerung zugänglich haben, fragen Sie sich:

Sollte ich irgendwann in meinem Leben ein gesundes Selbstwertgefühl gehabt haben, wie mag sich dieses wohl angefühlt haben?

Ich glaube, dass wir alle mit einem gesunden Selbstwert zur Welt kommen; also müssen wir tief in unserem Unterbewusstsein Zugang dazu finden können. Auch wenn das sehr lange her ist, und diese Erinnerungen – warum auch immer – verschüttet wurden.

~ Vielleicht wollen Sie sich – nach einer Wellen-Einstimmung – in einen meditativen Zustand versetzen und Ihr Unterbewusstsein bitten, eine solche Erinnerung freizugeben.

Wie hat sich mein ursprünglich intaktes Selbstwertgefühl angefühlt?

Und wenn Sie keinen Zugang finden, dann tun Sie einfach so, als könnten Sie Zugang finden.

Die Technik des So-Tun-als-ob
eignet sich vor allem für Menschen,
die glauben, nicht zu können,
weil sie nicht an sich glauben können.

Wie fühlt sich dieses „eingebildete Selbstwertgefühl“ an?

Wo sitzt Ihr gesundes Selbstwertgefühl?

Ich wundere mich immer wieder, wenn die Teilnehmenden an meinen Seminaren bei dieser Frage auf ihren Kopf zeigen. Im Kopf sitzt – wenn überhaupt – das Wissen um unseren Wert. Aber das Gefühl für unseren Wert sitzt doch…

Ja, wo sitzt Ihr gesundes Selbstwertgefühl?

Wo können Sie es wirklich fühlen?

Und wie fühlt es sich an?

Ist es warm, ja heiß?

Oder eher kühl, ja kalt?

Fühlt es sich fest und hart an?

Oder eher locker und weich?

Können Sie eine Farbe damit assoziieren?

Einen Klang?

Geruch oder Geschmack?

Was macht es mit Ihrer Körperhaltung?

Und mit Ihrer Mimik?

Vermittelt es Ihnen eher den Eindruck von Helligkeit?

Oder ist es eher dunkel?

Fühlt es sich leicht, ja schwerelos an?

Oder eher schwer und dicht?

Haben Sie den Eindruck von Enge?

Oder von Weite?

All diese Fragen helfen Ihnen, Ihr Selbstwertgefühl besser kennenzulernen. Und vielleicht können Sie es sich eines Tages sogar bewusst vergegenwärtigen, wenn Sie genau wissen, wie es sich anfühlt.

Wäre das nicht wertvoll?

Dann fragen Sie sich:

Wann ist mir mein Selbstwertgefühl verlorengegangen?

Was ist passiert, dass es so weit gekommen ist?

Und wer war dabei beteiligt, ja dafür verantwortlich?

Hier geht es nicht um Schuldzuweisungen, die absolut nichts bringen. Aber ich finde, es ist wichtig, die Wurzel dieses Mangels zu erkennen; weil Sie genau da angreifen müssen, um es zu heilen.

Fragen Sie sich daher:

Wer hat mein Selbstwertgefühl untergraben?

Wann und wie ist das passiert?

Waren es meine Eltern?

Haben diese meine Ambitionen untergraben?

Mich immer wieder entmutigt, wenn ich etwas erreichen wollte?

Wurde ich immer wieder zurückgepfiffen?

Oder zurückgewiesen?

Vielleicht auch von anderen Erziehungsberechtigten?

Ging das in der Schule weiter?

Wurde ich da immer wieder klein gemacht und diskriminiert?

Hat man mich entwertet?

Vielleicht sogar gemobbt?

Welche hilfreichen Fragen fallen Ihnen noch ein?

Wenn Sie sich dessen klar geworden sind, geht es weiter mit dieser Frage:

Wie kann ich mein Selbstwertgefühl wieder aufbauen?

Das Schöne ist für mich, dass wir unserem mangelnden Selbstwertgefühl nicht hilflos ausgeliefert sind, sondern dass wir können es jederzeit wieder aufbauen können und damit zugleich unser inneres Kind heilen.

Denn es ist ja vor allem dieser Persönlichkeitsanteil, der besonders unter diesen Zurückweisungen und Entmutigungen gelitten hat – also gilt es vor allem das Kind in Ihnen zu heilen.

Und wer, wenn nicht Sie selbst, weiß, was Ihr inneres Kind braucht und sich wünscht?

~ Fragen Sie sich daher nach einer Wellen-Einstimmung!

Was braucht mein inneres Kind, um sich wieder wertvoll zu fühlen?

Womit könnte ich es aufbauen und ermutigen?

Welche Worte braucht es, um sich wieder aufzurichten?

Was würde es stolz machen?

Und dann machen Sie all das! Zuerst in einer kleinen Meditation. Aber dann auch in der Realität, wenn es machbar ist!

Selbstwertgefühl aus der Vergangenheit

Wissen Sie, wie Sie die Wünsche Ihrer Seele erkennen?

Nun, ich denke, Sie erkennen sie daran, dass es sich gut anfühlt, ihnen nachzukommen; dass es leicht geht und Sie glücklich macht.

Sie erkennen, dass Sie in Resonanz mit Ihrer Seele schwingen, wenn Ihr Leben Ihnen ungeahnte Erfolge bringt, weil Sie nun Ihre über lange Zeit verborgenen Talente entfalten – Gaben, die Sie sich niemals zugetraut hätten.

Aber auch weil Sie dabei unerwartete Unterstützung bekommen.

Dann beginnt Ihre Persönlichkeit, sich wie eine wundervolle Blume zu entfalten und der Strom des Lebens trägt Sie. Und dann halten Sie sich nicht mehr aus mangelndem Selbstwertgefühl an den Sträuchern am Ufer fest.

Und reden sich nicht mehr ein, Sie hätten all die Fülle und den Wohlstand nicht verdient.

Weil all das viel zu gut sei für Sie; eine Nummer zu groß. Wenn solche Gedanken noch in Ihnen wirken, dann schreiben Sie diese nieder und verbrennen den Zettel mit all dem Gedankenmüll!

Als mir klar wurde, dass ich die längste Zeit meines Lebens mein Potenzial auf Sparflamme gehalten hatte, bat ich meine Seele um Rat.

Da wurde mir rasch klar, dass sich mein Selbstwertgefühl sehr früh schon im Trommelfeuer von allzu viel Kritik und Zurechtweisung zurückgezogen hatte.

Und ich fand umso mehr Bestätigung für dieses Phänomen, mit je mehr Menschen ich darüber gesprochen habe.

Wie sieht das bei Ihnen aus?

Haben Sie schon einmal versucht, Kontakt mit Ihrer Seele, also Ihrer Inneren Stimme zu suchen?

Und nachzufragen, was sie Ihnen empfiehlt?

Haben Kritik und Zurechtweisung auch Ihr Selbstwertgefühl in die Flucht geschlagen?

Wenn Ihre Eltern und Erziehungsberechtigten Sie oft kritisiert und zurechtgewiesen haben, haben sie es vermutlich gut gemeint.

Das setze ich mal voraus – sie haben geglaubt, Sie ständig korrigieren zu müssen, um Sie an ein System anzupassen, an das sie glaubten. Weil schon ihre Eltern und deren Eltern daran geglaubt haben.

Aber damit haben sie nur Ihren natürlichen Wachstumsimpuls eingeschränkt und Sie gelehrt, sich kleiner zu machen, als Sie in Wahrheit sind.

Dann haben Sie sich geduckt und kaum mehr gewagt, etwas Neues in Angriff zu nehmen. Einfach weil Sie Angst hatten, (wieder) etwas falsch zu machen.

Sie wollten es nicht riskieren, wieder und wieder kritisiert und zurückgewiesen zu werden.

Habe ich mit dieser Schilderung Recht?

Haben auch Sie eine solche Behandlung erlebt?

Wurden Sie auch so oft kritisiert und klein gemacht?

Die Folge dieser frühkindlichen Behandlung ist, dass wir uns in Zukunft auch selbst kritisieren und klein machen.

So halten wir uns in einem Prokrustes-Bett gefangen und verfehlen den Sinn unseres Lebens.

Kennen Sie die Geschichte des Prokrustes aus der griechischen Mythologie?

Wenn dieser Gäste hatte, renkte er ihnen die Glieder aus oder hackte sie gar ab, damit sie in seine zu kleinen Betten passten.

Ja, das ist eine grausame Geschichte.

Aber gehen wir nicht auch selbst so grausam mit uns selbst um?

Können Sie sich in meiner Beschreibung wiederfinden?

Kennen Sie diese Tendenz, sich selbst kleiner zu machen als Sie sind?

Und erlauben Sie nach wie vor auch anderen, Sie klein zu machen?

Erinnern Sie sich an Ihre frühe Kindheit und fragen Sie sich:

Habe ich als Kind immer wieder gehört, ich wäre auf bestimmten Gebieten nicht begabt?

Ich hätte dies und das nicht verdient?

Musste ich allzu oft hören, ich wäre nicht gut genug?

Mit welchen klein machenden Bezeichnungen wurde ich „verwöhnt"?

Problem dabei ist, dass wir all das, was uns in unserer frühen Kindheit an den Kopf geworfen wird, glauben. Und weil wir es glauben, sagen wir uns diese vernichtenden Worte dann immer wieder auch selbst.

Damit legen wir den Grundstein für allerlei negative Ergebnisse – nicht zuletzt auch für Mangel und finanzielle Enge als äußere Spiegelung unseres mangelnden Selbstwertgefühls.

Die negativen Dialoge, die wir von anderen übernommen haben, haben uns blind gemacht für unsere Stärken, für unsere Leistungen und für unseren Wert.

Gewinnen Sie ein gesundes Selbstwertgefühl auch aus Ihrer Vergangenheit!

Natürlich ist das eigentliche Ziel, sich ungeachtet aller Bedingtheit wertschätzen zu können. Einfach dafür, dass Sie so sind, wie Sie sind.

Aber um Ihr Selbstwertgefühl nachhaltig zu heilen, mag es durchaus hilfreich sein, auch einmal gezielt Ausschau zu halten nach bisherigen Siegen und Triumphen.

Ich wurde einmal gebeten, ein Profil für mich als Persönlichkeits-Trainerin zu erstellen. Und als ich damit fertig war, kam mir beim nochmaligen Durchlesen der Gedanke in den Sinn:

„Wenn ich das nicht selbst wäre, könnte ich fast stolz sein!“

Ist das nicht ein geradezu erstaunlich liebloser Umgang?

Wo bleibt da ein gesundes Selbstwertgefühl?

Glücklicherweise ist mir diese atavistische Reaktion rasch bewusst geworden; so konnte ich sie revidieren und mein geschocktes inneres Kind trösten.

Und genau das empfehle ich auch Ihnen, wenn Sie sich bei einer dieser lieblosen und destruktiven Reaktionen sich selbst gegenüber ertappen.

Dann seien Sie sich deshalb nicht böse, sondern seien Sie froh, dass Sie das erkannt haben.

Es ist zwar kein einfacher Prozess, aber mit etwas Geduld können wir lernen, anders mit uns umzugehen. Wir können lernen, uns liebevoll zu ermutigen und uns Fürsorge und Nachsicht zu schenken.

Ja, wir können lernen, uns wertschätzender und bestätigender zu behandeln; und wir können uns aufbauen und damit in unserer Entwicklung fördern.

So wie wir üblicherweise ganz selbstverständlich mit anderen umgehen!

Denn damit heilen wir nach und nach unser Selbstwertgefühl.

Und wenn wir uns bei Rückfällen ertappen, dann trösten wir unser inneres Kind mit Mitgefühl und Liebe.

Ihnen ist sicher schon einmal aufgefallen, dass Erfolge Ihre Batterien aufladen – allerdings nur, wenn Sie sich diese bewusst vor Augen führen.

Aber wenn Sie in Ihrem mangelnden Selbstwertgefühl so darauf konditioniert sind, vor allem Ihre Fehler zu beachten, braucht es die bewusste Hinwendung mit der entsprechenden selektiven Wahrnehmung.

Wie wäre es also, wenn Sie eine Liste Ihrer Erfolge erstellen würden?

~ Stimmen Sie sich wieder im Spiel mit der Quantenwelle darauf ein!

Schlagen Sie Ihrem inneren Saboteur, der Ihnen Ihre Erfolge vermiesen möchte, ein Schnippchen und halten Sie Ausschau nach Ihren bisherigen Erfolgen in den unterschiedlichsten Lebensbereichen!

In Ihren Beziehungen, Ihrer Gesundheit, Ihrem Berufsleben, aber auch im Zusammenhang mit Ihren Kindern.

Halten Sie Ausschau nach Erfolgen in Ihrer Schulzeit und während Ihren Ausbildungen, bei Ihren persönlichen Projekten, aber auch in Bezug auf Geld.

Welche Erfolge haben Sie in Ihrem Wachstum und Ihrer Persönlichkeitsentfaltung errungen?

Welche Prüfungen haben Sie bestanden?

Wem haben Sie geholfen?

Wen haben Sie motiviert und aufgerichtet?

Welche Menschen haben Sie bestätigt und ermutigt?

Welche Herausforderungen haben Sie gemeistert?

Gab es Hürden, die Sie überwunden haben?

Welche Neubeginne sind Ihnen gelungen?

Welche unbekannten Terrains haben Sie erobert?

Gab es wertvolle Lösungen, die Sie entdeckt haben?

Antworten, die Sie gefunden haben?

Welche klugen Fragen sind Ihnen in den Sinn gekommen?

Welche klugen Entscheidungen haben Sie getroffen?

Was haben Sie gestaltet, gebastelt, gebaut?

Haben Sie etwas geschrieben, gemalt, modelliert?

Vielleicht komponiert oder gedichtet?

Was noch?

Halten Sie all das, was Ihnen dazu einfällt, bitte wirklich schriftlich fest, damit Sie es nachlesen können.

Das wird sehr wertvoll sein, wenn Sie sich wieder einmal wertlos fühlen – Sie werden sehen, dass das Ihrem Selbstwertgefühl sehr, sehr wohl tut.

Aber begnügen Sie sich nicht damit, zu denken:

„Aha, interessant, wo man aller Erfolge finden könnte...“

Sondern nehmen Sie sich wirklich Zeit dafür! Seien Sie sich dessen wert, auch wenn Ihr mangelndes Selbstwertgefühl das jetzt komisch findet.

Schreiben Sie zumindest einiges nieder, was Ihnen zu den verschiedenen Punkten einfällt.

Denn je mehr Ihnen dazu einfällt, umso mehr weitere Beispiele werden Ihnen in den Sinn kommen – so funktioniert Ihr Gehirn.

Es bietet Ihnen, entsprechend dem Resonanzgesetz, immer mehr von dem, worauf Sie Ihre Aufmerksamkeit richten.

Wie geht es Ihnen, während Sie sich Ihre Erfolge vergegenwärtigen?

Und wie geht es Ihnen danach?

Macht das nicht etwas mit Ihnen und Ihrem Selbstwertgefühl?

Wie fühlen Sie sich?

Vielleicht sogar ein paar Zentimeter größer, weil Ihr neu erstarkendes Selbstwertgefühl Sie Ihre wahre Größe einnehmen lässt?

Dann sind Sie in einer Gestimmtheit angelangt, die sehr im Sinn Ihrer Seele ist.

~ Und sollten diese mit einer Quantenwelle in Ihrem Feld verankern.

Mein Selbstwertspiel für Sie

Ich habe Ihnen an früherer Stelle ein Spiel angekündigt, das meine Seele mir verraten hat, um mein angeknackstes Selbstwertgefühl aufzubauen. Vielleicht gefällt es Ihnen.

Sie wissen vermutlich, dass es nicht leicht ist, das, was wir als wertvoll für uns erkannt haben und daher gern in unseren Alltag einbauen würden, auch immer konsequent durchzuhalten.

Verantwortlich dafür ist wieder unser innerer Saboteur, der es zwar gut meint, aber aus seiner Froschperspektive nicht den nötigen Überblick hat, um kluge Entscheidungen zu treffen.

So möchte er uns oft Dinge „ersparen“, die er als „gefährlich“ einstuft; während sie uns in Wahrheit aber gut täten.

Daher gilt es, Strategien zu entwickeln, um diesen Persönlichkeitsanteil zu meistern und uns aus der Selbstsabotage zu befreien.

Sie werden sich leichter tun, etwas als wertvoll Erkanntes in Ihren Alltag einzubauen, wenn sie es an eine bereits eingeprägte Gewohnheit koppeln – und genauso funktioniert das Selbstwertspiel meiner Seele.

Natürlich wäre es gut, sich selbst ohne Grund wertzuschätzen; aber für den Anfang dürfen Sie sich auch begründete Wertschätzung schenken. Beginnen Sie daher damit, sich zu überlegen, wofür Sie sich wertschätzen oder zumindest wertschätzen könnten!

~ Setzen Sie eine Quantenwelle mit der Absicht, möglichst viele Dinge zu erinnern!

Was haben Sie alles geschafft?

Was haben Sie alles geleistet?

Was haben Sie alles überwunden?

Was haben Sie alles gemeistert?

Was haben Sie alles kreiert?

Was haben Sie alles entwickelt?

Was haben Sie alles erneuert?

Was haben Sie alles losgelassen?

Was haben Sie alles entfaltet?

Was haben Sie alles gelernt?

Was haben Sie alles aus sich heraus geboren?

Was haben Sie alles erschaffen?

Was haben Sie alles für andere getan?

Womit haben Sie die Welt zu einem besseren Ort gemacht?

Was noch?

Und wenn Ihnen nichts mehr einfällt, fragen Sie auch Ihre linke Hand!

Aber fragen Sie auch andere in Ihrem Umfeld – möglichst natürlich Personen, die Sie wertschätzen –, warum diese Sie als wertvollen Menschen empfinden!

Sie können sich auch vorstellen, aus sich herauszusteigen und sich aus der Beobachter-Position über die Schulter zu schauen.

Tun Sie so, als wären Sie jemand anderer und würden als diese objektive Person Ihre Siege, Triumphe und Erfolge betrachten!

Dann notieren Sie all das, was Sie auf diese Weise gesammelt haben, auf kleine bunte Zettel, falten Sie diese zusammen und geben Sie sie in ein schönes, großes Gefäß – eines, das Ihrem inneren Kind Freude bereitet und Ihr Auge erfreut.

In diesem sollte noch reichlich Platz für weitere Zettel sein, die Sie immer dann hinzufügen, wenn Ihnen wieder etwas Wertzuschätzendes zu sich selbst eingefallen oder an Ihnen aufgefallen ist.

Nun überlegen Sie, welche Tätigkeit Sie tagtäglich ausführen, ohne viel darüber nachzudenken!

Wie beispielsweise Zähneputzen, Kaffee oder Tee kochen, Ihr Tier füttern, die Post durchsehen, morgens auf die Toilette gehen… egal was es ist.

Denn was auch immer Sie wirklich täglich machen, dient Ihnen als guter Anker, an den Sie Ihr Selbstwertspiel koppeln können.

Und immer bevor Sie diese Tätigkeit durchführen, greifen Sie in Ihr Selbstwertgefäß, wühlen Sie ein wenig in den Zetteln, bevor Sie einen herausziehen und lesen – und dann wieder zurücklegen.

Dann versetzen Sie sich intensiv in den Grund für Selbstwertschätzung, den Sie aus Ihrem Gefäß gezogen haben, hinein, während Sie Ihrer Alltags-Tätigkeit nachgehen.

Und füüühlen Sie diese Wertschätzung!

Wenn Sie das beim Zähneputzen tun, können Sie sich dabei sogar im Spiegel in die Augen sehen…

Aber welche Tätigkeit Sie auch immer mit Ihrer Selbstwertschätzung verbinden, Sie werden sich dabei von nun an nicht mehr ärgern, kränken oder ängstigen können – was sonst vielleicht der Fall war.

Ganz einfach weil Ihr Selbstwertgefühl Ihre ganze Aufmerksamkeit absorbiert.

Und Sie erinnern sich: Sie haben in jedem Augenblick nur eine Aufmerksamkeit.

Dieses kleine Ritual kostet Sie kaum zusätzliche Zeit, aber es wird Ihrem Selbstwertgefühl einen ordentlichen Schubs geben und es nach und nach wieder aufbauen. Und das wird Ihnen sehr, sehr wohl tun!

~ Besonders wenn Sie Ihre jeweilige Tages-Wertschätzung mit einer Quantenwelle in Ihrer Matrix verankern.

Zusammenfassung

An dieser Stelle möchte ich noch einmal zusammenfassen, was zumindest meine Seele sich von mir und für mich wünscht – und ich vermute, Ihrer Seele wird es nicht viel anders gehen. Aber zur Sicherheit empfehle ich Ihnen, sie einfach zu fragen.

Tun Sie das über den „Dialog der Hände“ oder eine der anderen Techniken, die ich Ihnen in diesem Buch ans Herz gelegt habe!

Meine Seele meint, dass mir nicht mehr allzu viel Lebenszeit bleibt. Jedenfalls weit weniger als die, die ich bereits durchlebt habe…

Und das fühlt sich so ähnlich an wie bei einer großen Tafel Schokolade, die ich als Kind bekommen habe. Das war bei einem Nachkriegskind nicht allzu oft der Fall.

Also habe ich die ersten Stücke mit Gier verschmaust. Aber als ich merkte, dass nur mehr wenige übrig waren, begann ich, die restliche Schokolade wirklich zu genießen.

Und so ähnlich geht es meiner Seele jetzt mit meiner Lebenszeit. Sie meint, ich solle die restlichen Jahre noch viel bewusster leben – beispielsweise sollte ich meine Zeit nicht für unnötigen „Zeitvertreib“ vergeuden.

Allein diesen Begriff finde ich schon schrecklich. Ich möchte meine Zeit nicht vertreiben; sondern ich möchte sie mit Bewusstheit zelebrieren und jeden Augenblick für pralle und erfüllte Lebendigkeit nützen.

Wenn ich in Seelen-Resonanz schwinge, nehme ich mir keine Zeit für Menschen, die unbewusst leben und sich niemals nach dem Sinn fragen; und die trotz ihres chronologischen Alters nicht gewachsen sind.

Dann möchte ich mich auch nicht mehr mit aufgeblähten Egoskonfrontieren und schon gar nicht mit Narzissten, die mich und andere manipulieren. Aber auch nicht mit Neidern, denen es an Selbstwertgefühl mangelt und die daher versuchen, Fähigere in Verruf zu bringen, um sich auf deren Kosten besser zu fühlen.

Ich mag die Begegnung mit menschlichen Menschen, die warmherzig und geistig offen sind und die über ihre Fehler lachen können. Die wahrhaftig und authentisch sind und nicht vor ihren Verantwortungen fliehen.

Ich umgebe mich gern mit Menschen, die wissen, wie sie das Herz anderer berühren. Weil sie die harten Stöße des Lebens genützt haben, um ihre Persönlichkeit zu entwickeln und ihr Potenzial zu entfalten.

Meine Seele wünscht sich, dass ich mit der sanft lächelnden Intensität lebe, die aus Reife entspringt. Sie meint, ich solle meine restliche Schokolade nicht achtlos verschlingen wie ein gieriges kleines Kind, sondern sehr bewusst genießen, Stück für Stück – und sie nur mit jenen teilen, die sie auch zu schätzen wissen.

Wenn es nach meiner Seele geht, dann darf ich jetzt schon auf ein erfülltes Leben zurückblicken und dennoch sollte mir jeder weitere Augenblick mehr Erfüllung und Dankbarkeit bescheren.

Leben ist so kostbar…

Jemand hat gesagt, wir hätten zwei Leben – und das zweite würde dann beginnen, wenn wir bemerkt haben, dass wir nur dieses eine haben.

In diesem Sinne wünsche ich Ihnen, dass Sie in Hingabe an Ihre Seele Ihre Schokolade von nun an bewusster genießen als bisher!

Wieviel auch immer Sie noch davon übrig haben…

Danksagung

An dieser Stelle möchte ich zu allererst meiner wunderbaren Tochter danken!

Sie hilft mir nicht nur in meiner Autorentätigkeit – mit all ihren wertvollen Anregungen.

Sondern darüber hinaus ist sie mir in so vielem Vorbild.

Sie tut sich um vieles leichter, in Resonanz mit ihrer Seele zu schwingen und braucht daher viele der Techniken, mit denen ich mir mühevoll die kleine Leichtigkeit erarbeitet habe, nicht.

Das ist sicher ein Kennzeichen der jüngeren Generationen – ich denke, sie tun sich allgemein leichter als wir Alten, die noch stark von der Nachkriegsenergie geprägt sind.

Aber meine Tochter scheint mir noch von besonderer Gnade gesegnet zu sein.

Es gibt den netten Gedanken:

„Als du geboren wurdest, hat Gott gelächelt“.

Und meinem Gefühl nach passt er zu dieser außergewöhnlichen jungen Frau – was ihr selbst vermutlich noch nicht klar ist.

Und ich danke aus tiefstem Herzen auch meinem Vater – er weilt zwar bereits jenseits der Regenbogenbrücke, dennoch begleitet er mich tagtäglich in meinem Sein und Tun.

Natürlich hat er mich stark geprägt – und nicht nur mich; denn es gibt wohl wenige Menschen, die mit ihrem Heimgang eine solche Lücke hinterlassen...

Darüber hinaus danke ich all meinen Wellen-Mitreiterin und Mitreiterinnen.

Nachdem die Quantenwelle in mein Leben geschwappt ist, kamen zahlreiche neue Menschen auf mich zu, aber auch viele bekannte Gesichter tauchten wieder auf.

Und gemeinsam spielten wir mit kindlicher Freude das Wellen-Spiel und profitierten – jede und jeder auf ganz eigene Art und Weise – von den kleinen, mittleren und großen Effekten.

Keiner von uns blieb von der Welle unberührt und ich bin dankbar, dass ich für viele Menschen Katalysator spielen durfte.

Aber ich bin auch dankbar für das Vertrauen, das sie mir entgegengebracht haben.

Und last but not least danke ich meiner Verlegerin und Freundin Angelina für die Möglichkeit, auch dieses Thema zu Buch zu bringen, das vielleicht noch nicht unbedingt dem Mainstream folgt.

Aber es wird – darauf vertraue ich, weil meine Seele es mir versichert! – jene Menschen berühren, die es dem Gesetz der Resonanz folgend finden und denen das Spiel mit der Quantenwelle helfen wird, in Resonanz mit ihrer Seele zu finden.

Und ich glaube, das wird diesen Planeten zu einem besseren Ort machen.

Möge die Übung gelingen!

Empfohlene Literatur

BARTLETT, Dr. Richard: Matrix Energetics: Die Kunst der Transformation: Radikale Veränderung mit der Zwei-Punkt-Methode. 10. Aufl., VAK Verlag Kirchzarten, 2010

BARTLETT, Dr. Richard: Die Physik der Wunder: Wie Sie auf das Energiefeld Ihres Potenzials zugreifen. 3. Aufl., VAK Verlag Kirchzarten, 2010

BOERNER, Moritz: Byron Katies The Work: Der einfache Weg zum befreiten Leben. Goldmann Verlag München, 1999

BRADEN, Gregg: Im Einklang mit der göttlichen Matrix: Wie wir mit Allem verbunden sind. KOHA-Verlag Burgrain, 2007

LIPTON, Bruce: Intelligente Zellen: Wie Erfahrungen unsere Gene steuern. KOHA-Verlag Burgrain, 2016

CHILDRE, Doc: Vom Chaos zur Kohärenz: Herzintelligenz in Unternehmen. VAK Verlag Kirchzarten, 2000

CHILDRE, Doc: Die Herzintelligenz-Methode: Gesundheit stärken, Probleme meistern – mit der Kraft des Herzens. 3. Aufl., VAK Verlag Kirchzarten, 2010

DISPENZA, Joe: Schöpfer der Wirklichkeit – Der Mensch und sein Gehirn – Wunderwerk der Evolution. KOHA-Verlag Burgrain, 2010

GOSWAMI, Amit: Das bewusste Universum: Wie Bewusstsein die materielle Welt erschafft. Lüchow Verlag, 2007

HERRIOTT, Alain / HERRIOTT, Jody: Quantum Touch Core Transformation: A New Way to Heal and Alter Reality. North Atlantic Books Berkeley, 2009

KATIE, Byron: Lieben was ist. Wie vier Fragen Ihr Leben verändern können. 13. Aufl., Goldmann Verlag München, 2002

KINSLOW, Dr. Frank: Quantenheilung erleben: Wie die Methode konkret funktioniert – in jeder Situation. 3. Aufl. VAK Verlag Kirchzarten, 2010

MCTAGGART, Lynne: Das Nullpunkt-Feld: Auf der Suche nach der kosmischen Ur-Energie. Goldmann Verlag München, 2007

PERT, Candace: Moleküle der Gefühle: Körper, Geist und Emotionen. 3. Aufl., rororo Verlag Reinbek, 2001

ROBERTSON, Ian: Das Universum in uns: Wie wir das ungenutzte Potential des Gehirns ausschöpfen können. Piper Verlag München, 2001

SCHEINFELD, Robert: Raus aus dem Geldspiel! 3. Aufl., Börsenmedien Kulmbach, 2010

STARKMUTH, Jörg: Die Entstehung der Realität: Wie das Bewusstsein die Welt erschafft. Goldmann Verlag München, 2010

TEGETTHOFF, Folke: Liebesmärchen. Nymphenburger Verlag München, 2008

Kontakt zur Autorin

Dr. Michelle HAINTZ

Wer bin ich?

Als ursprünglich ausgebildete Ärztin bin ich heute vorwiegend als Schriftstellerin tätig. Sowie als bildende Künstlerin.

Parallel dazu bin ich Trainerin in der Persönlichkeits-Bildung: in Seminaren, Gruppen und in der Einzelberatung.

Worin sehe ich meine Lebensaufgabe?

Ich begleite Menschen, die in Resonanz mit mir schwingen, in die freudige und lustvolle Entfaltung ihres Potenzials. Wichtige Bausteine sind dabei Stressbewältigung und Kreativitätstraining. Mein wichtigstes Credo ist:

„Wir brauchen nicht über uns selbst hinaus zu wachsen, wir sind groß genug. Es reicht, wenn wir damit aufhören, uns selbst kleiner zu machen, als wir sind; aber auch anderen nicht mehr erlauben, uns klein zu machen.

Es gilt also letztlich, unsere wahre Größe einzunehmen, indem wir in uns selbst hineinwachsen!“

Wichtige Ansprechpartner sind „HSP – hochsensible und hochsensitive Persönlichkeit“ sowie Menschen, die als „alleingeborener Zwilling“ zur Welt gekommen sind und Scanner Persönlichkeiten.

Meine Webseiten sind:

https://michellehaintz.com/

https://quanten-bewustheit.de/

https://seelenfitness.info/

https://hsp-test.info/

https://alleingeborener-zwilling.com/

https://lebenswert365.info/

E-Mail:

michelle@lebenswert365.info

dr.michelle.haintz@aon.at

Facebook „Hochsensibilität im neuen Licht“:

https://www.facebook.com/drmichellehaintz/

Facebook privat:

https://www.facebook.com/michelle.haintz.79

Youtube:

https://seelenfitness.info/youtube-kanal/

Weitere Produkte der Autorin:

Mehr E-Books und Bücher von mir finden Sie auch auf meiner Autorenseite auf Amazon:

https://seelenfitness.info/Michelle-Haintz-Amazon/

Und hier sind zwei Übersichten über meine Produkte:

https://seelenfitness.info/produktuebersicht-haintz/

https://lebenswert365.info/produktseite-lw/

Meine Meditationen finden Sie hier:

https://lebenswert365.info/meditationen_enzln/

Sind Sie interessiert am Verlagsprogramm mit weiteren E-Books und Büchern?

https://as-infothek.de/ebook-buch/

FSC
www.fsc.org
MIX
Papier | Fördert
gute Waldnutzung
FSC® C083411